Le Grand Livre de Mijoteuse Crockpot

300 recettes faciles et adorables pour tous les jours

Juliettes Sophie

Table des matières

Bœuf et brocoli 12

Carnitas 13

Soupe de pommes de terre 14

Côtes levées (Crock pot) 15

Recette de poulet à la provençale à la mijoteuse 16

Recette à la mijoteuse de saumon poché au miso 17

Recette de mijoteuse de flocons d'avoine sucrés et noisetés pendant la nuit 18

Ramen au porc braisé au miel 19

Recette de casserole de pain doré à la cannelle et à la mijoteuse 20

Recette de mijoteuse aux canneberges et au vin chaud à l'orange 21

Purée de pommes de terre rustique à la mijoteuse Crockpot 22

Tacos au poulet effiloché 23

Compote de pommes à la mijoteuse simple (adapté aux enfants !) 24

Brownies décadents à la mijoteuse 25

Cacao chaud à la menthe 26

Poitrine de dinde cuite rapidement 27

Farce aux champignons aux cinq ingrédients 28

Farce aux canneberges et aux pacanes à la mijoteuse 29

Recette de mijoteuse au cidre de poire au gingembre 30

Poulet à la Grenade 31

Poulet Stroganoff à la mijoteuse 32

Recette d'autocuiseur pour côtes de porc hickory 33

Recette de mijoteuse au chili Championship 34

Poulet aux 3 fromages et nouilles 35

Risotto aux pommes et à la cannelle Recette à la mijoteuse 36

Trempette aux abricots et au brie Recette à la mijoteuse 37

Recette de l'autocuiseur express Arizona Ranch Beans 38

Recette à la mijoteuse de riz style risotto à l'asiago et aux asperges 39

Orge dorée asiatique avec noix de cajou Recette à la mijoteuse 40

Recette d'autocuiseur express au chou frisé asiatique et aux pois chiches 41

Recette de mijoteuse aux asperges et au fromage 42

Automne abricot bœuf ragoût 43

Recette de sandwichs à la poitrine de bœuf BBQ à la mijoteuse............................44

Recette d'autocuiseur express aux pommes de terre pour le brunch au bacon et au fromage 45

Recette à la mijoteuse de pommes de terre brunch au bacon et au fromage 46

Recette de l'autocuiseur Bagna Cauda Express..47

Recette de l'autocuiseur express Baked Beans 48

Recette de mijoteuse aux haricots cuits au four faits maison 49

Recette à la mijoteuse des Stackers de Barbacoa..50

Ragoût de bœuf avec bacon, oignons et patates douces Recette à la mijoteuse 51

Recette à la mijoteuse de Blueberry Cobbler 52

Recette de mijoteuse au quinoa pour le petit-déjeuner 53

Recette à la mijoteuse de pilaf aux champignons cremini bourguignons et sauvages...........54

Recette de soupe à l'oignon caramélisée à la mijoteuse 55

Sauce à l'oignon caramélisé Recette à la mijoteuse 56

Recette de soupe de chou-fleur à la mijoteuse 57

Recette de gruau de fromage avec chilis et bacon à la mijoteuse 58

Recette de mijoteuse au poulet Vesuvio 59

Recette à la mijoteuse de champignons farcis au poulet et à l'asiago 60

Recette à la mijoteuse de côtes levées de porc au barbecue chinois....................61

Gâteau au pouding au chocolat et au malt Recette à la mijoteuse 62

Dattes chinoises aux agrumes avec noisettes grillées Recette à la mijoteuse.........63

Recette de riz au lait à la noix de coco à la mijoteuse 64

Recette de tapenade de morue à la mijoteuse 65

Recette de chou vert à la mijoteuse 66

Épi de maïs avec beurre aux fines herbes et à l'ail Recette à la mijoteuse.............67

Recette à la mijoteuse de courge poivrée aux canneberges et à l'orange 68

Scones aux canneberges et à l'orange Recette à la mijoteuse 69

Bisque de chou-fleur crémeuse Recette à la mijoteuse......................................70

Recette de mijoteuse crémeuse aux épinards au cari 71

Recette de mijoteuse crémeuse aux champignons Stroganoff.............................72

Ragoût de légumes au curry et de noix de cajou Recette à la mijoteuse 73

Recette facile à la mijoteuse de bifteck Salisbury 74

Recette de mijoteuse au chili festif à la dinde 75

Recette de soupe à la lime fraîche et aux haricots noirs à la mijoteuse 76

Recette de mijoteuse au kraut allemand et aux saucisses 77

Gâteau glacé aux graines de pavot à l'orange Recette à la mijoteuse 78

Recette à la mijoteuse de boulettes de viande et d'épinards à la grecque 79

Recette de mijoteuse au macaroni au fromage et au hamburger 80

Recette de mijoteuse copieuse au porc et au chili au bacon 81

Recette de mijoteuse végétarienne copieuse au macaroni au fromage 82

Recette à la mijoteuse de rôti de porc Heavenly Harvest 83

Recette à la mijoteuse d'ailes de poulet au miel et à l'ail 84

Recette de pouding au pain à la crème glacée à la mijoteuse 85

Recette de mijoteuse braciole italienne 86

Recette de gâteau au fromage italien à la mijoteuse 87

Recette de la mijoteuse Jambalaya 88

Recette de soupe au chou frisé, à l'huile d'olive et au parmesan à la mijoteuse 89

Recette de mijoteuse au chou-fleur au citron 90

Recette de frittata méditerranéenne à la mijoteuse 91

Recette de mijoteuse aux boulettes de viande festives 92

Recette de gâteau au beurre d'arachide à la mijoteuse 93

Recette de gâteau au chocolat au beurre d'arachide à la mijoteuse 94

Recette de soupe aux arachides à la mijoteuse 95

Poires à la sauce aux abricots et au gingembre Recette à la mijoteuse 96

Recette de soupe au porc avec nouilles soba et bok choy à la mijoteuse 97

Pozole Rojo Recette de mijoteuse 98

Porc effiloché avec sauce barbecue au miel et chipotle Recette à la mijoteuse................99

Recette de soupe à la citrouille avec bacon émietté et graines de citrouille grillées à la
mijoteuse 100

Recette de mijoteuse à la citrouille et aux canneberges 101

Recette de mijoteuse aux haricots rouges et au riz 102

Recette de mijoteuse de compote de pommes rouge chaude 103

Poivre rôti et plat d'œufs au levain Recette à la mijoteuse...104

Recette à la mijoteuse de pommes de terre rustiques au gratin 105

Recette de pétoncles à la sauce aux tomates fraîches et aux fines herbes à la mijoteuse 106

Recette simple de Coq au vin à la mijoteuse...107

Recette à la mijoteuse de Queso aux saucisses épicées...108

Recette de petits pains au porc cuits à la vapeur à la mijoteuse 109

Recette à la mijoteuse de burritos au bœuf super faciles...110

Recette de gratin de patates douces à la mijoteuse..111

Recette de soupe aux poivrons rouges doux à la mijoteuse 112

Soupe de crevettes thaïlandaise infusée à la citronnelle, au gingembre et aux piments Recette à la mijoteuse...113

Cuisses de poulet à la thaïlandaise Recette à la mijoteuse 114

Boulettes de viande de dinde dans une sauce aux canneberges et au barbecue Recette à la mijoteuse...115

Recette de mijoteuse au chili végétalien 116

Recette de mijoteuse au chili végétarien 117

Recette de bruschetta au crabe bleu chaud à la mijoteuse 118

Recette de mijoteuse de pain aux bananes aux grains entiers 119

Recette à la mijoteuse Zuppa de Clams...120

Recette de ragoût de bœuf à la mijoteuse 121

Rôti de porc désossé à l'ail...122

Soupe au poulet de buffle 123

Quatre-quarts au caramel et aux pommes 124

Tacos au poulet et aux haricots noirs épicés 125

Recette de tarte aux pommes à la mijoteuse 126

Poulet farci aux pommes et au brie 127

Recette de mijoteuse au porc et à la choucroute Ale'd 128

Recette de pâtes aux artichauts à la mijoteuse 129

Recette de purée de pommes de terre rustique à la mijoteuse 130

Recette de mijoteuse à la bolognaise indienne aux lentilles 131

Recette de soupe grecque au poulet et au citron (Avgolemono) à la mijoteuse.................132

Recette de bol de quinoa au poulet barbecue à la mijoteuse 133

Recette de mijoteuse à la saucisse de dinde et aux poivrons farcis au quinoa 134

Recette de jambon des Fêtes à la mijoteuse 135

Recette de mijoteuse de casserole Hotdish Tater Tot 136

Recette de mijoteuse de bonbons à l'écorce de bretzel à la menthe poivrée 137

Recette de mijoteuse triple chocolat chaud...138

Recette de soupe au poulet et aux nouilles à la mijoteuse 139

Recette à la mijoteuse d'ailes de poulet à la grenade 140

Recette mijoteuse de tortellinis au bœuf..141

Recette facile de mijoteuse au poulet inspirée d'Aruba au fromage................................142

Meilleure recette de mijoteuse au chili 143

Recette de mijoteuse au poulet blanc et au chili 144

Recette de mijoteuse au beurre de pomme 145

Gruau à la tarte à la citrouille 146

Recette de salsa verde aux haricots noirs à la mijoteuse 147

Pozolito...148

Recette simple de compote de pommes à la mijoteuse 149

Recette à la mijoteuse pour trempette à la pizza végétalienne 150

Pâtes au poulet craquelé 151

Recette de gâteau aux cerises à la mijoteuse 152

Pommes à la cannelle à la mijoteuse 153

Recette de brioches à la cannelle et aux pommes à la mijoteuse.....................................154

Recette à la mijoteuse de fajitas au poulet 155

Recette de pouding brioché au chocolat à la mijoteuse 156

Recette de mijoteuse au piment épicé aux quatre haricots..157

Recette à la mijoteuse de mélange de grignotines ranch au parmesan............................158

Recette de soupe aux pommes de terre et au cheddar à la mijoteuse 159

Recette de sandwichs au poulet effiloché à la mijoteuse...160

Trempette aux épinards et aux artichauts Recette à la mijoteuse....................................161

Sandwichs à la salade de poulet ranch au bacon Recette à la mijoteuse..........................162

Recette à la mijoteuse de crumble aux pêches et au bourbon 163

Recette à la mijoteuse de trempette de maïs à la crème épicée..164

Nouilles de courgettes à la sauce tomate Recette à la mijoteuse 165

Recette de côtelettes de porc braisées aux pommes à la mijoteuse..................................166

Recette à la mijoteuse de macaroni au fromage et au chili 167

Pomme de terre au four à la mijoteuse 168

Recette de mijoteuse aux asperges au fromage 169

Côtes levées braisées à la coréenne 170

Enchiladas végétaliennes...171

Boulettes de viande asiatiques à la mijoteuse 172

Cidre de pomme à la mijoteuse 173

Soupe au brocoli et au cheddar à la mijoteuse 174

Frijoles Rancheros à la mijoteuse 175

Trempette aux épinards à la mijoteuse 176

Soupe de lasagne à la mijoteuse 177

Recette à la mijoteuse de compote épicée aux pommes et aux canneberges 178

Recette à la mijoteuse de boucles de soja BBQ 179

Trempette S'mores au chocolat Recette à la mijoteuse 180

Recette à la mijoteuse de poulet aux noix de cajou 181

Recette à la mijoteuse de côtes levées de dos au barbecue 182

Bol de petit-déjeuner aux superaliments Recette de mijoteuse 183

Recette de tajine de poulet au citron et aux olives à la mijoteuse 184

Wraps à la salade César au poulet Recette à la mijoteuse 185

Recette d'enchiladas au porc effiloché à la mijoteuse 186

Gâteau au fromage à la crème et à la citrouille Recette à la mijoteuse 187

Recette de mijoteuse de bonbons au chocolat et aux noisettes.................................188

Recette de mijoteuse Buffalo Mac and Cheese 189

Recette de poitrine de poulet râpée à la mijoteuse 190

Recette de ragoût de bœuf à la mijoteuse 191

Riz facile à la mijoteuse 192

Recette de soupe aux poivrons farcis à la mijoteuse 193

Recette de poulet au sésame crockpot 194

Recette rôti crockpot 195

Poulet à la sauce mijoteuse...196

Crock pot casserole de haricots verts...197

Tacos au poulet salsa verde dans la mijoteuse 198

Crockpot king ranch soupe au poulet 199

Crockpot patates douces aux guimauves 200

Crockpot mississippi poulet..201

Soupe au rouleau de chou easy crockpot...202

Crockpot poulet et riz 203

Crock pot effiloché de porc..204

Recette de Crockpot Ragu..205

Poulet aux tomates séchées au soleil à la mijoteuse avec polenta crémeuse 206

Recette de pommes de terre au fromage crockpot...207

Recette de mac et fromage crock pot..208

Recette de poulet teriyaki crock pot 209

Recette de soupe aux épinards crock pot tortellini 210

Recette de croquette de haricots verts crockpot 211

Cacciatore au poulet à la mijoteuse 212

Farce à la mijoteuse 213

Soupe aux pommes de terre Crockpot de Paula Deen 214

Poulet aux champignons et au fromage à la mijoteuse..215

Mijoteuse ou bifteck de flanc cuit lentement 216

Poulet à la crème d'épinards à la mijoteuse..217

Gnocchis au bœuf à la mijoteuse 218

Longe de porc Fiesta Crock Pot..219

Poulet au bacon et à la cassonade à la mijoteuse 220

Côtelettes de porc au miel et à l'ail 221

Côtelettes de porc crémeuses à la mijoteuse cajun 222

Curseurs de pizza Crock Pot 223

Mijoteuse Little Smokies 224

Crock Pot Wassail 225

Trempette de crabe et artichauts crock pot 226

Porc effiloché à la mexicaine Crock Pot..227

Crockpot érable dijon filets de poulet...228

Jambon crock pot glacé au miel..229

Bisque de tomates légère en mijoteuse 230

Porc effiloché de porc cherry cola à la cuisson à la cuisson 231

Pâte au bœuf easy crock pot 232

Crock pot apple cobbler 233

Crock pot bonbons sucrés salés...234

Soupe à la saucisse italienne à la mijoteuse 235

Poulet toscan à la mijoteuse 236

Poulet craquelé 237

Chili Vert..238

Picadillo portoricain 239

Bœuf bourguignon à la mijoteuse 240

Trois chocolats chauds 241

Poulet marocain aux abricots, olives et amandes..242

Trempette au fromage blanc Crock pot 243

Recette de ragoût de bœuf haché à la mijoteuse 244

Recette de rôti de mandrin à la mijoteuse 245

Recette de casserole de fromage au brocoli Crockpot 246

Recette florentine de poulet à la mijoteuse 247

Bols de riz au curry de poulet Crock Pot 248

Recette de lasagnes à la dinde Crock Pot 249

Recette de sandwich à la poitrine de bœuf mijoteuse..................................250

Recette de barbacoa au bœuf à la mijoteuse 251

Recette de poulet crémeux au parmesan Crock Pot 252

Recette de salade de tacos à la mijoteuse..253

Recette de corned-beef et de chou à la mijoteuse 254

Casserole de pommes de terre rissolées pour hamburger Easy Crockpot 255

Recette de Ziti cuit à la mijoteuse 256

Recette de chili à la patate douce et aux haricots noirs Crock Pot 257

Recette de la mijoteuse Zuppa Toscana 258

Recette facile de ragoût de bœuf irlandais à la mijoteuse 259

Recette de quesadillas au poulet râpé à la mijoteuse..................................260

Recette de Chow Mein au poulet à la mijoteuse 261

Recette de chili cowboy à la mijoteuse 262

Recette de chili au poulet blanc Keto en mijoteuse 263

Recette de haricots de style Crock Pot Ranch...264

Rôti de pot de cornichons à l'aneth dans une mijoteuse 265

Recette de pouding au pain à la mijoteuse 266

Recette de poulet Crock Pot Monterey 267

Recette de pâtes cuites au four à la mijoteuse avec boulettes de viande 268

Recette facile de Sloppy Joes à la mijoteuse 269

Crock Pot Poulet Marsala 270

Recette de maïs en crème Crock Pot 271

Recette de bifteck de cube et de sauce à la mijoteuse 272

Recette facile de taquitos au poulet à la mijoteuse 273

Yaourt Crock Pot facile à faire 274

Biscuit aux pépites de chocolat à la mijoteuse 275

Recette de côtelettes de porc étouffées à la mijoteuse 276

Recette de poulet à la mijoteuse Catalina 277

Recette de mijoteuse de filet de porc au miel et à la lime 278

Soupe aux fagioli de pâtes à la mijoteuse 279

Poulet crémeux aux tomates et au basilic à la mijoteuse 280

Recette de chocolat chaud blanc à la mijoteuse 281

Recette de bifteck suisse à la mijoteuse 282

Recette de chimichangas au poulet à la mijoteuse 283

Cochon Kalua dans une mijoteuse 284

Bifteck Salisbury à la mijoteuse 285

Porc et choucroute à la mijoteuse 286

Haricots pinto à la mijoteuse 287

Ragoût de queue de bœuf à la mijoteuse 288

Carnitas à la mijoteuse 289

Soupe aux pois cassés à la mijoteuse 290

Macaroni au fromage à la courge musquée à la mijoteuse 291

Coupes de laitue au poulet asiatique à la mijoteuse 292

Salade tex-mex au bœuf effiloché à la mijoteuse 293

Bol de poulet et de carottes au curry rouge à la mijoteuse 294

Boulettes de Coq au Vin à la mijoteuse 295

Recette de curry de poulet du sud de l'Inde à la mijoteuse 296

Recette de pouding au pain au caramel à la mijoteuse 297

Recette de rouleaux de dinde effiloché à la mijoteuse 298

Recette de porc chinois braisé à la mijoteuse 299

Recette de morceaux de poulet aux tomates à la mijoteuse 300

Recette de rôti de porc asiatique à la mijoteuse 301

Recette d'osso bucco d'agneau à la mijoteuse 302

Recette de poivrons farcis à la mijoteuse 303

Recette de Morceaux de poulet aux échalotes à la mijoteuse 304

Recette de curry massaman de canard et pommes de terre à la mijoteuse 305

Recette de pain de viande aux épices scandinaves à la mijoteuse 306

Recette de vindaloo de porc à la mijoteuse 307

Recette de jarrets d'agneau aux haricots blancs à la mijoteuse 308

Recette de chili con carne à la dinde à la mijoteuse 309

Recette de bœuf aux pruneaux à la mijoteuse...310

Poulet crémeux à la mijoteuse et casserole de riz brun 311

Casserole Mexicaine Crockpot 312

Bœuf et brocoli

PORTIONS : 4 portions

Ingrédients :

2 lb de bifteck de surlonge (905 g) ou de rôti de palette de bœuf désossé, tranché mince

1 tasse de bouillon de bœuf (240 ml)

½ tasse de sauce soya faible en sodium (120 ml)

¼ tasse de cassonade (55 g)

1 cuillère à soupe d'huile de sésame

4 gousses d'ail, hachées

4 cuillères à soupe de fécule de maïs

4 cuillères à soupe d'eau

1 tête de brocoli, coupée en bouquets

Riz blanc, cuit, pour servir

Instructions :

1. Dans l'insert de crock pot, fouetter ensemble le bouillon de bœuf, la sauce soja, l'huile de sésame, l'ail haché et la cassonade.

2. Placer les tranches de bœuf dans le liquide et remuer pour bien enrober.

3. Couvrir avec un couvercle et cuire à feu doux pendant 4 heures.

4. Après 4 heures, fouetter ensemble la fécule de maïs et l'eau dans un petit bol. Verser dans la mijoteuse, ajouter le brocoli et remuer doucement pour combiner.

5. Couvrir avec un couvercle et cuire 30 minutes pour cuire le brocoli et épaissir la sauce.

6. Servir avec du riz blanc chaud.

Carnitas

PORTIONS : 6 portions TEMPS TOTAL : 8 h 10 min

Ingrédients :

4 lb de soc de porc désossé (1,8 kg), ou épaule, coupé en six morceaux égaux

2 cuillères à café de sel - 1 cuillère à café de poivre

1 cuillère à soupe d'origan séché - 1 cuillère à soupe de cumin

8 gousses d'ail, écrasées - 1 oignon moyen, coupé en quatre

3 feuilles de laurier - 1 citron vert, jus - 1 grosse orange, pressée, garder les moitiés épuisées

GARNITURES OPTIONNELLES

tortilla, coquille de taco - riz

1 boîte de haricots noirs - salsa

guacamole

Crème fraîche - coriandre fraîche

1 tasse de fromage (100 g)

Instructions :

1. Couper le porc en 6 morceaux égaux. Ajoutez-le à la mijoteuse.

2. Ajouter le sel, le poivre, l'origan, le cumin, l'ail, l'oignon, les feuilles de laurier, le jus de citron vert et le jus de l'orange. Ajoutez également l'orange dans la mijoteuse. Mélanger jusqu'à ce que la viande soit bien enrobée.

3. Couvrir et cuire à feu doux pendant 8 à 10 heures ou jusqu'à ce que la viande se détache facilement.

4. Retirer le porc et le transférer sur une plaque à pâtisserie tapissée de papier d'aluminium. Effilocher le porc et l'étaler sur la plaque à pâtisserie en une seule couche.

5. Verser environ 1 tasse (235 ml) du liquide restant dans la mijoteuse sur le porc effiloché. Faire griller pendant 5 à 10 minutes jusqu'à ce que la viande brunisse et croustille sur les bords.

6. Sers immédiatement. Idéal comme garniture dans les tacos, les burritos, les salades ou les nachos !

Soupe de pommes de terre

PORTIONS : 6 portions

Ingrédients :

4 tasses de pommes de terre (900 g), pelées et hachées

¾ tasse d'oignon (115 g)

4 tasses de bouillon de poulet (960 ml)

½ cuillère à soupe de sel

½ cuillère à soupe de poivre

4 cuillères à soupe de beurre

¼ tasse de farine (30 g)

1 ½ tasse de crème épaisse (360 ml)

¼ tasse de crème sure (60 g)

fromage râpé, au goût

bacon, au goût

oignon vert, haché

Instructions :

1. Ajouter les pommes de terre, les oignons, le bouillon de poulet, le sel et le poivre dans crock pot.

2. Réglez-le sur faible pendant 6 heures ou élevé pendant 4 heures.

3. Dans une casserole, mélanger le beurre, la farine, la crème épaisse et la crème sure. Fouetter jusqu'à épaississement.

4. Lorsque la mijoteuse est terminée, verser le mélange épaissi. Remuer, couvrir et régler la mijoteuse à feu doux pendant encore 30 minutes.

5. Servir avec du fromage râpé, du bacon et des oignons verts hachés.

Côtes levées (Crock pot)

PORTIONS : 4 portions

Ingrédients :

2 tasses de sauce barbecue (580 g)

¼ tasse de cassonade (55 g)

4 cuillères à soupe de vinaigre de cidre de pomme

3 cuillères à café d'origan séché

1 cuillère à café de sauce Worcestershire

1 cuillère à soupe de piment de cayenne

1 cuillère à soupe de piment en poudre

3 lb de côtes levées de dos de porc (1,3 kg)

sel, au goût

Poivre à goûter

Poivre à goûter

Instructions :

1. Mélanger la sauce barbecue, la cassonade, le vinaigre de cidre, l'origan, la sauce Worcestershire, le poivre de Cayenne et la poudre de chili dans un petit bol.

2. Saler et poivrer les côtes. Placer les côtes levées dans crock pot et napper de sauce.

3. Cuire à feu doux et lent pendant huit heures ou à feu vif pendant quatre heures.

4. Une fois les côtes levées, versez la sauce barbecue dans la mijoteuse sur les côtes avant de les retirer.

5. Couper les côtes, servir avec la sauce barbecue.

Recette de poulet à la provençale à la mijoteuse

PORTIONS : 8 portions PRÉPARATION : 30 min CUISSON : 3 h TEMPS TOTAL : 3 h 30 min

Ingrédients :

3 ½ livres de cuisses de poulet désossées et sans peau, chacune coupée en deux

1 poivron rouge moyen, coupé en tranches de ¼ de pouce d'épaisseur

1 poivron jaune moyen, coupé en tranches de ¼ de pouce d'épaisseur

1 oignon moyen, tranché finement

1 boîte (28 onces) de tomates italiennes, égouttées

¼ tasse de bouillon de poulet

3 gousses d'ail, hachées

¼ cuillère à café de sel

¼ cuillère à café de thym séché

½ cuillère à café de graines de fenouil moulues

1/2 tasse de basilic frais haché

3 bandes de zeste d'orange

Instructions :

1. Mélanger le poulet, les poivrons, l'oignon, les tomates, le bouillon, l'ail, le sel, le thym, les graines de fenouil et le zeste d'orange dans la mijoteuse Crockpot.

2. Couverture; cuire à FAIBLE intensité de 7 à 9 heures ou à intensité ÉLEVÉE de 4 à 6 heures.

3. Parsemez de basilic et servez frais.

Recette à la mijoteuse de saumon poché au miso

PORTIONS : 6 portions PRÉPARATION : 30 min CUISSON : 1 h 30 min TEMPS TOTAL : 2 h

Ingrédients :

1 ½ tasse d'eau

2 oignons verts, coupés en morceaux de 2 pouces de long

¼ tasse de pâte de miso jaune

¼ tasse de sauce soja

2 cuillères à soupe de saké

2 cuillères à soupe de mirin

1 ½ cuillères à café de gingembre frais râpé

1 cuillère à café d'ail haché

6 filets de saumon (4 onces chacun)

Riz cuit chaud

Instructions :

1. Mélanger l'eau, les oignons verts, la pâte de miso, la sauce soja, le saké, le mirin, le gingembre et l'ail dans la mijoteuse Crockpot, remuer pour mélanger.

2. Couverture; cuire à intensité ÉLEVÉE 30 minutes. Réglez la mijoteuse sur LOW. Ajouter le saumon, côté peau vers le bas.

3. Couverture; cuire à FAIBLE intensité de 30 à 60 minutes ou jusqu'à ce que le saumon devienne opaque et se défasse facilement à la fourchette.

4. Servir sur du riz avec du liquide de cuisson et des oignons verts pour garnir.

Recette de mijoteuse de flocons d'avoine sucrés et noisetés pendant la nuit

PORTIONS : 4 portions PRÉPARATION : 15 min CUISSON : 8 h TEMPS TOTAL : 8 h 15 min

Ingrédients :

1 tasse d'avoine

3 tasses de lait d'amande non sucré

1 tasse d'eau

2 cuillères à soupe de graines de chia

¼ tasse de bleuets sauvages séchés

¼ tasse de graines de grenade

¼ tasse d'amandes tranchées

Fruits, noix ou graines supplémentaires pour les garnitures

Instructions :

1. Mettez les flocons d'avoine, le lait d'amande, l'eau et les graines de chia dans votre mijoteuse Crockpot.

2. Couverture; réglé sur MAINTIEN AU CHAUD pendant la nuit ou pendant environ 8 heures.

3. Retirer le couvercle et mélanger les flocons d'avoine. Si l'avoine est trop sèche, ajoutez du lait d'amande ou de l'eau.

4. Servir avec des amandes, des myrtilles et des graines de grenade, et déguster.

Ramen au porc braisé au miel

PORTIONS : 4 portions PRÉPARATION : 30 min CUISSON : 6 h TEMPS TOTAL : 6 h 30 min

Ingrédients :

3 livres de rôti d'épaule de porc - 1/4 tasse de miel - 1/4 tasse de saké - 4 gousses d'anis étoilé

4 tasses de bouillon de poulet - 2 paquets de nouilles ramen - 1 cuillère à soupe de sauce sriracha - 2 cuillères à soupe de sauce chili à l'ail - 1 cuillère à soupe de gingembre frais

1 cuillère à soupe de cinq épices chinoises - 1 cuillère à soupe de cassonade

1 cuillère à soupe de sel -1 citron vert, jus

2 tasses de champignons shiitake - 2 tasses de poireaux

1 1/2 tasse de pois mange-tout - 8 oeufs durs

4 branches d'estragon - 4 radis, tranchés - 3 gousses d'ail, hachées

2 jalapeños, tranchés - 2 tiges d'oignons verts, coupées -1 oignon rouge, tranché

1 mangue, coupée en morceaux

Instructions :

1. Glacer l'épaule de porc non cuite dans du miel, puis saupoudrer de cinq épices chinoises sur le dessus. Mettre de côté.

2. Ajoutez le bouillon de poulet, le saké, la sauce chili à l'ail, la sauce sriracha, les gousses d'ail hachées, le gingembre, les gousses d'anis étoilé, le jus de citron vert et la cassonade dans votre mijoteuse Crockpot. Ajouter l'épaule de porc glacée.

3. Couverture; cuire à intensité ÉLEVÉE pendant 6 heures. Retirer l'épaule de porc de la marmite et jeter les gousses d'anis étoilé.

4. Dans un autre bol, effilocher le porc avec une fourchette et un couteau. Remettre le porc effiloché dans la mijoteuse.

5. Ajouter les champignons, les poireaux, les pois mange-tout et le sel dans la mijoteuse.

6. Couverture; cuire à intensité ÉLEVÉE pendant 35 minutes. Ajouter les nouilles Ramen non cuites à la mijoteuse. Couverture; Cuire à HIGH pendant encore 5 minutes.

7. Servir dans un bol à soupe avec des œufs durs, des oignons, des jalapeños, des oignons verts, des radis, de la mangue et des brins d'estragon et déguster !

Recette de casserole de pain doré à la cannelle et à la mijoteuse

PORTIONS : 6 portions PRÉPARATION : 30 min CUISSON : +3 h TEMPS TOTAL : +3 h 30 min

Ingrédients :

6 tasses de pain tourbillon à la cannelle, coupé en cubes

7 gros oeufs

2 1/2 tasses de lait entier

1 tasse de crème épaisse

1/4 tasse de sucre cristallisé

1/4 tasse de sirop d'érable

2 cuillères à café d'extrait de vanille

1 1/2 cuillères à café de cannelle moulue

1/4 cuillère à café de muscade moulue

3/4 tasse de dattes, hachées

3 cuillères à café de beurre, coupé en morceaux

3/4 tasse de pacanes confites, hachées grossièrement

Instructions :

1. Enduisez l'intérieur de votre mijoteuse Crockpot d'un aérosol de cuisson antiadhésif.

2. Étendre les cubes de pain sur une plaque à pâtisserie. Croustiller au four à 275 °F pendant 20 minutes ou jusqu'à ce que le pain soit légèrement sec et dur. Ajouter le pain à la base de votre mijoteuse.

3. Pendant que le pain est croustillant, fouetter ensemble les œufs, le lait, la crème, le sucre, le sirop, la vanille, la cannelle et la muscade.

4. Verser le mélange sur le pain et s'assurer que le pain est complètement immergé. Saupoudrer de dattes, de noix de pécan et de beurre.

5. Couverture; cuire à intensité ÉLEVÉE pendant 3 à 4 heures.

6. Servir avec du sucre en poudre et du sirop, et régalez-vous !

Recette de mijoteuse aux canneberges et au vin chaud à l'orange

PORTIONS : 6 portions PRÉPARATION : 30 min CUISSON : +2 h TEMPS TOTAL : +2 h 30 min

Ingrédients :

1 bouteille de vin rouge fruité (Cabernet Sauvignon fonctionne bien)

1 1/4 tasse de jus d'orange fraîchement pressé

1 cuillère à soupe de clous de girofle entiers

3 bâtons de cannelle

2 gousses d'anis étoilé

1 tasse de canneberges fraîches, rincées

2 cuillères à soupe de sucre

1/2 d'une noix de muscade entière, râpée

1 orange, tranchée

1 citron, tranché

2 verres (3,5 onces) de brandy (facultatif)

3 à 4 printemps de thym frais

Instructions :

1. Mettez tous les ingrédients sauf le brandy et le thym dans votre mijoteuse Crockpot.

2. Cuire à FAIBLE intensité de 2 à 3 heures jusqu'à ce que les baies soient tendres.

3. Retirer les tranches de fruits et réserver.

4. Filtrer à travers un tamis à mailles, en écrasant quelques baies pour libérer leur acidité.

5. Ajuster la douceur et ajouter le cognac, si désiré.

6. Versez le vin chaud dans votre mijoteuse, ajoutez les tranches de fruits et réglez sur CHAUD.

7. Pour servir, verser dans des verres résistants à la chaleur et garnir avec les tranches de fruits, une pincée de sucre doré et une branche de thym.

Purée de pommes de terre rustique à la mijoteuse Crockpot

PORTIONS : 8 portions PRÉPARATION : 15 min CUISSON : +3 h TEMPS TOTAL : +3 h 15 min

Ingrédients :

2 livres de pommes de terre à peau fine, lavées et non pelées

¼ tasse d'eau

2 cuillères à soupe de beurre

Sel et poivre au goût

½ cuillère à café d'ail en poudre

1 tasse de lait ou moitié-moitié, réchauffé

Instructions :

1. Mélanger tous les ingrédients sauf le lait en une seule couche au fond de la mijoteuse Crockpot

2. Couverture; sur Bas pendant 7 heures ou sur Haut pendant 4 heures.

3. Une fois le temps de cuisson terminé, testez les pommes de terre avec une fourchette pour vous assurer qu'elles sont bien cuites.

4. Commencez doucement à écraser les pommes de terre avec un pilon à pommes de terre.

5. Verser lentement le lait sur les pommes de terre et continuer doucement la purée.

6. Ajoutez autant de lait que nécessaire, en faisant attention de ne pas trop écraser ou les pommes de terre deviendront trop féculentes (et gluantes).

7. Assaisonner au goût et servir chaud.

Tacos au poulet effiloché

PORTIONS : 4 portions PRÉPARATION : 30 min CUISSON : 30 min TEMPS TOTAL : 1 h

Ingrédients :

2 lb de cuisses de poulet désossées et sans peau

¾ tasse de salsa à la mangue préparée, plus un supplément pour servir

laitue (facultatif)

8 (6 pouces) tortillas de maïs jaunes, réchauffées

Instructions :

1. Enduire l'intérieur du multicuiseur Crockpo Express Crock d'un aérosol de cuisson antiadhésif. Ajouter le poulet et ½ tasse de salsa. Couvercle sécurisé. Appuyez sur VOLAILLE, réglez la pression sur ÉLEVÉE et le temps sur 15 minutes. Assurez-vous que la soupape de dégagement de vapeur est en position « Seal » (fermée). Appuyez sur DÉMARRER/ARRÊTER.

2. Une fois la cuisson terminée, relâcher naturellement la pression 10 minutes. Relâchez la pression restante. Déposer le poulet sur une grande planche à découper; déchiqueter avec deux fourchettes. Incorporer le poulet effiloché dans Express Crock. Pour servir, répartir le poulet et la laitue, si désiré, uniformément entre les tortillas. Servir avec de la salsa supplémentaire.

Compote de pommes à la mijoteuse simple (adapté aux enfants !)

PORTIONS : 5 portions PRÉPARATION : 15 min CUISSON : +3 h TEMPS TOTAL : +3 h 15 min

Ingrédients :

4 livres (10 à 11 pommes) de pommes naturellement sucrées, tranchées

¼ tasse de cidre de pomme non sucré

1 cuillère à soupe de jus de citron frais

Instructions :

1. Ajouter tous les ingrédients dans la mijoteuse crock pot.

2. Couvrir et cuire à feu doux pendant 5 heures ou à feu vif pendant 3 heures, jusqu'à ce que les pommes et la peau soient tendres.

3. Laisser refroidir avant de déguster.

4. Pour faire un mélange de compote de pommes à la myrtille et à la vanille : Suivez les mêmes étapes que ci-dessus et ajoutez 2 tasses de myrtilles, fraîches ou congelées et 1 cuillère à soupe d'extrait de vanille ou de pâte de gousse de vanille.

Brownies décadents à la mijoteuse

PORTIONS : 15 portions PRÉPARATION : 15 min CUISSON : +3 h TEMPS TOTAL : +3 h 15 min

Ingrédients :

2 tasses de chocolat mi-amer - 1 tasse de beurre (non salé)

2 tasses de sucre - 4 gros œufs (température ambiante)

2 cuillères à café d'extrait de vanille - 2 tasses de farine

¼ cuillère à café de levure chimique

Facultatif : cannes de bonbon écrasées

Instructions :

1. Graisser un Casserole Crock ou une autre grande mijoteuse Crockpot avec un spray antiadhésif.

2. Faire fondre le chocolat et le beurre ensemble dans un petit bol, en utilisant des incréments de 15 secondes au micro-ondes (remuer toutes les 15 secondes jusqu'à consistance lisse)

3. Mettre le mélange de côté pour qu'il refroidisse pendant que vous préparez les autres ingrédients

4. Fouetter le sucre, les œufs et la vanille dans un bol moyen jusqu'à ce qu'ils soient bien mélangés

5. Ajouter le mélange de chocolat et remuer jusqu'à ce qu'il soit bien mélangé et lisse.

6. Tamiser la farine et le bicarbonate de soude ensemble et verser dans le mélange de chocolat.

7. Remuer doucement jusqu'à consistance homogène - ne pas trop mélanger !

8. Verser le mélange de brownies dans la mijoteuse graissée Crockpot™ et égaliser avec une spatule.

9. Facultatif : Saupoudrer des cannes de bonbon écrasées ou des morceaux de menthe poivrée sur le dessus.

10. Couvrir et cuire à FAIBLE intensité pendant 4 à 5 heures ou jusqu'à cuisson complète.

11. Retirer le couvercle et laisser refroidir complètement avant de couper.

12. Couper en barres juste avant de servir. Saupoudrer de sucre en poudre tamisé pour la décoration.

Cacao chaud à la menthe

PORTIONS : 8 portions PRÉPARATION : 30 min CUISSON : +3 h TEMPS TOTAL : +3 h 30 min

Ingrédients :

6 tasses de lait

3/4 tasse de morceaux de chocolat mi-sucré

1/2 tasse de sucre

1/2 tasse de cacao en poudre non sucré

1 cuillère à café de vanille

1/2 cuillère à café d'extrait de menthe

10 brins de menthe fraîche, attachés ensemble avec de la ficelle de cuisine, plus supplémentaires pour la garniture

Crème fouettée (facultatif)

Instructions :

1. Mélanger le lait, le chocolat, le sucre, le cacao, la vanille et l'extrait de menthe dans la mijoteuse Crockpot ; remuer pour mélanger. Ajouter 10 brins de menthe. Couverture; cuire à FAIBLE intensité de 3 à 4 heures.

2. Dévoiler; retirer et jeter les brins de menthe. Bien fouetter le mélange de cacao; couvrir jusqu'au moment de servir. Garnir chaque portion de crème fouettée et de brins de menthe supplémentaires.

Poitrine de dinde cuite rapidement

PRÉPARATION : 30 min CUISSON : 1 h TEMPS TOTAL : 1 h 30 min

Ingrédients :

1 cuillère à soupe de flocons de persil séché

1 cuillère à café d'ail en poudre

1 cuillère à café de paprika

½ cuillère à café de sel

¼ cuillère à café de poivre noir

1 poitrine de dinde (5-7 lb)

1 tasse de bouillon de poulet

Instructions :

1. Mélanger les flocons de persil, la poudre d'ail, le paprika, le sel et le poivre dans un petit bol; frotter sur la dinde. Verser le bouillon dans le multicuiseur Crockpo Express Crock ; ajouter la dinde. Couvercle sécurisé. Appuyez sur VOLAILLE, réglez la pression sur ÉLEVÉE et le temps sur 45 minutes. Assurez-vous que la soupape de dégagement de vapeur est en position « Seal » (fermée). Appuyez sur DÉMARRER/ARRÊTER.

2. Une fois la cuisson terminée, relâcher naturellement la pression 5 minutes. Relâchez la pression restante. Déposer la dinde sur une grande planche à découper. Couvrir lâchement de papier d'aluminium; laisser reposer 10 à 15 minutes avant de trancher.

Farce aux champignons aux cinq ingrédients

PORTIONS : 12 portions PRÉPARATION : 30 min CUISSON : +3 h TEMPS TOTAL : +3 h 30 min

Ingrédients :

6 cuillères à soupe de beurre non salé

2 oignons moyens, hachés

1 livre de champignons blancs tranchés

1/4 cuillère à café de sel

5 tasses de mélange à farce en sac, n'importe quelle saveur

1 tasse de bouillon de légumes

Persil italien frais haché (facultatif)

Instructions :

1. Faire fondre le beurre dans une grande poêle à feu moyen-vif. Ajouter les oignons, les champignons et le sel; cuire et remuer 20 minutes ou jusqu'à ce que les légumes soient dorés et que la majeure partie du liquide soit absorbée. Retirer le mélange d'oignons de la mijoteuse Crockpot.

2. Incorporer le mélange à farce et le bouillon. Couverture; cuire à FAIBLE 3 heures. Garnir de persil.

Farce aux canneberges et aux pacanes à la mijoteuse

PORTIONS : 8 portions PRÉPARATION : 15 min CUISSON : +3 h TEMPS TOTAL : +3 h 15 min

Ingrédients :

Sac de 12 oz de farce en cubes d'herbes

1 tasse d'oignons verts, hachés

1 tasse de canneberges séchées

½ tasse de pacanes hachées

3 tasses de bouillon de poulet

½ tasse de beurre, fondu

1 œuf, battu

½ cuillère à café de sel

¼ cuillère à café de poivre

1 cuillère à café de moutarde moulue

Instructions :

1. Mélanger la farce en cubes, l'oignon vert, les canneberges et les pacanes dans une mijoteuse Crockpot graissée

2. Dans un bol moyen, fouetter ensemble le bouillon de poulet, le beurre fondu, l'œuf, la moutarde moulue, le sel et le poivre

3. Verser sur le mélange dans la mijoteuse Crockpot et plier délicatement

4. Cuire à feu doux pendant 3-4 heures

Recette de mijoteuse au cidre de poire au gingembre

PORTIONS : 10 portions PRÉPARATION : 30 min CUISSON : +3 h TEMPS TOTAL : +3 h 30 min

Ingrédients :

8 tasses de jus de poire ou de cidre

3/4 tasse de jus de citron

1/4 à 1/2 tasse de miel

10 clous de girofle entiers

2 bâtons de cannelle, plus supplémentaires pour la garniture

8 (tranches de 1/4 de pouce) tranches de gingembre frais

Instructions :

1. Mélanger le jus de poire, le jus de citron, le miel, les clous de girofle, 2 bâtons de cannelle et le gingembre dans une mijoteuse Crockpot de 5 pintes.

2. Couverture; cuire à FAIBLE intensité de 5 à 6 heures ou à intensité ÉLEVÉE de 2 1/2 à 3 heures. Retirer et jeter les clous de girofle, les bâtons de cannelle et le gingembre avant de servir. Garnir de bâtons de cannelle supplémentaires.

Poulet à la Grenade

PORTIONS : 6 portions PRÉPARATION : 30 min CUISSON : +3 h TEMPS TOTAL : +3 h 30 min

Ingrédients :

2 tasses de jus de grenade

1/2 tasse de noix de Grenoble grillées*

1 cuillère à soupe d'huile végétale

1 oignon moyen, finement haché

3 livres d'ailes de poulet

2 cuillères à soupe de sucre

1/4 cuillère à café de cannelle moulue

11/4 cuillères à café de sel casher

1/4 cuillère à café de poivre noir

Couscous cuit chaud (facultatif)

Graines de grenade (facultatif)

*Pour faire griller les noix, étendre en une seule couche dans une poêle à fond épais. Cuire et remuer 1 à 2 minutes à feu moyen jusqu'à ce que les noix soient légèrement dorées. Retirer de la poêle immédiatement.

Instructions :

1. Verser le jus de grenade dans une petite casserole; Porter à ébullition à feu vif. Faire bouillir de 18 à 20 minutes ou jusqu'à ce que le jus soit réduit à 1 tasse.

2. Entre-temps, placer les noix dans un robot culinaire; pulser jusqu'à ce qu'ils soient finement moulus. Retirer dans la mijoteuse Crockpot™.

3. Chauffer l'huile dans une grande poêle à feu moyen-vif. Ajouter l'oignon; cuire 6 minutes ou jusqu'à ce qu'il soit translucide. Ajouter les ailes, l'oignon, le jus de grenade, le sucre, la cannelle, le sel et le poivre dans la mijoteuse Crockpot™.

4. Couverture; cuire à intensité ÉLEVÉE de 3 à 4 heures. Servir sur du couscous, si désiré. Garnir de graines de grenade.

Poulet Stroganoff à la mijoteuse

PORTIONS : 4 portions PRÉPARATION : 30 min CUISSON : +3 h TEMPS TOTAL : +3 h 30 min

Ingrédients :

4 poitrines de poulet désossées et sans peau, coupées en cubes

8 onces de champignons, tranchés

8 onces de fromage à la crème, ramolli

1 boîte de 10 1/2 onces de soupe à la crème de poulet

1 1/4 once enveloppe de mélange à soupe à l'oignon sec (ou mélange à trempette)

1 lb de grosses nouilles aux oeufs

4 onces de persil frais

Instructions :

1. Graissez légèrement l'intérieur d'un bol à mijoteuse, puis garnissez-le de poulet, de crème de soupe au poulet et d'un mélange de soupe à l'oignon sec (ou de trempette).

2. Cuire à feu doux pendant 4 à 6 heures ou jusqu'à ce que le poulet soit complètement cuit. Pour votre information, dans un Instant Pot, en utilisant la fonction de cuisson lente à basse température, cela n'a pris qu'environ 2 heures et demie.

3. Environ 20 minutes avant d'être prêt à servir, faites bouillir une grande casserole d'eau et faites cuire les nouilles selon les instructions sur l'emballage jusqu'à ce qu'elles soient tendres.

4. Égouttez et rincez les nouilles sous l'eau froide pour stopper la cuisson si votre stroganoff n'est pas tout à fait cuit.

5. Lorsque le poulet est complètement cuit, réglez le feu sur le réglage chaud de la mijoteuse. Incorporer le fromage à la crème jusqu'à ce qu'il soit complètement dissous dans la sauce.

6. Verser les nouilles.

7. Incorporer les nouilles jusqu'à ce qu'elles soient complètement enrobées de sauce.

8. Répartir sur des assiettes et garnir de persil.

Recette d'autocuiseur pour côtes de porc hickory

PORTIONS : 6 portions PRÉPARATION : 30 min CUISSON : 30 min TEMPS TOTAL : 1 h

Ingrédients :

4 ½ livres de côtes levées de porc

⅓ tasse de marinade pour barbecue Texas

4 tasses de sauce BBQ fumée

2 cuillères à soupe de cassonade

¼ tasse de sirop d'érable

1 cuillère à soupe d'huile végétale

½ tasse de bouillon de boeuf

Feuilles de persil frais, pour la garniture

Instructions :

1. Préchauffez votre autocuiseur Crockpot Express. Ajouter 1 cuillère à soupe d'huile et faire revenir les côtes par lots.

2. Dans un grand bol, mélanger la marinade BBQ, la sauce BBQ, la cassonade et le sirop d'érable. Enrober les côtes du mélange.

3. Placez la grille à vapeur dans votre autocuiseur. Ajouter le bouillon de bœuf dans l'autocuiseur et placer les côtes levées sur la grille.

4. Couverture; cuire sur VIANDE/RAGOÛT pendant 15 minutes ou jusqu'à ce que les côtes soient entièrement cuites. Pression de libération naturelle pendant 2 minutes.

5. Retirez les côtes et placez-les sur un plateau de service chaud.

6. Faire chauffer la sauce jusqu'à ce qu'elle commence à bouillonner.

7. Verser la sauce sur les côtes levées et garnir de feuilles de persil frais.

Recette de mijoteuse au chili Championship

PORTIONS : 7 portions PRÉPARATION : 15 min CUISSON : 3 h TEMPS TOTAL : 3 h 15 min

Ingrédients :

3 ½ - 4 livres de boeuf haché grossièrement

14 ½ onces de bouillon de bœuf, en conserve

3 cuillères à soupe d'oignon, haché finement - 1 cuillère à café d'ail en poudre

3 cuillères à café de granulés de bouillon de bœuf instantané, divisés

8 onces de sauce tomate, en conserve - 2 cuillères à soupe de paprika

½ cuillère à café de poivre noir - ½ cuillère à café de piment de Cayenne

4 cuillères à soupe de piment en poudre - 1 cuillère à soupe de cumin

¼ cuillère à café de poudre d'oignon - ¼ cuillère à café de sel

¼ cuillère à café de sucre - ¼ cuillère à café de sel d'ail

¼ cuillère à café de granulés de bouillon de poulet instantané

1 cuillère à soupe de jus de citron vert

Instructions :

1. Cuire le bœuf dans une grande poêle à feu moyen, en remuant pour l'émietter jusqu'à ce que le bœuf soit doré; drainer.

2. Placez le bœuf cuit, l'oignon haché, le bouillon de bœuf, la sauce tomate, la poudre de chili, le paprika, le cumin, 2 cuillères à café de bouillon de bœuf, la poudre d'ail, le poivre de Cayenne et le poivre noir dans votre mijoteuse Crockpot.

4. Couverture; cuire à FAIBLE intensité de 7 à 8 heures ou à intensité ÉLEVÉE de 3 à 4 heures.

5. Incorporer le bouillon de bœuf restant, la poudre d'oignon, le sel, le sucre, le sel d'ail, le bouillon de poulet et le jus de citron vert.

6. Couverture; cuire à FAIBLE 1 heure.

7. Versez les portions dans des bols et dégustez !

Poulet aux 3 fromages et nouilles

PORTIONS : 6 portions PRÉPARATION : 30 min CUISSON : +3 h TEMPS TOTAL : +3 h 30 min

Ingrédients :

3 tasses de poulet cuit haché

1 boîte (101/2 onces) de crème de poulet condensée, non diluée

1/2 tasse d'oignon coupé en dés

1/2 tasse de céleri en dés

1/2 tasse de poivron vert coupé en dés

1/2 tasse de poivron rouge coupé en dés

1/2 tasse de bouillon de poulet

1 boîte (4 onces) de champignons tranchés, égouttés

1/2 cuillère à café de thym séché

1 tasse (4 onces) de fromage Monterey Jack râpé

1/2 tasse de fromage cottage

1/2 tasse de parmesan râpé

1 paquet (8 onces) de nouilles aux œufs larges, cuites et égouttées

Instructions :

1. Mélanger le poulet, la soupe, l'oignon, le céleri, les poivrons, le bouillon, les champignons et le thym dans la mijoteuse Crockpot ; remuer pour mélanger. Couverture; cuire à FAIBLE intensité de 6 à 8 heures ou à intensité ÉLEVÉE de 3 à 4 heures.

2. Incorporer le fromage Monterey Jack, le fromage cottage, le parmesan et les nouilles aux œufs. Couverture; cuire à intensité ÉLEVÉE 10 minutes ou jusqu'à ce que le fromage soit fondu.

Risotto aux pommes et à la cannelle Recette à la mijoteuse

PORTIONS : 6 portions PRÉPARATION : 15 min CUISSON : 3 h TEMPS TOTAL : 3 h 15 min

Ingrédients :

1/4 tasse (1/2 bâton) de beurre

4 pommes Granny Smith moyennes (environ 1 1/2 livre), pelées, évidées et coupées en cubes

1 ½ cuillères à café de cannelle moulue

1/4 cuillère à café de piment de la Jamaïque moulu

1/4 cuillère à café de sel

1 ½ tasse de riz Arborio non cuit

1/2 tasse de cassonade foncée tassée

4 tasses de jus de pomme, à température ambiante*

1 cuillère à café de vanille

Garnitures facultatives : canneberges séchées, amandes tranchées et/ou lait

Instructions :

1. Enduire l'intérieur de la mijoteuse Crockpot d'un aérosol de cuisson antiadhésif. Faire fondre le beurre dans une grande poêle à feu moyen-vif. Ajouter les pommes, la cannelle, le piment de la Jamaïque et le sel; cuire et remuer de 3 à 5 minutes ou jusqu'à ce que les pommes commencent à libérer leur jus. Retirer dans la mijoteuse Crockpot.

2. Ajouter le riz; remuer pour enrober. Saupoudrer uniformément la cassonade sur le dessus. Ajouter le jus de pomme et la vanille. Couverture; cuire à intensité ÉLEVÉE de 1 ½ à 2 heures ou jusqu'à ce que tout le liquide soit absorbé. Verser le risotto dans des bols; haut comme vous le souhaitez.

Trempette aux abricots et au brie Recette à la mijoteuse

PORTIONS : 3 portions PRÉPARATION : 15 min CUISSON : 1 h 30 min TEMPS TOTAL : 1 h 45 min

Ingrédients :

1/2 tasse d'abricots secs, hachés finement

1/3 tasse plus 1 cuillère à soupe de confiture d'abricots, divisée

1/4 tasse de jus de pomme

1 meule ronde de fromage Brie (2 livres), croûte enlevée et coupée en cubes

Craquelins, pain ou légumes pour tremper

Instructions :

1. Mélanger les abricots secs, 1/3 tasse de conserves d'abricots et le jus de pomme dans la mijoteuse Crockpot. Couverture; cuire à intensité ÉLEVÉE 40 minutes.

2. Incorporer le fromage. Couverture; cuire à intensité ÉLEVÉE de 30 à 40 minutes ou jusqu'à ce que le fromage soit fondu. Incorporer 1 cuillère à soupe de conserves restantes. Réglez la mijoteuse sur LOW.

3. Servir avec vos craquelins, pain ou légumes préférés.

Recette de l'autocuiseur express Arizona Ranch Beans

PORTIONS : 8 portions PRÉPARATION : 15 min CUISSON : 1 h TEMPS TOTAL : 1 h 15 min

Ingrédients :

½ livre de bacon, haché

2 oignons, hachés

1 boîte (4 onces) de piments verts doux coupés en dés

2 gousses d'ail, hachées

1 cuillère à café de sel

1 cuillère à café de piment en poudre

½ cuillère à café d'origan séché

¼ cuillère à café de cumin moulu

1 livre de haricots pinto séchés, rincés et triés

1 ¾ tasse d'eau

1 boîte (environ 14 onces) de tomates entières, non égouttées, hachées grossièrement

2 citrons verts, coupés en quartiers

Instructions :

1. Appuyez sur BROWN/SAUTÉ sur l'autocuiseur express Crockpot. Ajouter le bacon cuire jusqu'à ce qu'il soit croustillant, en remuant de temps en temps. Déposer dans une assiette tapissée d'essuie-tout. Égoutter tout sauf 2 cuillères à soupe de jus de cuisson. Ajouter les oignons; cuire et remuer 3 minutes. Ajouter les piments, l'ail, le sel, la poudre de chili, l'origan et le cumin; cuire et remuer 1 minute. Ajouter les haricots, l'eau, les tomates et la moitié du bacon; remuer pour mélanger.

2. Couvercle sécurisé. Appuyez sur BEANS/CHILI, réglez la pression sur HIGH et le temps sur 30 minutes. Assurez-vous que la soupape de dégagement de vapeur est en position « Seal » (fermée). Appuyez sur DÉMARRER/ARRÊTER.

3. Une fois la cuisson terminée, relâcher naturellement la pression 10 minutes. Relâchez la pression restante. Remuer le piment. Si vous désirez un chili plus épais, appuyez sur BROWN/SAUTÉ sur Express Crock; cuire 5 minutes ou jusqu'à ce que le chili épaississe à la consistance désirée. Assaisonner avec du sel supplémentaire, si désiré. Servir avec des quartiers de lime.

Recette à la mijoteuse de riz style risotto à l'asiago et aux asperges

PORTIONS : 4 portions PRÉPARATION : 30 min CUISSON : 30 min TEMPS TOTAL : 1 h

Ingrédients :

2 tasses d'oignon haché

1 boîte (environ 14 onces) de bouillon de légumes

1 tasse de riz converti non cuit

2 gousses d'ail, hachées

1/2 livre de pointes d'asperges, parées et brisées en morceaux de 1 pouce

1 tasse moitié-moitié, divisée

1/2 tasse (environ 4 onces) de fromage Asiago râpé, plus un supplément pour la garniture

1/4 tasse (1/2 bâtonnet) de beurre, coupé en cubes

1/2 tasse (2 onces) de pignons de pin ou d'amandes effilées, grillées*

1 cuillère à café de sel

*Pour faire griller les pignons de pin, étalez-les en une seule couche dans une poêle à fond épais. Cuire et remuer à feu moyen 1 à 2 minutes ou jusqu'à ce que les noix soient légèrement dorées.

Instructions :

1. Mélanger l'oignon, le bouillon, le riz et l'ail dans la mijoteuse Crockpot; remuer pour mélanger. Couverture; cuire à intensité ÉLEVÉE 2 heures ou jusqu'à ce que le riz soit tendre.

2. Incorporer les asperges et 1/2 tasse moitié-moitié. Couverture; cuire à intensité ÉLEVÉE 20 minutes ou jusqu'à ce que les asperges soient tendres mais encore croquantes.

3. Incorporer la 1/2 tasse moitié-moitié restante, la 1/2 tasse de fromage, le beurre, les pignons de pin et le sel. Éteignez le feu. Couverture; laisser reposer 5 minutes ou jusqu'à ce que le fromage soit légèrement fondu. Aérer à la fourchette. Garnir de fromage supplémentaire.

Orge dorée asiatique avec noix de cajou Recette à la mijoteuse

PORTIONS : 4 portions PRÉPARATION : 30 min CUISSON : 2 h TEMPS TOTAL : 2 h 30 min

Ingrédients :

2 cuillères à soupe d'huile d'olive

1 tasse d'orge mondé, trié

3 tasses de bouillon de légumes

1 tasse de céleri, haché

1 poivron vert moyen, haché

1 oignon jaune moyen, haché

2 gousses d'ail, hachées

1 cuillère à café de sel

½ cuillère à café de poivre noir

Noix de cajou hachées

Instructions :

1. Chauffer une grande poêle à feu moyen. Ajouter l'huile et l'orge; cuire et remuer 10 minutes ou jusqu'à ce que l'orge soit légèrement dorée. Transférer dans votre mijoteuse Crockpot.

2. Ajouter le bouillon, le céleri, le poivron, l'oignon, l'ail, le sel et le poivre noir; remuer pour mélanger.

3. Couverture; cuire à FAIBLE intensité de 4 à 5 heures ou à intensité ÉLEVÉE de 2 à 3 heures ou jusqu'à ce que le liquide soit absorbé.

4. Garnir de noix de cajou et déguster.

Recette d'autocuiseur express au chou frisé asiatique et aux pois chiches

PORTIONS : 4 portions PRÉPARATION : 15 min CUISSON : 15 min TEMPS TOTAL : 30 min

Ingrédients :

1 cuillère à soupe d'huile de sésame grillé

1 oignon moyen, tranché finement

2 cuillères à café de gingembre frais râpé, divisé

2 gousses d'ail, hachées

2 piments jalapeño*, hachés, divisés

8 tasses de chou frisé haché (1 bouquet)

½ tasse de bouillon de légumes

2 boîtes (environ 15 onces chacune) de pois chiches, rincés et égouttés

1 cuillère à soupe de jus de citron vert

1 cuillère à café de zeste de citron vert râpé

2 tasses de riz cuit chaud (facultatif)

*Les piments jalapeño peuvent piquer et irriter la peau, alors portez des gants en caoutchouc lorsque vous manipulez des piments et ne touchez pas vos yeux.

Instructions :

1. Appuyez sur BROWN/SAUTÉ sur l'autocuiseur express Crockpo. Ajouter l'huile, l'oignon, 1 cuillère à thé de gingembre, l'ail et 1 piment jalapeño; cuire et remuer 1 minute. Ajouter le chou frisé; cuire et remuer 2 minutes ou jusqu'à ce qu'ils soient légèrement ramollis. Ajouter le bouillon et les pois chiches. Couvercle sécurisé. Appuyez sur MANUAL PRESSURE, réglez la pression sur HIGH et le temps sur 3 minutes. Assurez-vous que la soupape de dégagement de vapeur est en position « Seal » (fermée). Appuyez sur DÉMARRER/ARRÊTER.

2. Une fois la cuisson terminée, relâchez rapidement la pression. Incorporer 1 cuillère à café de gingembre restant, 1 piment jalapeño, le jus de citron vert et le zeste de citron vert. Servir avec du riz, si désiré.

Recette de mijoteuse aux asperges et au fromage

PORTIONS : 6 portions PRÉPARATION : 30 min CUISSON : 3 h TEMPS TOTAL : 3 h 30 min

Ingrédients :

2 livres d'asperges fraîches, parées

1 boîte (10 1/2 onces) de soupe de crème d'asperges condensée, non diluée

1 tasse de craquelins salés écrasés

½ tasse d'amandes effilées

4 onces de fromage américain, en cubes

1 œuf

Instructions :

1. Mélanger les asperges, la soupe, les craquelins, les amandes, le fromage et l'œuf dans la mijoteuse Crockpot; remuer pour enrober. Couverture; cuire à intensité ÉLEVÉE 2 heures.

Automne abricot bœuf ragoût

PORTIONS : 4 portions PRÉPARATION : 15 min CUISSON : +3 h TEMPS TOTAL : +3 h 15 min

Ingrédients :

Steak rond de bœuf de 1 livre désossé, coupé en morceaux de la taille d'une bouchée

2/3 tasse de nectar abricot

1 tasse de salsa moyenne

1 cuillère à café d'épices de tarte à la citrouille

1/4 cuillère à café de sel

1/2 tasse d'abricots séchés hachés

1/2 tasse d'oignons verts tranchés

3 cuillères à soupe d'eau

2 cuillères à soupe de farine polyvalente

3 tasses de riz cuit chaud

1/4 tasse de coriandre fraîche hachée

Instructions :

1. Placer le bœuf, le nectar, la salsa, les épices à tarte à la citrouille et le sel dans la mijoteuse à mi-chemin. Couverture; Cuire à bas de 8 à 10 heures.

2. Tournez la mijoteuse Crockpot à haut. Ajouter les abricots et les oignons verts. Couverture; Cuire 10 minutes.

3. Remuer l'eau et la farine dans un petit bol jusqu'à consistance lisse. Ajouter à la mijoteuse Crockpot; bien mélanger. Couverture; Cuire à haut 15 minutes ou jusqu'à épaississement.

4. Servir sur le riz. Garnir de coriandre.

Recette de sandwichs à la poitrine de bœuf BBQ à la mijoteuse

PORTIONS : 4 portions PRÉPARATION : 15 min CUISSON : +10 h TEMPS TOTAL : +10 h 15 min

Ingrédients :

2 ½ tasses de sauce barbecue

½ tasse de marinade pour barbecue

4 livres de poitrine de boeuf, débarrassée de l'excès de gras

1 tasse de bouillon de boeuf

12 pains à hamburger, grillés

Garnir:

1 oignon moyen, tranché

Cornichons, tranchés

Instructions :

1. Enrober la poitrine de marinade pour barbecue. Placez la pointe de poitrine dans votre mijoteuse Crockpot.

2. Dans un bol moyen, mélanger le bouillon de boeuf avec 1 tasse de sauce BBQ. Verser le mélange sur la poitrine.

3. Couverture; cuire à LOW pendant 10 heures. Une fois la cuisson terminée, réserver 2 tasses de liquide de cuisson de la mijoteuse et réserver. Jetez le reste du liquide.

4. Retirez délicatement la poitrine et placez-la dans une grande rôtissoire ou une plaque à pâtisserie. Déchiqueter la poitrine avec deux fourchettes. Transférer la viande effilochée sur une planche à découper et couper la viande à l'aide d'un grand couteau.

5. Remettez la viande effilochée dans la mijoteuse. Ajouter le reste de sauce BBQ ainsi que les 2 tasses de liquide de cuisson réservé. Mélanger jusqu'à consistance homogène.

6. Cuire à HIGH pendant 30 minutes.

7. Servir sur des petits pains grillés avec de la sauce barbecue, des oignons tranchés et des cornichons.

Recette d'autocuiseur express aux pommes de terre pour le brunch au bacon et au fromage

PORTIONS : 6 portions PRÉPARATION : 15 min CUISSON : 15 min TEMPS TOTAL : 1 h

Ingrédients :

⅓ tasse d'eau

3 pommes de terre Russet moyennes (environ 2 livres), pelées et coupées en cubes de 1 pouce

1 tasse d'oignon haché

¾ cuillère à café de sel assaisonné

6 tranches de bacon, croustillantes et émiettées

1 tasse (4 onces) de fromage cheddar fort râpé

Instructions :

1. Versez de l'eau dans l'autocuiseur Crockpot Express. Vaporiser la marmite avec un aérosol de cuisson antiadhésif. Placer la moitié des pommes de terre dans Express Crock. Saupoudrer la moitié de l'oignon et du sel assaisonné sur les pommes de terre; garnir de la moitié du bacon et du fromage. Répétez les couches.

2. Couvercle sécurisé. Appuyez sur STEAM, réglez la pression sur HIGH et le temps sur 5 minutes. Assurez-vous que la soupape de dégagement de vapeur est en position « Seal » (fermée). Appuyez sur DÉMARRER/ARRÊTER.

3. Une fois la cuisson terminée, relâchez rapidement la pression. Remuer doucement pour mélanger; servir chaud.

Recette à la mijoteuse de pommes de terre brunch au bacon et au fromage

PORTIONS : 6 portions PRÉPARATION : 15 min CUISSON : + 3 h TEMPS TOTAL : +3 h 15 min

Ingrédients :

3 pommes de terre Russet moyennes (environ 2 livres), coupées en cubes de 1 pouce

1 tasse d'oignon haché

1/2 cuillère à café de sel assaisonné

4 tranches de bacon, croustillantes et émiettées

1 tasse (4 onces) de fromage cheddar fort râpé

1 cuillère à soupe d'eau

Instructions :

1. Enduire l'intérieur de la mijoteuse Crockpo d'un aérosol de cuisson antiadhésif. Placer la moitié des pommes de terre dans la mijoteuse Crockpot. Saupoudrer la moitié de l'oignon et du sel assaisonné sur les pommes de terre; garnir de la moitié du bacon et du fromage. Répétez les couches. Saupoudrer d'eau sur le dessus.

2. Couverture; cuire à FAIBLE 6 heures ou à intensité ÉLEVÉE 3 1/2 heures ou jusqu'à ce que les pommes de terre et l'oignon soient tendres. Remuer doucement pour mélanger; servir chaud.

Recette de l'autocuiseur Bagna Cauda Express

PORTIONS : 2 portions PRÉPARATION : 15 min CUISSON : 15 min TEMPS TOTAL : 1 h

Ingrédients :

1 ½ tasse d'huile d'olive

¾ tasse (1 1/2 bâtonnets) de beurre, coupé en cubes

4 boîtes (2 onces chacune) de filets d'anchois, égouttés

2 cuillères à soupe d'ail haché

¼ cuillère à café de flocons de piment rouge

1 ½ tasse d'eau

Légumes frais assortis

Instructions :

1. Combinez l'huile, le beurre, les anchois, l'ail et les flocons de piment rouge dans un plat à soufflé qui tient à l'intérieur de l'autocuiseur express Crockpot. Préparez une élingue en aluminium.* Placez la grille dans la marmite; Ajoutez de l'eau. Placer le plat préparé sur une grille à l'aide d'une élingue en aluminium. Couvercle sécurisé. Appuyez sur STEAM, réglez la température sur LOW et le temps sur 1 minute. Assurez-vous que la soupape de dégagement de vapeur est en position « Seal » (fermée). Appuyez sur DÉMARRER/ARRÊTER.

2. Une fois la cuisson terminée, relâchez rapidement la pression. Retirer le plat à l'aide d'une élingue en aluminium. Verser le mélange dans un mélangeur ou un robot culinaire; processus jusqu'à consistance lisse. Servir avec des légumes.

3. *Préparez l'élingue en aluminium en déchirant un morceau de papier d'aluminium de 18 pouces de long; plier en deux dans le sens de la longueur pour créer une bande de 18 x 6 pouces. Placer sous le plat préparé. Tirez les extrémités des bandes vers le haut et sur le plat. Laissez la bande pendant la cuisson afin de pouvoir facilement retirer le plat une fois la cuisson terminée.

Recette de l'autocuiseur express Baked Beans

PORTIONS : 8 portions PRÉPARATION : 30 min CUISSON : 1 h TEMPS TOTAL : 1 h 30 min

Ingrédients :

5 tranches de bacon, hachées

1 livre de haricots secs Great Northern

1 cuillère à soupe de sel

4 tasses d'eau

1 tasse de ketchup

½ tasse de sauce barbecue

½ tasse de cassonade tassée

½ poivron vert, haché

½ oignon, haché

1 ½ cuillères à café de moutarde préparée

Instructions :

1. Appuyez sur BROWN/SAUTÉ sur l'autocuiseur express Crockpot. Ajouter le bacon; cuire et remuer à intensité ÉLEVÉE jusqu'à ce qu'ils soient croustillants. Déposer dans une petite assiette tapissée d'essuie-tout à l'aide d'une écumoire. Mettre de côté. Égoutter la graisse.

2. Placer les haricots, l'eau et le sel dans Express Crock. Couvercle sécurisé. Appuyez sur BEANS, réglez la pression sur HIGH et le temps sur 30 minutes. Assurez-vous que la soupape de dégagement de vapeur est en position « Seal » (fermée). Appuyez sur DÉMARRER/ARRÊTER.

3. Une fois la cuisson terminée, relâcher naturellement la pression 10 minutes. Relâchez la pression restante. Égoutter les haricots en réservant 1/4 tasse d'eau de cuisson. Remettez les haricots dans Express Crock. Incorporer l'eau de cuisson réservée, le ketchup, la sauce barbecue, la cassonade, le poivre, l'oignon et la moutarde. Couvercle sécurisé. Appuyez sur BEANS, réglez la pression sur HIGH et le temps sur 8 minutes. Assurez-vous que la soupape de dégagement de vapeur est en position « Seal » (fermée). Appuyez sur DÉMARRER/ARRÊTER.

4. Une fois la cuisson terminée, relâcher naturellement la pression 10 minutes. Relâchez la pression restante. Incorporer le bacon.

Recette de mijoteuse aux haricots cuits au four faits maison

PORTIONS : 8 portions PRÉPARATION : 30 min CUISSON : +4 h TEMPS TOTAL : +4 h 30 min

Ingrédients :

2 boîtes (environ 15 onces chacune) de fèves au lard

1 tasse de ketchup

½ tasse de sauce barbecue

½ tasse de cassonade tassée

5 tranches de bacon, hachées

½ poivron vert, haché

½ oignon, haché

1 ½ cuillères à café de moutarde préparée

Brins de persil italien frais (facultatif)

Instructions :

1. Mettre les haricots, le ketchup, la sauce barbecue, la cassonade, le bacon, le poivre, l'oignon et la moutarde dans votre mijoteuse Crockpot ; remuer pour mélanger.

2. Couverture; cuire à FAIBLE intensité de 8 à 12 heures ou à intensité ÉLEVÉE de 4 à 5 heures.

3. Décorez de persil et dégustez !

Recette à la mijoteuse des Stackers de Barbacoa

PRÉPARATION : 30 min CUISSON : +3 h TEMPS TOTAL : +3 h 30 min

Ingrédients :

Barbacoa

2 lb de poitrine de bœuf, parée et coupée en morceaux de 2 à 3 pouces

2 chipotles en sauce adobo, hachés plus 3 c. à thé de sauce adobo

1 boîte (4 oz) de piments verts coupés en dés

⅓ tasse de bouillon de bœuf - 1 cuillère à soupe de vinaigre de cidre de pomme

2-3 gousses d'ail, hachées - 1 cuillère à café d'origan - 1 cuillère à soupe de cumin

2 cuillères à café de piment en poudre - 2 feuilles de laurier - Sel et poivre au goût

½ jus de citron vert

Garnitures empilables

Tostadas

1 boîte (16 oz) de haricots frits, chauffés

Salade de chou

Oignons rouges marinés - ¼ tasse de fromage cotija râpé, ou fromage au choix

coriandre hachée - 1 avocat, tranché finement

Instructions :

1. Ajoutez tous les ingrédients du barbacoa à votre mijoteuse Crockpot en plus du citron vert. Couvrir et cuire à feu vif pendant 5 à 6 heures ou à feu doux pendant 8 à 9 heures.

2. Retirer les feuilles de laurier et effilocher le bœuf à la fourchette, remettre dans la mijoteuse. Ajouter le jus de citron vert et mélanger le tout.

3. Étendre des haricots frits sur chaque tostado, puis garnir d'un peu de salade de chou croquante. À l'aide d'une écumoire, ajouter la quantité désirée de barbacoa à chaque tostado. Ajoutez ensuite les oignons rouges marinés, le cotija, la coriandre et les tranches d'avocat.

4. Servir avec des quartiers de lime si désiré et déguster!

Ragoût de bœuf avec bacon, oignons et patates douces
Recette à la mijoteuse

PORTIONS : 4 portions PRÉPARATION : 30 min CUISSON : +3 h TEMPS TOTAL : +3 h 30 min

Ingrédients :

1 livre de viande de ragoût de bœuf en cubes

1 boîte (environ 14 onces) de bouillon de boeuf

2 patates douces moyennes, coupées en morceaux de 2 pouces

1 gros oignon, haché

2 tranches de bacon coupe épaisse, coupées en dés

1 cuillère à café de thym séché

1 cuillère à café de sel

1/4 cuillère à café de poivre noir

2 cuillères à soupe d'eau

2 cuillères à soupe de fécule de maïs

Instructions :

1. Enduire l'intérieur de la mijoteuse Crockpot d'un aérosol de cuisson antiadhésif. Mélanger le bœuf, le bouillon, les pommes de terre, l'oignon, le bacon, le thym, le sel et le poivre dans la mijoteuse Crockpot ; remuer pour mélanger.

2. Couverture; cuire à FAIBLE intensité de 7 à 8 heures ou à intensité ÉLEVÉE de 4 à 5 heures ou jusqu'à ce que le bœuf et les légumes soient tendres. Retirer le bœuf et les légumes dans un bol de service à l'aide d'une cuillère à fentes. Couvrir et garder au chaud.

3. Incorporer l'eau à la fécule de maïs dans un petit bol jusqu'à consistance lisse; fouetter dans la mijoteuse Crockpo. Couverture; cuire à FAIBLE 15 minutes ou jusqu'à épaississement. Servir la sauce uniformément sur le bœuf et les légumes.

Recette à la mijoteuse de Blueberry Cobbler

PORTIONS : 6 portions PRÉPARATION : 30 min CUISSON : +3 h TEMPS TOTAL : +3 h 30 min

Ingrédients :

¾ tasse de mélange à biscuits

½ tasse de cassonade tassée

⅓ tasse de sucre cristallisé

2 oeufs

1 cuillère à café de vanille

½ cuillère à café d'extrait d'amande

1 boîte (5 onces) de lait évaporé

2 cuillères à café de beurre, fondu

3 tasses de bleuets frais ou surgelés

Glace à la vanille

Instructions :

1. Enduire l'intérieur de la mijoteuse Crockpot d'un aérosol de cuisson antiadhésif. Mélanger le mélange à biscuits et les sucres dans un grand bol. Ajouter les œufs, la vanille et l'extrait d'amande; remuer pour combiner. Ajouter le lait évaporé et le beurre; remuer jusqu'à ce que le tout soit bien mélangé.

2. Verser environ un quart de la pâte dans la mijoteuse Crockpot. Déposer les myrtilles dessus. Verser le reste de pâte sur les bleuets. Couverture; cuire à FAIBLE 5 à 6 heures. Servir chaud avec de la glace.

Recette de mijoteuse au quinoa pour le petit-déjeuner

PORTIONS : 6 portions PRÉPARATION : 30 min CUISSON : +3 h TEMPS TOTAL : +3 h 30 min

Ingrédients :

1 ½ tasse de quinoa, non cuit

3 tasses d'eau

3 cuillères à soupe de cassonade tassée

2 cuillères à soupe de sirop d'érable

1 ½ cuillères à café de cannelle moulue

¾ tasse de raisins secs dorés

Garnir:

Framboises fraîches

Tranches de banane

Instructions :

1. Placer le quinoa dans une passoire à mailles fines; bien rincer sous l'eau courante froide.

2. Transférer dans votre mijoteuse Crockpot.

3. Mélangez l'eau, la cassonade, le sirop d'érable et la cannelle dans votre mijoteuse.

4. Couverture; cuire à FAIBLE intensité pendant 5 heures ou à intensité ÉLEVÉE pendant 3 heures et demie, ou jusqu'à ce que le quinoa soit tendre et que l'eau soit absorbée. Ajouter les raisins secs pendant les 10 à 15 dernières minutes de cuisson.

5. Garnir de framboises et de bananes et déguster !

Recette à la mijoteuse de pilaf aux champignons cremini bourguignons et sauvages

PORTIONS : 6 portions PRÉPARATION : 30 min CUISSON : +6 h TEMPS TOTAL : +6 h 30 min

Ingrédients :

2 tasses de riz blanc à grains longs converti non cuit

1 oignon jaune moyen, haché

1 tasse de champignons cremini sauvages, tranchés

1 petite courgette, tranchée finement

2 cuillères à soupe d'huile végétale

3 1/2 tasses de bouillon de bœuf sans gras à 99 %

1/2 tasse de bourgogne ou autre vin rouge sec

1/4 tasse de beurre non salé, fondu

1/2 cuillère à café de sel

1/4 cuillère à café de poivre noir

Instructions :

1. Dans une grande poêle, chauffer l'huile à feu moyen. Ajouter le riz, l'oignon, les champignons et les courgettes; cuire et remuer pendant 4 à 5 minutes, ou jusqu'à ce que le riz soit légèrement doré et que l'oignon soit tendre.

2. Ajouter à votre mijoteuse Crockpot®.

3.Ajouter le bouillon, le bourgogne, le sel et le poivre. Arroser le dessus de beurre fondu en remuant une fois.

4. Couverture; cuire à FAIBLE intensité pendant 6 à 8 heures.

5. Servir chaud et déguster !

Recette de soupe à l'oignon caramélisée à la mijoteuse

PORTIONS : 6 portions PRÉPARATION : 30 min CUISSON : +3 h TEMPS TOTAL : +3 h 30 min

Ingrédients :

4 oignons doux extra-gros, pelés

¼ tasse (½ bâton) de beurre

2 tasses de vin blanc sec

8 tasses de bouillon de bœuf ou de légumes, divisé

2 tasses d'eau

1 cuillère à soupe de thym frais haché

6 tranches de pain français, grillées

1 tasse (4 onces) de fromage suisse ou de gruyère râpé

Instructions :

1. Couper chaque oignon en quartiers. Couper chaque quart en tranches de ¼ de pouce d'épaisseur. Chauffer une grande poêle à feu moyen. Ajouter le beurre et les oignons; cuire de 45 à 50 minutes ou jusqu'à ce qu'ils soient tendres et brun caramel, en remuant de temps à autre. Retirer dans la mijoteuse Crockpot.

2. Ajouter le vin dans la poêle; laisser mijoter 15 minutes ou jusqu'à ce que le liquide soit réduit à environ ½ tasse. Retirer dans la mijoteuse.

3. Ajouter le bouillon, l'eau et le thym dans la mijoteuse. Couverture; cuire à intensité ÉLEVÉE 2 heures et demie.

4. Pour servir, verser la soupe dans des bols à soupe individuels allant au four. Faire flotter 1 tranche de pain grillé dans chaque bol et saupoudrer de fromage. Préchauffer le gril. Faire griller de 3 à 5 minutes ou jusqu'à ce que le fromage soit fondu et doré.

5. Servir bien chaud et déguster !

Sauce à l'oignon caramélisé Recette à la mijoteuse

PORTIONS : 3 portions PRÉPARATION : 45 min CUISSON : +3 h TEMPS TOTAL : +3 h 45 min

Ingrédients :

½ tasse (1 bâton) de beurre, coupé en petits morceaux

3 livres d'oignons

2 cuillères à café de vinaigre balsamique

1 cuillère à café de sel

½ cuillère à café de poivre noir

½ tasse de bouillon de boeuf

Instructions :

1. Enduire l'intérieur de la mijoteuse Crockpot™ d'un aérosol de cuisson antiadhésif. Mettre le beurre dans la mijoteuse. Couverture; cuire à intensité ÉLEVÉE jusqu'à ce qu'il soit fondu.

2. Pendant ce temps, couper les oignons en deux par les extrémités des tiges. Retirez les pelures extérieures et placez-les à plat sur une planche à découper. Trancher finement les oignons, en tenant le couteau en biais, en coupant jusqu'au centre. Ajouter au beurre fondu dans la mijoteuse. Incorporer le vinaigre, le sel et le poivre. Réglez la mijoteuse sur LOW. Cuire, à découvert, à FAIBLE intensité de 8 à 10 heures ou jusqu'à ce que les oignons soient bruns, tendres et réduits en volume à environ 3 tasses.

3. Incorporer le bouillon, en remuant pour gratter les morceaux dorés. Servir immédiatement ou laisser refroidir à température ambiante et réfrigérer dans un récipient hermétique jusqu'à utilisation. Réchauffer avant de servir.

Recette de soupe de chou-fleur à la mijoteuse

PORTIONS : 3 portions PRÉPARATION : 30 min CUISSON : +3 h TEMPS TOTAL : +3 h 30 min

Ingrédients :

2 têtes de chou-fleur, coupées en petits bouquets

8 tasses de bouillon de poulet

¾ tasse de céleri haché

¾ tasse d'oignon haché

2 cuillères à café de sel

2 cuillères à café de poivre noir

2 tasses de lait ou de crème fouettée

1 cuillère à café de sauce Worcestershire

Instructions :

1. Mélanger le chou-fleur, le bouillon, le céleri, l'oignon, le sel et le poivre dans la mijoteuse Crockpot. Couverture; cuire à FAIBLE intensité de 7 à 8 heures ou à intensité ÉLEVÉE de 3 à 4 heures.

2. Verser le mélange de chou-fleur dans un robot culinaire ou un mélangeur; processus jusqu'à consistance lisse. Ajouter le lait et la sauce Worcestershire; mélanger jusqu'à homogénéité. Remettre la soupe dans la mijoteuse. Couverture; cuire à intensité ÉLEVÉE de 15 à 20 minutes ou jusqu'à ce que le tout soit bien chaud.

Recette de gruau de fromage avec chilis et bacon à la mijoteuse

PORTIONS : 4 portions PRÉPARATION : 30 min CUISSON : +3 h TEMPS TOTAL : +3 h 30 min

Ingrédients :

6 tranches de bacon

1 piment jalapeño ou serrano, épépiné et émincé*

1 grosse échalote ou petit oignon, haché finement

4 tasses de bouillon de poulet

1 tasse de gruau**

Sel et poivre noir

1 tasse (4 onces) de fromage cheddar râpé

½ tasse moitié-moitié

2 cuillères à soupe d'oignon vert finement haché

*Les piments jalapeño peuvent piquer et irriter la peau, alors portez des gants en caoutchouc lorsque vous manipulez des piments et ne touchez pas vos yeux.

**Utilisez des grains grossiers, instantanés, jaunes ou moulus à la pierre.

Instructions :

1. Chauffer une poêle moyenne à feu moyen. Ajouter le bacon; cuire et remuer jusqu'à ce qu'ils soient croustillants. Déposer dans une assiette tapissée d'essuie-tout à l'aide d'une écumoire. Placer deux lanières dans la mijoteuse Crockpot™; réfrigérer le reste du bacon jusqu'au moment de servir.

2. Égoutter tout sauf 1 cuillère à soupe de jus de bacon de la poêle. Ajouter le piment jalapeño et l'échalote dans la poêle; cuire et remuer à feu moyen-élevé 1 minute ou jusqu'à ce que l'échalote soit légèrement dorée. Retirer dans la mijoteuse. Incorporer le bouillon, le gruau, le sel et le poivre noir dans la mijoteuse. Couverture; cuire à FAIBLE 4 heures.

3. Incorporer le fromage et moitié-moitié. Hacher le bacon restant; saupoudrer sur chaque portion. Saupoudrer d'oignon vert. Sers immédiatement.

Recette de mijoteuse au poulet Vesuvio

PORTIONS : 6 portions PRÉPARATION : 30 min CUISSON : +3 h TEMPS TOTAL : +3 h 30 min

Ingrédients :

3 cuillères à soupe de farine tout usage

1 ½ cuillères à café d'origan séché

1 cuillère à café de sel

½ cuillère à café de poivre noir

1 poulet à frire, coupé et paré ou 3 livres de morceaux de poulet avec os, parés

2 cuillères à soupe d'huile d'olive

4 petites pommes de terre à cuire, non pelées et coupées en 8 quartiers chacune

2 petits oignons, coupés en quartiers fins

4 gousses d'ail, hachées

¼ tasse de bouillon de poulet

¼ tasse de vin blanc sec

¼ tasse de persil italien frais haché

Quartiers de citron (facultatif)

Instructions :

1. Mélanger la farine, l'origan, le sel et le poivre dans un grand sac de rangement alimentaire refermable. Ajouter le poulet, plusieurs morceaux à la fois, au sac; secouer pour enrober légèrement du mélange de farine. Chauffer l'huile dans une grande poêle à feu moyen. Ajouter le poulet; cuire de 10 à 12 minutes ou jusqu'à ce qu'ils soient dorés de tous les côtés.

2. Placer les pommes de terre, les oignons et l'ail dans la mijoteuse Crockpot. Ajouter le bouillon et le vin; garnir de morceaux de poulet. Verser le jus de cuisson de la poêle sur le poulet. Couverture; cuire à FAIBLE intensité de 6 à 7 heures ou à intensité ÉLEVÉE de 3 à 3 ½ heures.

3. Retirer le poulet et les légumes dans des assiettes de service ; garnir du jus de la mijoteuse. Saupoudrer de persil. Servir avec des quartiers de citron, si désiré.

Recette à la mijoteuse de champignons farcis au poulet et à l'asiago

PORTIONS : 5 portions PRÉPARATION : 45 min CUISSON : 3 h TEMPS TOTAL : 3 h 45 min

Ingrédients :

15 gros champignons blancs, tiges retirées et réservées

3 cuillères à soupe d'huile d'olive extra vierge, divisée

2 cuillères à soupe d'oignon finement haché

1 gousse d'ail, hachée

2 cuillères à soupe de vin de Madère

¼ livre de saucisse de poulet, boyaux retirés ou poulet haché

½ tasse de fromage Asiago râpé

2 cuillères à soupe de chapelure sèche assaisonnée

1 ½ cuillères à soupe de persil italien frais haché

¼ cuillère à café de sel

⅛ cuillère à café de poivre noir

Instructions :

1. Badigeonner légèrement les têtes de champignons avec 1 cuillère à soupe d'huile; mettre de côté. Hacher finement les pieds des champignons.

2. Chauffer les 2 cuillères à soupe d'huile restantes dans une grande poêle à feu moyen-vif. Ajouter l'oignon; cuire 1 minute ou jusqu'à ce qu'ils commencent tout juste à ramollir. Ajouter les tiges de champignons; cuire de 5 à 6 minutes ou jusqu'à ce qu'il commence à dorer. Incorporer l'ail; cuire 1 minute.

3. Verser le vin; cuire 1 minute. Ajouter la saucisse; cuire de 3 à 4 minutes ou jusqu'à ce qu'il ne soit plus rosé, en remuant pour casser en petits morceaux. Retirer du feu; refroidir 5 minutes. Incorporer le fromage, la chapelure, le persil, le sel et le poivre.

4. Répartir uniformément le mélange champignons-saucisses entre les têtes de champignons, en appuyant légèrement pour comprimer. Placer les têtes de champignons farcies en une seule couche dans la mijoteuse Crockpot. Couverture; cuire à FAIBLE 4 heures ou à FORT 2 heures.

Recette à la mijoteuse de côtes levées de porc au barbecue chinois

PORTIONS : 4 portions PRÉPARATION : 30 min CUISSON : +3 h TEMPS TOTAL : +3 h 30 min

Ingrédients :

2 ½ livres de côtes levées de dos de porc, coupées en deux

½ tasse de marmelade d'orange

½ tasse de sauce barbecue

¼ tasse de sauce soja

1 cuillère à café de raifort préparé

1 cuillère à soupe de moutarde de Dijon

1 cuillère à café d'ail haché

½ cuillère à café de sel

1 cuillère à soupe d'eau

1 cuillère à soupe de fécule de maïs

Instructions :

1. Enduire l'intérieur de la mijoteuse Crockpot d'un aérosol de cuisson antiadhésif. Placer les côtes levées, la marmelade, la sauce barbecue, la sauce soja, le raifort, la moutarde, l'ail et le sel dans la mijoteuse. Couverture; cuire à FAIBLE 6 heures.

2. Déposer les côtes dans un plat de service ; couvrir de papier d'aluminium sans serrer pour garder au chaud. Mettre la mijoteuse à HIGH. Incorporer l'eau à la fécule de maïs dans un petit bol jusqu'à consistance lisse. Fouetter dans la mijoteuse. Couverture; cuire à intensité ÉLEVÉE 15 minutes ou jusqu'à épaississement. Servir les côtes levées avec la sauce.

Gâteau au pouding au chocolat et au malt Recette à la mijoteuse

PORTIONS : 8 portions PRÉPARATION : 30 min CUISSON : 2 h TEMPS TOTAL : 2 h 30 min

Ingrédients :

2 cuillères à soupe de beurre non salé - 1 tasse de farine tout usage

½ tasse de cassonade tassée - 2 cuillères à soupe de cacao en poudre non sucré

1 ½ cuillères à café de levure chimique - ½ tasse de lait

2 cuillères à soupe d'huile végétale - ½ cuillère à café d'extrait d'amande

½ tasse de boules de lait malté grossièrement hachées

½ tasse de pépites de chocolat mi-sucré

½ tasse de sucre cristallisé

¼ tasse de poudre de lait malté

2 tasses d'eau bouillante

4 onces de fromage à la crème, en cubes, à température ambiante

¼ tasse d'amandes tranchées (facultatif)

Glace à la vanille (facultatif)

Instructions :

1. Graissez l'intérieur de votre mijoteuse Crockpot avec du beurre. Mélanger la farine, la cassonade, le cacao et la poudre à pâte dans un bol moyen. Ajouter le lait, l'huile et l'extrait d'amande; remuer jusqu'à consistance lisse.

2. Incorporer les boules de lait malté et les pépites de chocolat. Étendre la pâte au fond de la mijoteuse.

3. Mélanger le sucre granulé et la poudre de lait malté dans un bol moyen. Mélanger l'eau bouillante et le fromage à la crème dans un autre bol. Incorporer au mélange de lait malté. Verser uniformément sur la pâte dans la mijoteuse. Ne pas remuer.

4. Couverture; cuire à intensité ÉLEVÉE de 2 à 2 ½ heures ou jusqu'à ce qu'un cure-dent inséré au centre en ressorte propre.

5. Servir avec des amandes ou de la crème glacée et régalez-vous !

Dattes chinoises aux agrumes avec noisettes grillées
Recette à la mijoteuse

PORTIONS : 4 portions PRÉPARATION : 30 min CUISSON :+3 h TEMPS TOTAL : +3 h 30 min

Ingrédients :

2 tasses de dattes dénoyautées

2/3 tasse d'eau bouillante

1/2 tasse de sucre

Lanières de zeste de 1 citron (partie jaune uniquement)

1/4 tasse de noisettes, décortiquées et grillées*

Crème fouettée (facultatif)

*Pour faire griller les noisettes, étalez-les en une seule couche dans une poêle à fond épais. Cuire et remuer à feu moyen 1 à 2 minutes ou jusqu'à ce que les noix soient légèrement dorées.

Instructions :

1. Placer les dattes dans un bol moyen; couvrir d'eau. Faire tremper une nuit pour réhydrater. Drainer. Retirez les dattes de la mijoteuse Crockpot™.

2. Ajouter 2/3 tasse d'eau bouillante, le sucre et le zeste de citron dans la mijoteuse Crockpot. Couverture; cuire à intensité ÉLEVÉE 3 heures.

3. Retirer et jeter la peau. Placer les dattes dans des plats de service. Saupoudrer de noisettes. Garnir de crème fouettée, si désiré.

Recette de riz au lait à la noix de coco à la mijoteuse

PORTIONS : 6 portions PRÉPARATION : 30 min CUISSON : 3 h TEMPS TOTAL : 3 h 30 min

Ingrédients :

2 tasses d'eau

1 tasse de riz à grain long converti non cuit

1 cuillère à soupe de beurre non salé

Pincée de sel

2 ¼ tasses de lait évaporé

1 boîte (14 onces) de crème de noix de coco

½ tasse de raisins secs dorés

3 jaunes d'œufs battus

2 Zeste râpé de 2 citrons verts

1 cuillère à café de vanille

Noix de coco râpée, grillée (facultatif)*

*Pour griller la noix de coco, étendre en une seule couche dans une poêle à fond épais. Cuire et remuer à feu moyen 1 à 2 minutes. Retirer du feu.

Instructions :

1. Mettre l'eau, le riz, le beurre et le sel dans une casserole moyenne. Porter à ébullition à feu vif en remuant fréquemment. Réduire le feu à doux.

2. Couverture; cuire 10 à 12 minutes. Retirer du feu. Laisser reposer, couvert, 5 minutes.

3. Enduisez l'intérieur de la mijoteuse Crockpot avec un aérosol de cuisson antiadhésif. Ajouter le mélange de riz, le lait évaporé, la crème de noix de coco, les raisins secs, les jaunes d'œufs, le zeste de lime et la vanille; remuer pour mélanger.

4. Couverture; cuire à FAIBLE 4 heures ou à FORT 2 heures. Remuer toutes les 30 minutes, si possible. Le pudding va épaissir en refroidissant.

5. Garnir chaque portion de noix de coco grillée

Recette de tapenade de morue à la mijoteuse

PORTIONS : 4 portions PRÉPARATION : 30 min CUISSON : 1 h 30 min TEMPS TOTAL : 2 h

Ingrédients :

8 onces d'olives kalamata dénoyautées

2 cuillères à soupe de pâte d'anchois

2 cuillères à soupe de câpres égouttées

2 cuillères à soupe de persil italien frais haché

1 gousse d'ail

½ cuillère à café de zeste d'orange râpé

⅛ cuillère à café de piment rouge moulu

½ tasse d'huile d'olive extra vierge

4 filets de cabillaud ou autre poisson blanc ferme (2 à 3 livres au total)

Sel et poivre noir

2 citrons, tranchés finement

½ tasse d'eau

Instructions :

1. Placer les olives, le thym, les câpres, la pâte d'anchois, l'ail, le zeste d'orange et le poivron rouge moulu dans un robot culinaire ou un mélangeur; pulser pour hacher grossièrement. Ajouter l'huile; pulser brièvement pour former une pâte épaisse.

2. Assaisonner la morue avec du sel et du poivre. Disposez la moitié des tranches de citron au fond de la mijoteuse Crockpot. Garnir de morue; couvrir avec les tranches de citron restantes. Couverture; cuire à intensité ÉLEVÉE pendant 1 heure ou jusqu'à ce que le poisson soit tout juste cuit.

3. Retirer le poisson dans des assiettes de service; jeter le citron. Garnir de tapenade.

Recette de chou vert à la mijoteuse

PORTIONS : 12 portions PRÉPARATION : 30 min CUISSON : +3 h TEMPS TOTAL : +3 h 30 min

Ingrédients :

1 cuillère à soupe d'huile d'olive

3 cous de dinde

5 bouquets de chou vert, équeutés et hachés

5 tasses de bouillon de poulet

1 petit oignon, haché

2 gousses d'ail, hachées

1 cuillère à soupe de vinaigre de cidre

1 cuillère à café de sucre

Sel et poivre noir

Flocons de piment rouge (facultatif)

Instructions :

1. Chauffer l'huile dans une grande poêle à feu moyen-vif. Ajouter les cous de dinde; cuire et remuer de 3 à 5 minutes ou jusqu'à ce qu'ils soient dorés.

2. Mélanger les cous de dinde, le chou vert, le bouillon, l'oignon et l'ail dans la mijoteuse Crockpot ; remuer pour mélanger. Couverture; cuire à FAIBLE 5 à 6 heures. Retirer et jeter les cous de dinde. Incorporer le vinaigre, le sucre, le sel, le poivre noir et les flocons de piment rouge, si désiré.

Épi de maïs avec beurre aux fines herbes et à l'ail Recette à la mijoteuse

PORTIONS : 6 portions PRÉPARATION : 30 min CUISSON : 3 h TEMPS TOTAL : 3 h 30 min

Ingrédients :

6 épis de maïs décortiqués

½ tasse (1 bâton) de beurre non salé, ramolli

3-4 gousses d'ail, hachées

2 cuillères à soupe de persil italien frais finement haché

Sel et poivre noir

Instructions :

1. Placez chaque épi de maïs sur un morceau de papier d'aluminium. Mélanger le beurre, l'ail et le persil dans un petit bol; étaler sur le maïs. Assaisonnez avec du sel et du poivre; bien sceller le papier d'aluminium.

2. Placer les oreilles dans la mijoteuse Crockpot, en les faisant se chevaucher si nécessaire. Ajouter suffisamment d'eau pour arriver à un quart de la hauteur de chaque oreille. Couverture; cuire à FAIBLE intensité de 4 à 5 heures ou à intensité ÉLEVÉE de 2 à 2 ½ heures.

Recette à la mijoteuse de courge poivrée aux canneberges et à l'orange

PORTIONS : 6 portions PRÉPARATION : 30 min CUISSON : +3 h TEMPS TOTAL : +3 h 30 min

Ingrédients :

5 cuillères à soupe de riz brun instantané

3 cuillères à soupe d'oignon haché

3 cuillères à soupe de céleri en dés

3 cuillères à soupe de canneberges séchées

Pincée de sauge moulue

3 petites courges poivrées ou carnaval, coupées en deux

1 cuillère à café de beurre, coupé en cubes

3 cuillères à soupe de jus d'orange

½ tasse d'eau tiède

Instructions :

1. Mélanger le riz, l'oignon, le céleri, les canneberges et la sauge dans un petit bol; remuer pour mélanger. Farcir chaque courge avec le mélange de riz; parsemer de beurre. Verser 1/2 cuillère à soupe de jus d'orange dans chaque moitié de courge sur la farce.

2. Mettre la courge dans la mijoteuse Crockpot. Versez de l'eau dans la mijoteuse. Couverture; cuire à FAIBLE intensité 2 ½ heures ou jusqu'à ce que la courge soit tendre.

Scones aux canneberges et à l'orange Recette à la mijoteuse

PORTIONS : 6 portions PRÉPARATION : 30 min CUISSON : 2 h TEMPS TOTAL : 2 h 30 min

Ingrédients :

¼ tasse (1/2 bâton) de beurre froid

1 tasse plus 2 cuillères à soupe de farine auto-levante, divisée

¾ tasse de babeurre

2 cuillères à café de sucre granulé

¼ tasse de canneberges séchées

1 ½ cuillères à café de zeste d'orange, divisé

½ cuillère à café de cannelle moulue

¼ tasse de sucre en poudre

1 ½ cuillères à café de jus d'orange

⅛ cuillère à café de sel

Instructions :

1. Couper un morceau de papier parchemin de 16 pouces; plier en deux en travers. Placer du papier parchemin dans le fond et partiellement sur les côtés de la mijoteuse Crockpot™ de 1 1/2 pinte. Enduisez le papier parchemin d'un aérosol de cuisson antiadhésif.

2. Râper le beurre froid dans un bol moyen. Ajouter 1 tasse de farine, le babeurre et le sucre granulé; remuer jusqu'à ce que les ingrédients secs soient juste humidifiés. Ne pas trop mélanger. Mélanger les canneberges, 1 cuillère à thé de zeste d'orange et la cannelle dans un petit bol; remuer pour enrober. Plier le mélange de canneberges dans la pâte.

3. Saupoudrer le plan de travail avec les 2 cuillères à soupe de farine restantes. Placer la pâte sur la surface de travail; pétrir brièvement jusqu'à ce que la pâte forme une boule. Presser en disque de 6 pouces; marquer en six coins. Placer le disque dans la mijoteuse sur du papier parchemin.

4. Étendez un torchon propre sur le dessus de la mijoteuse; couvrir avec un couvercle. Couverture; cuire à intensité ÉLEVÉE 1 h 30. Retirer les scones avec du papier sulfurisé sur une grille. Mélanger le sucre en poudre, le jus d'orange, la ½ cuillère à thé de zeste d'orange restante et le sel dans un petit bol; fouetter jusqu'à homogénéité. Arroser les scones; Servez chaud ou à température ambiante.

Bisque de chou-fleur crémeuse Recette à la mijoteuse

PORTIONS : 9 portions PRÉPARATION : 30 min CUISSON : +3 h TEMPS TOTAL : +3 h 30 min

Ingrédients :

1 livre de bouquets de chou-fleur surgelés

1 livre de pommes de terre à cuire, coupées en cubes de 1 pouce

1 tasse d'oignon jaune haché

2 boîtes (environ 14 onces chacune) de bouillon de légumes

1/2 cuillère à café de thym séché

1/4 cuillère à café d'ail en poudre

1/8 cuillère à café de piment rouge moulu

1 tasse de lait écrémé évaporé

2 cuillères à soupe de beurre

1/2 cuillère à café de sel

1/4 cuillère à café de poivre noir

1 tasse (4 onces) de fromage cheddar fort râpé

1/4 tasse de persil frais haché finement

1/4 tasse d'oignons verts hachés finement

Instructions :

1. Mélanger le chou-fleur, les pommes de terre, l'oignon, le bouillon, le thym, la poudre d'ail et le poivron rouge moulu dans la mijoteuse Crockpot®. Couverture; cuire à FAIBLE 8 heures ou à FORT 4 heures.

2. Verser la soupe dans un mélangeur ou un robot culinaire par lots; Mélanger jusqu'à consistance lisse. Remettre les lots de purée dans la mijoteuse. Ajouter le lait évaporé, le beurre, le sel et le poivre noir; remuer pour mélanger.

3. Garnir les portions individuelles de fromage, de persil et d'oignons verts.

Recette de mijoteuse crémeuse aux épinards au cari

PORTIONS : 8 portions PRÉPARATION : 30 min CUISSON : 3 h TEMPS TOTAL : 3 h 30 min

Ingrédients :

3 paquets (10 onces chacun) d'épinards surgelés

1 oignon, haché

4 cuillères à café d'ail haché

2 cuillères à soupe de curry en poudre

2 cuillères à soupe de beurre, fondu

¼ tasse de bouillon de poulet

¼ tasse de crème fouettée

1 cuillère à café de jus de citron

Instructions :

1. Mélanger les épinards, l'oignon, l'ail, la poudre de cari, le beurre et le bouillon dans la mijoteuse Crockpot. Couverture; cuire à FAIBLE intensité de 3 à 4 heures ou à intensité ÉLEVÉE de 2 heures. Incorporer la crème et le jus de citron pendant les 30 dernières minutes de cuisson.

Recette de mijoteuse crémeuse aux champignons Stroganoff

PORTIONS : 4 portions PRÉPARATION : 30 min CUISSON : 3 h TEMPS TOTAL : 3 h 30 min

Ingrédients :

3 cuillères à soupe de beurre non salé

2 oignons moyens, tranchés

2 livres de champignons de Paris blancs, tranchés épais

1 cuillère à café de thym séché

1 cuillère à café de sel

½ cuillère à café de poivre noir moulu

6 gousses d'ail, hachées

⅓ tasse de vin blanc sec

1 tasse de bouillon de légumes

2 cuillères à café de sauce Worcestershire végétarienne

2 cuillères à café de moutarde de Dijon

2/3 tasse de crème sure

2 cuillères à soupe de persil frais haché

8 onces de nouilles aux œufs extra larges, cuites et égouttées

Instructions :

1. Enduire l'intérieur de la mijoteuse Crockpot d'un aérosol de cuisson antiadhésif. Faire fondre le beurre dans une grande poêle à feu moyen-vif. Ajouter les oignons, la moitié des champignons, le thym, ½ cuillère à café de sel et ¼ cuillère à café de poivre; cuire et remuer 3 minutes ou jusqu'à ce que les champignons soient légèrement cuits. Ajouter les champignons restants. Cuire 15 minutes ou jusqu'à ce que les champignons soient tendres et que le liquide se soit presque complètement évaporé. Ajouter l'ail; cuire 2 minutes. Verser le vin; cuire et remuer 1 minute. Retirer dans la mijoteuse. Incorporer le bouillon, la sauce Worcestershire et la moutarde.

2. Couverture; cuire à HIGH 2 heures ou à LOW 4 à 4 ½ heures. Éteignez le feu. Laisser refroidir 10 minutes. Incorporer la crème sure, le persil et le ¼ de cuillère à café de sel et le ¼ de cuillère à café de poivre restants. Répartir les nouilles uniformément dans quatre assiettes; garnir de stroganoff pour servir.

Ragoût de légumes au curry et de noix de cajou Recette à la mijoteuse

PORTIONS : 8 portions PRÉPARATION : 30 min CUISSON : +3 h TEMPS TOTAL : +3 h 30 min

Ingrédients :

1 pomme de terre moyenne, coupée en cubes de 1/2 pouce

1 boîte (environ 15 onces) de pois chiches sans sel ajouté, rincés et égouttés

1 boîte (environ 14 onces) de tomates en dés sans sel ajouté

1 aubergine moyenne (environ 1/2 livre), coupée en cubes de 1/2 pouce

1 oignon moyen, haché

1 tasse de bouillon de légumes à teneur réduite en sodium

2 cuillères à soupe de tapioca à cuisson rapide

2 cuillères à café de gingembre frais râpé

2 cuillères à café de curry en poudre

1/2 cuillère à café de sel

1/4 cuillère à café de poivre noir

1 courgette moyenne (environ 8 onces), coupée en cubes de 1/2 pouce

2 cuillères à soupe de raisins secs dorés

1/2 tasse de petits pois surgelés

1/2 tasse de noix de cajou légèrement salées

Instructions :

1. Mélangez la pomme de terre, les pois chiches, les tomates, l'aubergine, l'oignon, le bouillon, le tapioca, le gingembre, la poudre de curry, le sel et le poivre dans votre mijoteuse Crockpot.

2. Couverture; cuire à FAIBLE intensité de 8 à 9 heures. Incorporer les courgettes, les raisins secs, les pois et les noix de cajou dans la mijoteuse.

3. Mettre la mijoteuse à HIGH. Couverture; cuire à intensité ÉLEVÉE 1 heure ou jusqu'à ce que les courgettes soient tendres.

4. Servir chaud et déguster.

Recette facile à la mijoteuse de bifteck Salisbury

PORTIONS : 4 portions PRÉPARATION : 30 min CUISSON : +3 h TEMPS TOTAL : +3 h 30 min

Ingrédients :

1 oignon moyen, tranché

11/2 livres de boeuf haché

1 oeuf g

1/2 tasse de chapelure sèche assaisonnée

2 cuillères à café de sauce Worcestershire, divisées

1 cuillère à café de moutarde moulue

1 boîte (101/2 onces) de crème de soupe aux champignons

1/2 tasse d'eau

3 cuillères à soupe de ketchup

1/2 tasse de champignons tranchés

Persil italien frais haché (facultatif)

Purée de pommes de terre (facultatif)

Petits pois cuits à la vapeur (facultatif)

Instructions :

1. Enduire l'intérieur de la mijoteuse Crockpot d'un aérosol de cuisson antiadhésif. Étendre l'oignon au fond de la mijoteuse Crockpot.

2. Mélanger le bœuf, l'œuf, la chapelure, 1 cuillère à thé de sauce Worcestershire et la moutarde moulue dans un grand bol. Former quatre galettes ovales de 1 pouce d'épaisseur. Chauffer une grande poêle antiadhésive à feu moyen-vif. Ajouter les galettes; cuire 2 minutes de chaque côté ou jusqu'à ce qu'ils soient légèrement dorés. Retirer dans la mijoteuse Crockpot™. Mélanger la soupe, l'eau, le ketchup et la cuillère à thé restante de sauce Worcestershire dans un bol moyen. Verser le mélange sur les galettes; garnir de champignons. Couverture; cuire à FAIBLE intensité de 3 à 31/2 heures. Garnir de persil. Servir avec des pommes de terre et des petits pois, si désiré.

Recette de mijoteuse au chili festif à la dinde

PORTIONS : 8 portions PRÉPARATION : 30 min CUISSON : +3 h TEMPS TOTAL : +3 h 30 min

Ingrédients :

2 cuillères à soupe d'huile d'olive extra vierge - 2 livres de hauts de cuisse de dinde - peau et os enlevés - coupés en cubes de 3/4 " - 2 cuillères à soupe d'assaisonnement pour volaille

3 gousses d'ail, hachées - 2 oignons moyens, coupés en dés

2 poivrons—rouges ou jaunes, épépinés et coupés en dés - 1 à 2 longs piments rouges, tranchés finement, au goût - 2 grosses carottes, pelées et coupées en dés - 2 branches de céleri, coupées en dés - 1 patate douce moyenne, pelée et coupée en cubes - 1 1/2 tasse de bouillon de poulet (sans sel ajouté) - 1 boîte (28 onces) de tomates broyées dans leur jus (rôti au feu si disponible)

1 boîte de haricots noirs (sans sel ajouté - 19 onces), égouttés et rincés - 1 boîte de haricots rouges (sans sel ajouté - 19 onces), égouttés et rincés -3 cuillères à soupe d'assaisonnement pour volaille, divisé - 1 cuillère à soupe de paprika - 1 cuillère à café de sel de mer casher - 1 cuillère à café de poivre noir fraîchement moulu

Pincée de flocons de piment rouge au goût

Garnitures suggérées :

Sauce à la canneberge - Jalapeños, tranchés finement - zeste d'orange - Brie, coupé en petits morceaux - Feuilles de sauge, frites et légèrement salées*

Instructions :

1. Assaisonnez les cuisses de dinde avec 2 cuillères à soupe d'assaisonnement pour volaille, puis réservez.

2. Chauffer l'huile d'olive dans une grande poêle à feu moyen-vif. Travailler en 2 fournées, faire dorer la dinde de tous les côtés, puis la retirer dans une assiette. Égoutter l'excès de liquide avant d'ajouter la dinde dans la mijoteuse.

3. Ajouter tous les ingrédients dans votre mijoteuse Crockpot, puis remuer pour combiner.

4. Couvrir et cuire à LOW pendant 8 à 9 heures ou à HIGH pendant 4 à 5 heures.

5. Retirez les feuilles de la sauge. Chauffer ¼ tasse d'huile d'olive dans une petite poêle à feu moyen-élevé jusqu'à ce qu'elle soit chaude.

Faites frire 6 à 8 feuilles de sauge à la fois jusqu'à ce qu'elles soient croustillantes, 3 à 4 secondes. Transférer délicatement avec des pinces sur du papier absorbant puis saupoudrer de gros sel.Servez le chili chaud et dégustez !

Recette de soupe à la lime fraîche et aux haricots noirs à la mijoteuse

PORTIONS : 4 portions PRÉPARATION : 15 min CUISSON : +3 h TEMPS TOTAL : +3 h 15 min

Ingrédients :

2 boîtes (environ 15 onces chacune) de haricots noirs, non égouttés

1 boîte (environ 14 onces) de bouillon de légumes

1 ½ tasse d'oignons hachés

1 ½ cuillères à café de piment en poudre

¾ cuillère à café de cumin moulu

¼ cuillère à café d'ail en poudre

⅛-¼ cuillère à café de flocons de piment rouge

½ tasse de crème sure

2 cuillères à soupe d'huile d'olive extra vierge

2 cuillères à soupe de coriandre fraîche hachée

1 citron vert moyen, coupé en quartiers

Instructions :

1. Enduire l'intérieur de la mijoteuse Crockpot d'un aérosol de cuisson antiadhésif. Ajouter les haricots, le bouillon, les oignons, la poudre de chili, le cumin, la poudre d'ail et les flocons de piment rouge. Couverture; cuire à FAIBLE 7 heures ou à intensité ÉLEVÉE 3 heures et demie ou jusqu'à ce que les oignons soient très tendres.

2. Passer 1 tasse du mélange de soupe au mélangeur jusqu'à consistance lisse et remettre dans la mijoteuse. Remuer, vérifier la consistance et répéter avec 1 tasse de mélange de soupe supplémentaire au besoin. Éteignez le feu. Laisser reposer 15 à 20 minutes avant de servir.

3. Verser la soupe dans des bols. Répartir uniformément la crème sure, l'huile et la coriandre entre les portions. Presser le jus des quartiers de lime sur chacun.

Recette de mijoteuse au kraut allemand et aux saucisses

PORTIONS : 8 portions PRÉPARATION : 30 min CUISSON : +3 h TEMPS TOTAL : +3 h 30 min

Ingrédients :

5 pommes de terre moyennes, coupées en morceaux de 1/2 pouce

1 gros oignon jaune, coupé en tranches de 1/4 de pouce

½ poivron vert, haché

1 boîte (16 onces) de choucroute

1 livre de saucisses fumées à faible teneur en matières grasses, coupées en morceaux de 1 pouce

¼ tasse de cassonade tassée

1 cuillère à café d'ail en poudre

½ cuillère à café de poivre noir

Instructions :

1. Superposer les pommes de terre, l'oignon, le poivron et la choucroute dans la mijoteuse Crockpot. Faire dorer les saucisses dans une grande poêle à feu moyen-vif. Retirer dans la mijoteuse à l'aide d'une cuillère trouée.

2. Mélanger la cassonade, la poudre d'ail et le poivre noir dans un petit bol; remuer pour combiner. Saupoudrer uniformément sur la saucisse. Couverture; cuire à FAIBLE 8 heures.

Gâteau glacé aux graines de pavot à l'orange Recette à la mijoteuse

PORTIONS : 8 portions PRÉPARATION : 30 min CUISSON : 2 h TEMPS TOTAL : 2 h 30 min

Ingrédients :

1 ½ tasse de mélange à biscuits - ½ tasse de sucre cristallisé

2 cuillères à soupe de graines de pavot - ½ tasse de crème sure

1 œuf - 2 cuillères à soupe de lait

2 cuillères à café de zeste d'orange - 1 cuillère à café de vanille

¼ tasse de jus d'orange - 2 tasses de sucre en poudre, tamisé

2 cuillères à café de graines de pavot

Instructions :

1. Enduire l'intérieur de la mijoteuse Crockpot de 4 pintes d'un aérosol de cuisson antiadhésif. Couper un cercle de papier ciré pour s'adapter au fond de la mijoteuse (tracer le fond de l'insert et couper légèrement plus petit pour s'adapter). Vaporiser légèrement avec un aérosol de cuisson antiadhésif.

2. Pour préparer la pâte, fouetter le mélange à pâte, le sucre granulé et 2 cuillères à soupe de graines de pavot dans un bol moyen; mettre de côté. Mélanger la crème sure, l'œuf, le lait, le zeste d'orange et la vanille dans un autre bol moyen. Fouetter les ingrédients secs dans le mélange de crème sure jusqu'à ce qu'ils soient bien mélangés.

3. Verser la pâte dans la mijoteuse ; dessus lisse. Tapisser le couvercle de papier essuie-tout. Couverture; cuire à intensité ÉLEVÉE 1 h 30 ou jusqu'à ce que le gâteau ne soit plus brillant et qu'un cure-dent inséré au centre en ressorte propre.

4. Renverser le gâteau sur une grille; décoller le papier ciré. Refroidir complètement.

5. Pour préparer le glaçage, fouetter le jus d'orange dans le sucre en poudre dans un petit bol. Couper le gâteau en quartiers; placer sur une grille avec un plateau en dessous pour recueillir les gouttes. Étendre le glaçage sur le dessus et les côtés de chaque quartier. Saupoudrer 2 cuillères à thé de graines de pavot sur les quartiers; laisser reposer jusqu'à ce que le glaçage prenne.

Recette à la mijoteuse de boulettes de viande et d'épinards à la grecque

PORTIONS : 8 portions PRÉPARATION : 30 min CUISSON : +3 h TEMPS TOTAL : +3 h 30 min

Ingrédients :

1/2 tasse d'avoine à l'ancienne

1/4 tasse d'oignon haché

1 gousse d'ail, hachée

1/4 cuillère à café d'origan séché

1/8 cuillère à café de poivre noir

1/4 tasse de substitut d'œuf sans cholestérol

8 onces d'agneau haché maigre

1 tasse de bouillon de boeuf à teneur réduite en sodium

1/4 cuillère à café de sel

1/2 tasse de yogourt nature sans gras

1 cuillère à café de farine tout usage

4 tasses de bébés épinards frais, hachés grossièrement

1 1/3 tasse de nouilles aux œufs sans jaune cuites chaudes

Instructions :

1. Mélanger l'avoine, l'oignon, l'ail, l'origan et le poivre dans un bol moyen; fouetter le substitut d'œuf. Ajouter l'agneau; bien mélanger mais ne pas pétrir. Façonner le mélange en 16 boules. Placer dans la mijoteuse Crockpot. Ajouter le bouillon et le sel. Couverture; cuire à FAIBLE 6 heures.

2. Incorporer le yogourt à la farine dans un petit bol. Verser environ 1/4 tasse de liquide chaud de la mijoteuse dans le mélange de yogourt; remuer jusqu'à consistance lisse. Fouetter le mélange de yogourt dans la mijoteuse. Ajouter les épinards. Couverture; cuire à FAIBLE intensité pendant 10 minutes ou jusqu'à ce que le tout soit bien chaud. Servir sur des nouilles.

Recette de mijoteuse au macaroni au fromage et au hamburger

PORTIONS : 6 portions PRÉPARATION : 45 min CUISSON : +3 h TEMPS TOTAL : +3 h 45 min

Ingrédients :

1 livre de boeuf haché - 1 livre de pâtes coudées (ou n'importe quelle forme que vous préférez)

5 cuillères à soupe de beurre - 1 boîte (12 onces) de lait évaporé

1 tasse de lait entier - 4 tasses de fromage cheddar fort râpé

2 tasses de fromage monterrey jack râpé - 4 onces de fromage à la crème (facultatif)

1 cuillère à café de moutarde en poudre - 1 cuillère à café de poudre d'oignon

1 cuillère à café d'ail en poudre - ½ cuillère à café de paprika

½ cuillère à café de cumin - ¼ cuillère à café de noix de muscade

Aérosol de cuisson - sel

Poivre - Flocons de chili au goût

Instructions :

1. Porter à ébullition une grande casserole d'eau fortement salée. Cuire les pâtes selon les instructions sur l'emballage, jusqu'à ce qu'elles soient al dente. Une fois les pâtes cuites, incorporer une cuillère à soupe de beurre et réserver.

2. À feu moyen-élevé, vaporiser une grande poêle et cuire le bœuf haché jusqu'à ce qu'il ne soit plus rose. Assaisonnez avec du sel et du poivre selon votre goût. Transférer dans une assiette et réserver.

3. Ajoutez du bœuf haché cuit, des pâtes cuites, du beurre, du lait évaporé, du lait, des fromages, du sel et du poivre au goût, de la poudre de moutarde, de la poudre d'oignon, de la poudre d'ail, des flocons de chili, du paprika, du cumin et de la muscade directement dans votre mijoteuse Crockpot. Remuez bien jusqu'à ce que tout soit combiné.

4. Couverture; cuire à FAIBLE 3 heures. Remuer une fois à mi-cuisson. Remuez une dernière fois le macaroni au fromage avant de servir. Ajoutez de la sauce piquante pour un coup de pied facultatif.

Recette de mijoteuse copieuse au porc et au chili au bacon

PORTIONS : 8 portions PRÉPARATION : 15 min CUISSON : +3 h TEMPS TOTAL : +3 h 15 min

Ingrédients :

2 ½ livres d'épaule de porc désossée, coupée en morceaux de 1 pouce

3 ½ cuillères à café de sel, divisées - 1 ¼ cuillères à café de poivre noir, divisé

1 cuillère à soupe d'huile végétale - 4 tranches de bacon coupe épaisse, coupées en dés

2 oignons moyens, hachés - 1 poivron rouge, haché

¼ tasse de piment en poudre - 2 cuillères à soupe de pâte de tomate

1 cuillère à soupe d'ail haché - 1 cuillère à soupe de cumin moulu

1 cuillère à soupe de paprika fumé - 1 bouteille (12 onces) de bière blonde

2 boîtes (environ 14 onces chacune) de tomates en dés - 2 tasses d'eau

¾ tasse de haricots secs, rincés et triés - ¾ tasse de haricots noirs séchés, rincés et triés

3 cuillères à soupe de semoule de maïs - Fromage feta et coriandre fraîche hachée (facultatif)

Instructions :

1. Assaisonner le porc avec 1 cuillère à café de sel et 1 cuillère à café de poivre noir. Chauffer l'huile dans une grande poêle à feu moyen-vif. Ajouter le porc par lots; cuire 6 minutes ou jusqu'à ce qu'ils soient dorés de tous les côtés. Retirer dans la mijoteuse Crockpot® à l'aide d'une cuillère trouée.

2. Chauffer la même poêle à feu moyen. Ajouter le bacon; cuire et remuer jusqu'à ce qu'ils soient croustillants. Retirer dans la mijoteuse à l'aide d'une cuillère trouée.

3. Versez tout sauf 2 cuillères à soupe de jus de cuisson de la poêle. Remettre la poêle à feu moyen. Ajouter les oignons et le poivron; cuire et remuer 6 minutes ou jusqu'à ce qu'ils soient ramollis. Incorporer la poudre de chili, la pâte de tomate, l'ail, le cumin, le paprika, les 2 ½ cuillères à thé de sel restantes et le ¼ de cuillère à thé de poivre noir restant; cuire et remuer 1 minute.

4. Incorporer la bière. Porter à ébullition en grattant les morceaux dorés du fond de la poêle. Verser sur le porc dans la mijoteuse. Incorporer les tomates, l'eau, les haricots et la semoule de maïs.

5. Couverture; cuire à FAIBLE 10 heures. Éteignez le feu. Laisser reposer 10 minutes. Retirer le gras de la surface.

6. Garnir de fromage feta et de coriandre fraîche et déguster !

Recette de mijoteuse végétarienne copieuse au macaroni au fromage

PORTIONS : 6 portions PRÉPARATION : 30 min CUISSON : +3 h TEMPS TOTAL : +3 h 30 min

Ingrédients :

1 boîte (environ 14 onces) de tomates étuvées, non égouttées

1 ½ tasse de sauce Alfredo préparée

1 ½ tasse (6 onces) de fromage mozzarella râpé, divisé

8 onces de pâtes de grains entiers (coquilles moyennes ou en forme de penne), cuites et égouttées

7 onces de saucisses végétariennes à saveur italienne, tranches de 1/4 de pouce

¾ tasse de feuilles de basilic frais, finement tranchées et divisées

½ tasse de bouillon de légumes

½ cuillère à café de sel

2 cuillères à soupe de parmesan râpé

Instructions :

1. Enduire l'intérieur de la mijoteuse Crockpot d'un aérosol de cuisson antiadhésif. Ajouter les tomates, la sauce Alfredo, 1 tasse de fromage mozzarella, les pâtes, les saucisses, ½ tasse de basilic, le bouillon et le sel dans la mijoteuse; remuer pour mélanger. Garnir de la ½ tasse de fromage mozzarella et de parmesan restants.

2. Couverture; cuire à LOW 31/2 heures ou à HIGH 2 heures. Garnir du 1/4 tasse de basilic restant.

Recette à la mijoteuse de rôti de porc Heavenly Harvest

PORTIONS : 8 portions PRÉPARATION : 30 min CUISSON : +3 h TEMPS TOTAL : +3 h 30 min

Ingrédients :

¼ tasse de jus de grenade

¼ tasse) de sucre

1 cuillère à soupe de sel

1 cuillère à soupe de sel d'ail

1 cuillère à soupe d'assaisonnement pour steak

1 cuillère à café de poivre noir

1 rôti de porc désossé, n'importe quel type (4 à 5 livres)*

2 poires, évidées, pelées et coupées en tranches épaisses

½ orange avec le zeste, en tranches épaisses

*Sauf si vous avez une mijoteuse Crockpot™ de 5, 6 ou 7 pintes, coupez tout rôti de plus de 2 1/2 livres en deux pour qu'il cuise complètement.

Instructions :

1. Combiner le jus de grenade et le sucre dans une petite casserole; cuire et remuer à feu doux 2 minutes ou jusqu'à ce que le sucre se dissolve. Verser dans la mijoteuse.

2. Mélanger le sel, le sel d'ail, l'assaisonnement à bifteck et le poivre dans un petit bol. Frotter le mélange sur le rôti. Placer le rôti dans la mijoteuse. Tourner le rôti pour le recouvrir du mélange de jus. Garnir le rôti de tranches de poire et d'orange.

3. Couverture; cuire à intensité ÉLEVÉE de 6 à 8 heures. Servir avec du jus et des tranches de fruits.

Recette à la mijoteuse d'ailes de poulet au miel et à l'ail

PORTIONS : 5 portions PRÉPARATION : 15 min CUISSON : +3 h TEMPS TOTAL : +3 h 15 min

Ingrédients :

2-3 livres d'ailes de poulet

⅓ tasse de miel

¼ tasse de jus de citron

¼ tasse d'eau

2 cuillères à soupe d'aminos de noix de coco

2 cuillères à soupe de vinaigre de cidre de pomme

2 cuillères à café d'ail en poudre

¾ cuillères à café de gingembre moulu

Instructions :

1. Placez une doublure pour mijoteuse Crockpot à l'intérieur de votre mijoteuse. Déposer les ailes de poulet au fond.

2. Dans un bol, mélanger le miel, le jus de citron, l'eau, les acides aminés de noix de coco, le vinaigre de cidre de pomme, la poudre d'ail et le gingembre moulu. Verser le mélange sur les ailes et bien mélanger.

3. Cuire à HIGH pendant 3 à 4 heures ou à LOW pendant 6 heures, jusqu'à ce qu'ils soient bien cuits.

Recette de pouding au pain à la crème glacée à la mijoteuse

PORTIONS : 6 portions PRÉPARATION : 15 min CUISSON : 2 h TEMPS TOTAL : 2 h 15 min

Ingrédients :

2 pintes de crème glacée à la gousse de vanille, fondue

4 oeufs entiers

⅓ tasse de sucre

2 cuillères à café d'extrait de vanille

½ cuillère à café de sel de mer

1 miche de pain challah (environ 6 tasses) coupée en cubes de 1 pouce

1 boîte de garniture pour tarte aux pommes

½ tasse de dulce de leche, divisée

Instructions :

1. Dans un grand bol à mélanger, ajouter la crème glacée fondue, les œufs, la vanille et le sel. Fouetter jusqu'à ce que tout soit combiné. Beurrez votre mijoteuse Crockpot. Ajouter la moitié du pain challah au fond de la mijoteuse.

2. Garnir avec la garniture pour tarte aux pommes. Arroser la moitié du dulce de leche. Ajouter le pain restant. Verser le mélange de crème glacée. Arroser du dulce de leche restant.

3. Couvrir et cuire à HIGH pendant 2 heures. Une fois terminé, servez tiède avec une boule de glace !

Recette de mijoteuse braciole italienne

PORTIONS : 6 portions PRÉPARATION : 30 min CUISSON : +3 h TEMPS TOTAL : +3 h 30 min

Ingrédients :

2 livres de bifteck de ronde de bœuf, tranché finement

2 tranches de pain de grains entiers, grillées et émiettées

½ tasse d'oignon haché

¼ tasse de parmesan râpé

2 gousses d'ail

3 cuillères à soupe d'huile d'olive, divisée

1 cuillère à café d'assaisonnement italien

1 oeuf

½ cuillère à café de sel

½ cuillère à café de poivre noir

1 pot (24 à 26 onces) de sauce pour pâtes tomate-basilic

Pâtes cuites chaudes (facultatif)

Persil italien frais haché (facultatif)

Instructions :

1. Enduire l'intérieur de la mijoteuse Crockpot d'un aérosol de cuisson antiadhésif. Placer le bœuf sur une grande planche à découper. Battre en 1/4 de pouce d'épaisseur; couper uniformément en deux morceaux.

2. Mélanger le pain, l'oignon, le fromage, l'ail, 2 cuillères à soupe d'huile, l'assaisonnement italien, l'œuf, le sel et le poivre dans un robot culinaire ou un mélangeur ; pulser jusqu'à ce que le mélange soit humidifié mais encore gros. Répartir le mélange de pain uniformément sur les morceaux de bifteck; rouler fermement pour enfermer la garniture. Attachez chacun avec de la ficelle de cuisine pour les fixer.

3. Chauffer la cuillère à soupe d'huile restante dans une grande poêle à feu moyen. Ajouter les rouleaux de steak; cuire et tourner 6 minutes ou jusqu'à ce qu'ils soient dorés de tous les côtés. Verser ½ tasse de sauce pour pâtes au fond de la mijoteuse; garnir des rouleaux de bifteck. Garnir du reste de sauce pour pâtes. Couverture; cuire à FAIBLE intensité de 4 à 5 heures. Couper les rouleaux de steak uniformément en 14 morceaux. Servir sur des pâtes, si désiré. Garnir de persil.

Recette de gâteau au fromage italien à la mijoteuse

PORTIONS : 6 portions PRÉPARATION : 30 min CUISSON : +3 h TEMPS TOTAL : +3 h 30 min

Ingrédients :

6 biscuits Graham, réduits en chapelure fine - 2 cuillères à soupe de cassonade tassée

2 cuillères à soupe de beurre non salé, fondu - 2 paquets (8 onces chacun) de fromage à la crème

1 ½ tasse de sucre cristallisé - 1 contenant (15 onces) de fromage ricotta

2 tasses de crème sure - 1 cuillère à café de vanille

4 œufs - 3 cuillères à soupe de farine tout usage

3 cuillères à soupe de fécule de maïs - 3 biscuits Graham, cassés en morceaux de 1 pouce (facultatif)

Fraises fraîches (facultatif) - Menthe fraîche (facultatif)

Instructions :

1. Préparez les poignées en papier d'aluminium en déchirant trois bandes de papier d'aluminium épais de 18 x 2 pouces (ou utilisez du papier d'aluminium ordinaire plié en double épaisseur). Bandes de film entrecroisées en forme de rayons ; placer dans la mijoteuse Crockpot. Enduire l'intérieur de la mijoteuse Crockpot de 5 pintes d'un aérosol de cuisson antiadhésif.

2. Mélanger les biscuits Graham écrasés et la cassonade dans un bol moyen. Incorporer le beurre fondu jusqu'à ce que la chapelure garde sa forme lorsqu'elle est pincée. Tapoter fermement dans la mijoteuse. Réfrigérer jusqu'à ce que vous en ayez besoin.

3. Battre le fromage à la crème et le sucre granulé dans un grand bol au batteur électrique à vitesse moyenne jusqu'à consistance lisse. Ajouter la ricotta, la crème sure et la vanille; battre jusqu'à homogénéité. Ajouter les œufs, un à la fois, en battant bien après chaque ajout. Incorporer la farine et la fécule de maïs. Verser la garniture dans la croûte préparée. Couverture; cuire à FAIBLE intensité de 3 à 4 heures ou jusqu'à ce que le gâteau au fromage soit presque pris.

4. Éteignez le feu. Retirer le couvercle ; couvrir le dessus du grès avec un torchon propre. Replacez le couvercle ; refroidir 1 heure. Retirez le grès de la base ; refroidir complètement. Retirer le gâteau au fromage dans une assiette de service à l'aide des poignées en papier d'aluminium. Couverture; réfrigérer jusqu'au moment de servir. Garnir de morceaux de biscuits Graham, de fraises et de menthe.

Recette de la mijoteuse Jambalaya

PORTIONS : 6 portions PRÉPARATION : 30 min CUISSON : +3 h TEMPS TOTAL : +3 h 30 min

Ingrédients :

1 boîte (28 onces) de tomates entières, non égouttées - 1 livre de saucisse andouille cuite, tranchée*

2 tasses de jambon bouilli, coupé en dés - 2 tasses d'eau

1 tasse de riz non cuit - 2 oignons moyens, hachés

2 branches de céleri, tranchées - ½ poivron vert, coupé en dés

¼ tasse de pâte de tomate

1 cuillère à soupe d'ail haché

1 cuillère à soupe de persil italien haché

1-2 cuillères à café de sauce piquante

½ cuillère à café de thym séché

2 clous de girofle entiers

1 livre de crevettes moyennes à grosses, décortiquées, déveinées et nettoyées

*Ou substituez 1 livre de saucisses fumées cuites ou de kielbasa.

Instructions :

1. Placer tous les ingrédients sauf les crevettes dans la mijoteuse Crockpot. Bien mélanger pour combiner. Couverture; cuire à FAIBLE intensité de 8 à 10 heures ou à intensité ÉLEVÉE de 4 à 6 heures.

2. Trente minutes avant de servir, mettre la mijoteuse à HIGH. Ajouter les crevettes et poursuivre la cuisson jusqu'à ce que les crevettes soient cuites. Rectifier les assaisonnements, au goût.

Recette de soupe au chou frisé, à l'huile d'olive et au parmesan à la mijoteuse

PORTIONS : 6 portions PRÉPARATION : 15 min CUISSON : +3 h TEMPS TOTAL : +3 h 15 min

Ingrédients :

2 cuillères à soupe d'huile d'olive

1 petit oignon espagnol, tranché

3 gousses d'ail, hachées

8 tasses de bouillon de légumes

2 livres de chou frisé, lavé et haché

Sel casher et poivre noir

Parmesan râpé

Huile d'olive extra vierge (facultatif)

Instructions :

1. Chauffer 2 cuillères à soupe d'huile d'olive dans une grande poêle à feu moyen-vif. Ajouter l'oignon, l'ail, le sel et le poivre; cuire et remuer de 4 à 5 minutes ou jusqu'à ce que l'oignon commence à ramollir. Retirer le mélange d'oignons de la mijoteuse Crockpot; ajouter le bouillon. Couverture; cuire à FAIBLE intensité pendant 3 heures ou jusqu'à ce que le tout soit bien chaud.

2. Incorporer le chou frisé. Mettre la mijoteuse à HIGH. Couverture; cuire à intensité ÉLEVÉE 15 minutes ou jusqu'à ce que le tout soit bien chaud. Verser la soupe dans des bols de service individuels. Saupoudrer de fromage et arroser d'huile d'olive extra vierge juste avant de servir, si désiré.

Recette de mijoteuse au chou-fleur au citron

PORTIONS : 6 portions PRÉPARATION : 30 min CUISSON : +3 h TEMPS TOTAL : +3 h 30 min

Ingrédients :

1 cuillère à soupe de beurre

3 gousses d'ail, hachées

½ tasse d'eau

2 cuillères à soupe de jus de citron

4 cuillères à soupe de persil italien frais haché, divisé

1 cuillère à café de sel

½ cuillère à café de zeste de citron râpé

6 tasses (environ 1 1/2 livre) de bouquets de chou-fleur

¼ tasse de parmesan râpé

Quartiers de citron (facultatif)

Instructions :

1. Faire chauffer le beurre dans une petite casserole à feu moyen. Ajouter l'ail; cuire et remuer 2 à 3 minutes ou jusqu'à tendreté. Incorporer l'eau et le jus de citron.

2. Combiner le mélange d'ail, 1 cuillère à soupe de persil, le zeste de citron et le chou-fleur dans la mijoteuse Crockpot; remuer pour mélanger. Couverture; cuire à FAIBLE 4 heures.

3. Saupoudrer des 3 cuillères à soupe restantes de persil et de fromage avant de servir. Garnir de quartiers de citron.

Recette de frittata méditerranéenne à la mijoteuse

PORTIONS : 6 portions PRÉPARATION : 30 min CUISSON : +3 h TEMPS TOTAL : +3 h 30 min

Ingrédients :

3 cuillères à soupe d'huile d'olive extra vierge

1 gros oignon, haché

2 tasses (8 onces) de champignons tranchés

6 gousses d'ail, tranchées

1 cuillère à café de basilic séché

1 poivron rouge moyen, haché

1 paquet (10 onces) d'épinards hachés surgelés, décongelés et essorés

¼ tasse d'olives Kalamata tranchées

8 œufs, battus

4 onces de fromage feta, émietté

½ cuillère à café de sel

¼ cuillère à café de poivre noir

Beurre ramolli

Fraises fraîches (facultatif)

Instructions :

1. Enduire l'intérieur d'une mijoteuse Crockpot de 5 à 6 pintes de beurre. Chauffer l'huile dans une grande poêle à feu moyen-vif. Ajouter l'oignon, les champignons, l'ail et le basilic; cuire 2 à 3 minutes ou jusqu'à ce qu'ils soient légèrement ramollis, en remuant de temps à autre. Ajouter le poivron; cuire 4 à 5 minutes ou jusqu'à ce que les légumes soient tendres. Incorporer les épinards; cuire 2 minutes. Incorporer les olives. Retirer le mélange d'oignons dans la mijoteuse.

2. Mélanger les œufs, le fromage, le sel et le poivre noir dans un grand bol. Verser sur les légumes dans la mijoteuse. Couverture; cuire à FAIBLE intensité de 2½ à 3 heures ou à intensité ÉLEVÉE de 1½ à 2 heures ou jusqu'à ce que les œufs soient pris. Couper en quartiers. Servir avec des fraises, si désiré.

Recette de mijoteuse aux boulettes de viande festives

PORTIONS : 12 portions PRÉPARATION : 30 min CUISSON : 3 h TEMPS TOTAL : 3 h 30 min

Ingrédients :

1 paquet (environ 1 ½ livre) de boulettes de dinde ou de bœuf de taille cocktail surgelées

½ tasse de sirop d'érable

1 pot (12 onces) de sauce chili

1 pot (12 onces) de gelée de raisin

Instructions :

1. Placer les boulettes de viande, le sirop d'érable, la sauce chili et la gelée dans une mijoteuse Crockpot.

2. Remuer pour mélanger.

3. Couvrir et cuire à FAIBLE intensité de 3 à 4 heures ou à intensité ÉLEVÉE de 2 à 3 heures.

4. Servir avec des cure-dents et régalez-vous !

Recette de gâteau au beurre d'arachide à la mijoteuse

PORTIONS : 6 portions PRÉPARATION : 15 min CUISSON : 2 h TEMPS TOTAL : 2 h 15 min

Ingrédients :

Paquet de 18 ¼ onces de mélange à gâteau du diable

Paquet de 5,9 onces de mélange de pouding au chocolat instantané

1 tasse de crème sure

1 tasse d'huile végétale

4 œufs

½ tasse d'eau tiède

1 ½ tasse de pépites de beurre d'arachide

12-14 biscuits sandwich au beurre d'arachide

1 tasse de beurre de cacahuète

1 tasse de tasses de beurre d'arachide, hachées

2 tasses de mini guimauves

Instructions :

1. Dans un grand bol à mélanger, ajouter le mélange à gâteau, le mélange à pouding instantané, la crème sure, les œufs, l'huile et l'eau, mélanger jusqu'à homogénéité. Incorporer les pépites de beurre d'arachide.

2. Au fond de votre mijoteuse Crockpot, ajoutez les biscuits au beurre d'arachide. Étalez votre pâte à gâteau sur les biscuits. Couvrir et cuire à intensité ÉLEVÉE pendant 1,5 heure. Retirez le couvercle. Arroser le chocolat fondu, les coupes de beurre de cacahuète et les mini guimauves. Couvrir et cuire 30 minutes supplémentaires. Servir chaud !

Recette de gâteau au chocolat au beurre d'arachide à la mijoteuse

PORTIONS : 10 portions PRÉPARATION : 15 min CUISSON : 3 h TEMPS TOTAL : 3 h 15 min

Ingrédients :

15 ¼ onces de mélange à gâteau du diable

1 tasse d'eau

½ tasse de beurre salé, fondu

3 oeufs

Paquet de 8 onces mini tasses au beurre de cacahuète Reese's

1 tasse de beurre d'arachide crémeux

3 cuillères à soupe de sucre en poudre

10 bouchées de beurre de cacahuète Reese's

Instructions :

1. Dans un grand bol, mélanger le mélange à gâteau, l'eau, le beurre et les œufs jusqu'à consistance lisse. Quelques grumeaux sont corrects, c'est normal. Incorporer les mini coupes de beurre de cacahuète.

2. Vaporisez la mijoteuse Crockpot avec un spray antiadhésif. Ajouter la pâte dans la mijoteuse et étaler en une couche uniforme. Couvrir et cuire à intensité ÉLEVÉE pendant 2 heures sans ouvrir le couvercle pendant le temps de cuisson.

3. Lorsque le temps de cuisson est terminé, retirez le gâteau du feu pour éviter qu'il ne continue à cuire. Dans une petite casserole à feu moyen sur la cuisinière, ajouter le beurre d'arachide. Remuez jusqu'à ce qu'il soit fondu et lisse, surveillez attentivement car il brûlera rapidement. Ajouter le sucre en poudre et fouetter jusqu'à consistance lisse.

4. Verser le beurre de cacahuètes sucré sur le gâteau chaud. Garnir de coupes de beurre de cacahuètes Reese coupées.

5. Servez et dégustez ! Délicieux avec de la glace ou de la chantilly

Recette de soupe aux arachides à la mijoteuse

PORTIONS : 8 portions PRÉPARATION : 30 min CUISSON : +3 h TEMPS TOTAL : +3 h 30 min

Ingrédients :

6 tasses de bouillon de poulet

2 tasses de crème fouettée

1 tasse de gros morceaux de beurre de cacahuète

1 tasse d'arachides hachées, divisées

½ tasse d'oignon haché

½ tasse de céleri haché

4 cuillères à soupe (1/2 bâton) de beurre

½ cuillère à café de sel

½ tasse d'eau

½ tasse de farine tout usage

Instructions :

1. Mélanger le bouillon, la crème, le beurre d'arachide, 1/2 tasse d'arachides, l'oignon, le céleri, le beurre et le sel dans la mijoteuse Crockpot™. Couverture; cuire à FAIBLE 4 heures.

2. Mettre la mijoteuse à HIGH. Incorporer l'eau à la farine dans un petit bol jusqu'à consistance lisse; fouetter dans la soupe. Couverture; cuire à intensité ÉLEVÉE de 20 à 25 minutes ou jusqu'à épaississement, en remuant de temps à autre. Garnir avec la ½ tasse d'arachides restante.

Poires à la sauce aux abricots et au gingembre Recette à la mijoteuse

PORTIONS : 4 portions PRÉPARATION : 30 min CUISSON : +3 h TEMPS TOTAL : +3 h 30 min

Ingrédients :

¼ tasse d'eau

4 poires fermes entières (environ 2 livres au total), pelées avec les tiges attachées

1 cuillère à soupe de jus de citron

2 cuillères à soupe de pâte à tartiner aux abricots

1 cuillère à café de gingembre frais râpé

½ cuillère à café de fécule de maïs

½ cuillère à café de vanille

Instructions :

1. Enduire l'intérieur de la mijoteuse Crockpot d'un aérosol de cuisson antiadhésif. Ajoutez de l'eau. Disposez les poires côté tige vers le haut. Verser le jus de citron sur les poires. Couverture; cuire à intensité ÉLEVÉE 2 heures et demie. Retirer les poires; mettre de côté.

2. Combiner la tartinade de fruits, le gingembre, la fécule de maïs et la vanille dans un petit bol; remuer jusqu'à ce que la fécule de maïs se dissolve. Fouetter le mélange dans l'eau dans la mijoteuse jusqu'à homogénéité. Couverture; cuire à intensité ÉLEVÉE 15 minutes ou jusqu'à ce que la sauce épaississe légèrement. Verser la sauce sur les poires.

Recette de soupe au porc avec nouilles soba et bok choy à la mijoteuse

PORTIONS : 8 portions PRÉPARATION : 30 min CUISSON : +3 h TEMPS TOTAL : +3 h 30 min

Ingrédients :

2 cuillères à soupe d'huile d'olive

1 rôti de longe de porc désossé (environ 2 1/2 livres), coupé en morceaux d'allumettes

2 cuillères à soupe de sauce hoisin

1 cuillère à soupe de sucre

1-2 cuillères à café de cinq épices chinoises en poudre

6 tasses de bouillon de poulet

1 ½ cuillère à soupe de gingembre frais, pelé et coupé en fines tranches

3 gousses d'ail, tranchées finement

2 cuillères à soupe de sauce soja

1 tête de bok choy, tranchée

1 livre de nouilles soba, cuites

Instructions :

1. Faire chauffer l'huile dans une grande poêle. Ajouter le porc, la sauce hoisin, le sucre et la poudre de cinq épices; cuire et remuer de 5 à 7 minutes ou jusqu'à ce que le porc soit doré. Retirer le mélange de porc de la mijoteuse Crockpot.

2. Ajouter le bouillon, le gingembre, l'ail, la sauce soya et le bok choy à la mijoteuse. Couverture; cuire à FAIBLE intensité de 6 à 7 heures ou à intensité ÉLEVÉE de 3 à 4 heures.

3. Incorporer les nouilles soba. Couverture; cuire à intensité ÉLEVÉE 10 minutes ou jusqu'à ce qu'ils soient tout juste chauds.

Pozole Rojo Recette de mijoteuse

PORTIONS : 8 portions PRÉPARATION : 30 min CUISSON : +3 h TEMPS TOTAL : +3 h 30 min

Ingrédients :

4 piments ancho séchés, équeutés et épépinés - 3 piments guajillo séchés, équeutés et épépinés - 2 tasses d'eau bouillante - 2 ½ livres d'épaule de porc désossée, parée et coupée en deux - 3 cuillères à café de sel, divisées - 1 cuillère à soupe d'huile végétale

1 gros oignon, haché - 1½ cuillères à soupe d'ail haché

2 cuillères à café de cumin moulu - 2 cuillères à café d'origan mexicain*

4 tasses de bouillon de poulet - 2 boîtes (30 onces chacune) de hominy blanc, rincées et égouttées

Garnitures facultatives : radis tranchés, quartiers de citron vert, laitue romaine tranchée, oignon haché, croustilles de tortilla et/ou avocat en dés

* L'origan mexicain a une saveur plus forte que l'origan ordinaire. On le trouve au rayon épices et assaisonnements de la plupart des grands supermarchés.

Instructions :

1. Placer les piments ancho et guajillo dans un bol moyen; verser de l'eau bouillante dessus. Pesez les piments avec une petite assiette ou un bol; tremper 30 minutes.

2. Pendant ce temps, assaisonnez le porc avec 1 cuillère à café de sel. Chauffer l'huile dans une grande poêle à feu moyen-vif. Ajouter le porc; cuire de 8 à 10 minutes ou jusqu'à ce qu'ils soient dorés de tous les côtés. Retirer dans la mijoteuse Crockpot.

3. Chauffer la même poêle à feu moyen. Ajouter l'oignon; cuire 6 minutes ou jusqu'à ce qu'ils soient ramollis. Ajouter l'ail, le cumin, l'origan et les 2 cuillères à café de sel restantes; cuire et remuer 1 minute. Incorporer le bouillon; porter à ébullition, en grattant les morceaux dorés du fond de la poêle. Verser sur le porc dans la mijoteuse.

4. Placer les piments ramollis et le liquide de trempage dans un robot culinaire ou un mélangeur; processus jusqu'à consistance lisse. Verser à travers un tamis à mailles fines dans un bol moyen, en appuyant avec une cuillère pour extraire le liquide. Jeter les solides. Incorporer le mélange dans la mijoteuse.

5. Couverture; cuire à FAIBLE 5 heures. Incorporer le hominy. Couverture; cuire à FAIBLE 1 heure. Éteignez le feu. Laisser reposer 10 à 15 minutes. Dégraisser et jeter. Déposer le porc sur une grande planche à découper; déchiqueter avec deux fourchettes. Verser le mélange de hominy dans des bols; garnir chaque portion de porc et des garnitures désirées.

Porc effiloché avec sauce barbecue au miel et chipotle
Recette à la mijoteuse

PORTIONS : 8 portions PRÉPARATION : 30 min CUISSON : +3 h TEMPS TOTAL : +3 h 30 min

Ingrédients :

1 cuillère à soupe de poudre de chili, divisée

1 cuillère à café de poudre de piment chipotle, divisée

1 cuillère à café de cumin moulu, divisé

1 cuillère à thé de poudre d'ail, divisée

1 cuillère à café de sel

1 épaule de porc avec os (31/2 livres), parée*

1 boîte (15 onces) de sauce tomate

5 cuillères à soupe de miel, divisées

*Sauf si vous avez une mijoteuse Crockpot de 5, 6 ou 7 pintes, coupez tout rôti de plus de 2 1/2 livres en deux pour qu'il cuise complètement.

Instructions :

1. Enduire l'intérieur de la mijoteuse Crockpot d'un aérosol de cuisson antiadhésif. Mélanger 1 cuillère à café de poudre de chili, ½ cuillère à café de poudre de chili chipotle, ½ cuillère à café de cumin, ½ cuillère à café de poudre d'ail et le sel dans un petit bol. Frotter le porc avec le mélange de poudre de chili. Placer le porc dans la mijoteuse.

2. Mélanger la sauce tomate, 4 cuillères à soupe de miel, les 2 cuillères à café restantes de poudre de chili, ½ cuillère à café de poudre de chili chipotle, ½ cuillère à café de cumin et ½ cuillère à café de poudre d'ail dans un grand bol. Verser le mélange de tomates sur le porc dans la mijoteuse. Couverture; cuire à FAIBLE 8 heures.

3. Retirer le porc dans un grand bol; couvrir lâchement de papier d'aluminium. Mettre la mijoteuse à HIGH. Couverture; cuire à intensité ÉLEVÉE 30 minutes ou jusqu'à ce que la sauce ait épaissi. Incorporer 1 cuillère à soupe de miel restant. Éteignez le feu.

4. Retirer l'os du porc et le jeter. Effilocher le porc à l'aide de deux fourchettes. Remettre le porc effiloché dans la mijoteuse pour bien l'enrober de sauce.

Recette de soupe à la citrouille avec bacon émietté et graines de citrouille grillées à la mijoteuse

PORTIONS : 4 portions PRÉPARATION : 30 min CUISSON : +3 h TEMPS TOTAL : +3 h 30 min

Ingrédients :

2 cuillères à café d'huile d'olive - 1/2 tasse de graines de citrouille crues*

3 tranches de bacon coupe épaisse - 1 oignon moyen, haché

1 cuillère à café de sel - 1/4 cuillère à café de poudre de piment chipotle

1/2 cuillère à café de poivre noir - 2 boîtes (29 onces chacune) de citrouille 100 % pure

4 tasses de bouillon de poulet - 2 tasses de cidre de pomme - 1/2 tasse de crème fouettée ou moitié-moitié - Crème sure (facultatif)

*Les graines de citrouille crues ou les graines de citrouille peuvent être trouvées dans la section des produits ou des aliments ethniques de votre supermarché local

Instructions :

1. Enduisez l'intérieur de la mijoteuse Crockpot avec un aérosol de cuisson antiadhésif. Chauffer l'huile dans une petite poêle à feu moyen-vif. Ajouter les graines de citrouille; cuire et remuer environ 1 minute ou jusqu'à ce que les graines commencent à éclater. Verser dans un petit bol; mettre de côté.

2. Ajouter le bacon dans la poêle; cuire et remuer jusqu'à ce qu'ils soient croustillants. Transférer le bacon dans une assiette tapissée d'essuie-tout à l'aide d'une écumoire. Réserver le jus de cuisson dans la poêle. Émietter le bacon lorsqu'il est suffisamment froid pour être manipulé; mettre de côté.

3. Réduire le feu à moyen. Ajouter l'oignon dans la poêle; cuire 3 minutes ou jusqu'à ce qu'il soit translucide. Incorporer le sel, la poudre de piment chipotle et le poivre. Transférer le mélange d'oignons dans votre mijoteuse.

4. Fouetter la purée de citrouille, le bouillon et le cidre dans la mijoteuse jusqu'à consistance lisse. Couverture; cuire à intensité ÉLEVÉE pendant 4 heures.

Éteignez le feu ; retirer le couvercle. Fouetter la crème. Ajustez les assaisonnements si nécessaire. Filtrer la soupe dans des bols; garnir de graines de citrouille, de bacon et de crème sure.

5. Servir bien chaud et déguster !

Recette de mijoteuse à la citrouille et aux canneberges

PORTIONS : 6 portions PRÉPARATION : 15 min CUISSON : +3 h TEMPS TOTAL : +3 h 15 min

Ingrédients :

1 boîte (30 onces) de garniture pour tarte à la citrouille

1 boîte (12 onces) de lait évaporé

1 tasse de canneberges séchées

4 oeufs, battus

1 tasse de biscuits au gingembre entiers (facultatif)

Instructions :

1. Mélanger la citrouille, le lait évaporé, les canneberges et les œufs dans la mijoteuse Crockpot; remuer pour mélanger. Couverture; cuire à intensité ÉLEVÉE de 4 à 4 ½ heures. Servir avec des biscuits au gingembre, si désiré.

Recette de mijoteuse aux haricots rouges et au riz

PORTIONS : 6 portions PRÉPARATION : 30 min CUISSON : +3 h TEMPS TOTAL : +3 h 30 min

Ingrédients :

2 boîtes (environ 15 onces chacune) de haricots rouges, non égouttés

1 boîte (environ 14 onces) de tomates en dés

½ tasse de céleri haché

½ tasse de poivron vert haché

½ tasse d'oignons verts hachés

2 gousses d'ail, hachées

1-2 cuillères à café de sauce piquante

1 cuillère à café de sauce Worcestershire

1 feuille de laurier

3 tasses de riz cuit chaud

Instructions :

1. Mélanger les haricots, les tomates, le céleri, le poivron, les oignons verts, l'ail, la sauce au piment fort, la sauce Worcestershire et la feuille de laurier dans la mijoteuse Crockpot ; remuer pour mélanger. Couverture; cuire à FAIBLE intensité de 4 à 6 heures ou à intensité ÉLEVÉE de 2 à 3 heures.

2. Écraser légèrement le mélange de haricots dans la mijoteuse jusqu'à ce que le mélange épaississe. Couverture; cuire à intensité ÉLEVÉE ½ à 1 heure. Retirer et jeter la feuille de laurier. Servir le mélange de haricots sur du riz.

Recette de mijoteuse de compote de pommes rouge chaude

PORTIONS : 8 portions PRÉPARATION : 30 min CUISSON : +3 h TEMPS TOTAL : +3 h 30 min

Ingrédients :

10-12 pommes, pelées, évidées et hachées

¾ tasse de bonbons chauds à la cannelle

½ tasse de jus de pomme ou d'eau

Instructions :

1. Combinez les pommes, les bonbons et le jus de pomme dans la mijoteuse Crockpot. Couverture; cuire à FAIBLE intensité de 7 à 8 heures ou à intensité ÉLEVÉE de 4 heures ou jusqu'à la consistance désirée. Servir chaud ou frais.

Poivre rôti et plat d'œufs au levain Recette à la mijoteuse

PORTIONS : 6 portions PRÉPARATION : 30 min CUISSON : +3 h TEMPS TOTAL : +3 h 30 min

Ingrédients :

3 tasses de cubes de pain au levain

1 pot (12 onces) de lanières de poivrons rouges rôtis, égouttés

1 tasse (4 onces) de fromage Monterey Jack râpé

1 tasse (4 onces) de fromage cheddar fort râpé

1 tasse de fromage cottage

6 oeufs

1 tasse de lait

¼ tasse de coriandre fraîche hachée

¼ cuillère à café de poivre noir

Instructions :

1. Enduire l'intérieur de la mijoteuse Crockpot d'un aérosol de cuisson antiadhésif. Ajouter du pain. Disposer les poivrons rôtis uniformément sur les cubes de pain; saupoudrer de fromages Monterey Jack et Cheddar.

2. Placer le fromage cottage dans un robot culinaire ou un mélangeur; processus jusqu'à consistance lisse. Ajouter les œufs et le lait; processus juste jusqu'à ce que mélangé. Incorporer la coriandre et le poivre noir.

3. Verser le mélange d'œufs dans la mijoteuse. Couverture; cuire à FAIBLE intensité de 3 à 3 ½ heures ou à intensité ÉLEVÉE de 2 à 2 ½ heures ou jusqu'à ce que les œufs soient fermes mais encore humides.

Recette à la mijoteuse de pommes de terre rustiques au gratin

PORTIONS : 6 portions PRÉPARATION : 30 min CUISSON : +3 h TEMPS TOTAL : +3 h 30 min

Ingrédients :

½ tasse de lait

1 boîte (10 3/4 onces) de soupe au fromage Cheddar condensée, non diluée

1 paquet (8 onces) de fromage à la crème, ramolli

1 gousse d'ail, hachée

¼ cuillère à café de muscade moulue

⅛ cuillère à café de poivre noir

2 livres de pommes de terre au four, non pelées et coupées en tranches de 1/4 de pouce d'épaisseur

1 petit oignon, tranché finement

Paprika (facultatif)

Instructions :

1. Chauffer le lait dans une petite casserole à feu moyen jusqu'à ce que de petites bulles se forment autour du bord de la casserole. Retirer du feu. Incorporer la soupe, le fromage à la crème, l'ail, la muscade et le poivre jusqu'à consistance lisse.

2. Étalez un quart de pommes de terre et un quart d'oignon dans la mijoteuse Crockpot™. Garnir d'un quart du mélange de soupe. Répétez les couches trois fois, en utilisant les pommes de terre restantes, l'oignon et le mélange de soupe. Couverture; cuire à FAIBLE intensité de 6 à 7 heures jusqu'à ce que la majeure partie du liquide soit absorbée. Garnir de paprika.

Recette de pétoncles à la sauce aux tomates fraîches et aux fines herbes à la mijoteuse

PORTIONS : 4 portions PRÉPARATION : 30 min CUISSON : +3 h TEMPS TOTAL : +3 h 30 min

Ingrédients :

1 cuillère à soupe d'huile végétale - 1 oignon rouge moyen, pelé et coupé en dés

1 gousse d'ail, hachée - 8 tomates Roma, pelées*

1 boîte (12 onces) de purée de tomates - 2 cuillères à soupe de pâte de tomate

¼ tasse de vin rouge sec - 2 cuillères à soupe de persil italien frais haché

1 cuillère à soupe d'origan frais haché

½ cuillère à café de sel

¼ cuillère à café de poivre noir

1 ½ livre de pétoncles frais, nettoyés et égouttés

Pâtes cuites chaudes ou riz (facultatif)

*Pour peler les tomates, placez-les une à la fois dans de l'eau frémissante environ 10 secondes. (Ajouter 30 secondes si les tomates ne sont pas complètement mûres.) Plonger immédiatement dans un bol d'eau froide pendant encore 10 secondes. Peler la peau avec un couteau.

Instructions :

1. Chauffer l'huile dans une poêle moyenne à feu moyen. Ajouter l'oignon et l'ail; cuire et remuer de 7 à 8 minutes ou jusqu'à ce que l'oignon soit tendre et translucide. Retirer dans la mijoteuse Crockpot.

2. Ajouter les tomates, la purée de tomates, la pâte de tomates, le vin, le persil, l'origan, le sel et le poivre. Couverture; cuire à FAIBLE intensité de 6 à 8 heures.

3. Mettre la mijoteuse à HIGH. Ajouter les pétoncles. Couverture; cuire à intensité ÉLEVÉE 15 minutes ou jusqu'à ce que les pétoncles soient bien cuits. Servir sur des pâtes, si désiré.

Recette simple de Coq au vin à la mijoteuse

PORTIONS : 4 portions PRÉPARATION : 30 min CUISSON : +3 h TEMPS TOTAL : +3 h 30 min

Ingrédients :

4 cuisses de poulet

2 cuillères à soupe d'huile d'olive

8 onces de champignons, tranchés

1 oignon, coupé en rondelles

½ tasse de vin rouge sec

½ cuillère à café de basilic séché

½ cuillère à café de thym séché

½ cuillère à café d'origan séché

Sel et poivre noir

Riz cuit chaud

Instructions :

1. Chauffer l'huile dans une grande poêle à feu moyen-vif.

2. Assaisonner le poulet avec du sel et du poivre. Ajouter le poulet dans la poêle et cuire 3 à 5 minutes de chaque côté jusqu'à ce qu'il soit doré.

3. Transférer le poulet dans la mijoteuse Crockpot.

4. Ajouter les champignons et les tranches d'oignon dans la poêle; cuire et remuer de 5 à 7 minutes ou jusqu'à ce que les tranches d'oignon soient tendres. Ajouter le vin, en remuant pour racler les morceaux dorés du fond de la poêle.

5. Transférer le mélange dans la mijoteuse et saupoudrer de basilic, de thym et d'origan.

6. Couvrir et cuire à FAIBLE intensité de 8 à 10 heures ou à intensité ÉLEVÉE de 4 à 6 heures.

7. Servir le poulet et la sauce sur du riz.

Recette à la mijoteuse de Queso aux saucisses épicées

PORTIONS : 6 portions PRÉPARATION : 30 min CUISSON : 2 h TEMPS TOTAL : 2 h 30 min

Ingrédients :

8 onces de fromage Pepper Jack, en cubes

8 onces de fromage monterrey jack, en cubes

8 onces de fromage à la crème

1 boîte (10 onces) de tomates en dés et de piments verts

½ tasse de lait

½ cuillère à café d'ail en poudre

1 cuillère à café de cumin

1 livre de liens de saucisses chaudes, enveloppe retirée

Sel au goût

Jalapeno tranché et coriandre hachée pour la garniture, facultatif

Croustilles de tortilla pour servir

Instructions :

1. Ajouter la saucisse dans une poêle à feu moyen, cuire jusqu'à ce qu'elle soit dorée, en l'émiettant en petits morceaux pendant la cuisson. Ajouter à une assiette tapissée de papier absorbant pour enlever l'excès d'huile.

2. Ajoutez du fromage en cubes, du fromage à la crème, des tomates en dés et des piments, du lait, de la poudre d'ail, du cumin, du sel et des miettes de saucisses dans votre mijoteuse Crockpot. Couvrir et cuire à intensité ÉLEVÉE pendant 2 heures, en remuant le tout à mi-cuisson.

3. Garnir de jalapeño tranché et de coriandre si désiré et servir chaud avec des frites!

Recette de petits pains au porc cuits à la vapeur à la mijoteuse

PORTIONS : 16 portions PRÉPARATION : 15 min CUISSON : 3 h TEMPS TOTAL : 3 h 15 min

Ingrédients :

½ (18 onces) contenant de porc effiloché cuit réfrigéré dans une sauce barbecue*

1 cuillère à soupe de sauce chili asiatique à l'ail

1 paquet (environ 16 onces) de pâte à gros biscuits réfrigérée (8 biscuits)

Sauce trempette (la recette suit)

Oignons verts tranchés (facultatif)

*Recherchez du porc dans une sauce barbecue nature, non fumée. Substituer le poulet à la sauce barbecue, si désiré.

Instructions :

1. Mélanger le porc et la sauce chili dans un bol moyen. Fendre les biscuits en deux. Rouler ou étirer chaque biscuit en cercle de 4 pouces. Déposer 1 cuillère à soupe de porc au centre de chaque biscuit. Rassembler les bords autour de la garniture et presser pour sceller.

2. Beurrer généreusement un plat de cuisson de 2 pintes qui tient dans une mijoteuse Crockpot de 5 à 6 pintes. Disposez les biscuits fourrés en une seule couche, en les chevauchant légèrement si nécessaire. Couvrir le plat de papier d'aluminium beurré, côté beurré vers le bas.

3. Placer la petite grille dans la mijoteuse. Ajouter 1 pouce d'eau chaude (l'eau ne doit pas toucher le haut de la grille). Placer le plat de cuisson sur une grille. Couverture; cuire à intensité ÉLEVÉE 2 heures.

4. Pendant ce temps, préparez la trempette. Garnir les pains de porc d'oignons verts et servir avec la trempette.

Recette à la mijoteuse de burritos au bœuf super faciles

PORTIONS : 4 portions PRÉPARATION : 30 min CUISSON : +3 h TEMPS TOTAL : +3 h 30 min

Ingrédients :

1 rôti de paleron de bœuf désossé (2 à 3 livres)*

1 boîte (28 onces) de sauce enchilada

2 à 3 cuillères à soupe d'eau (facultatif)

4 tortillas de farine (8 pouces)

*Sauf si vous avez une mijoteuse Crockpot™ de 5, 6 ou 7 pintes, coupez tout rôti de plus de 2 1/2 livres en deux pour qu'il cuise complètement.

Instructions :

1. Placer le rôti dans la mijoteuse Crockpot; couvrir de sauce enchilada. Ajouter de l'eau, si désiré. Couverture; cuire à FAIBLE intensité de 6 à 8 heures. Déposer le bœuf sur une planche à découper; déchiqueter avec deux fourchettes. Servir dans des tortillas.

Recette de gratin de patates douces à la mijoteuse

PORTIONS : 8 portions PRÉPARATION : 30 min CUISSON : +3 h TEMPS TOTAL : +3 h 30 min

Ingrédients :

2 patates douces moyennes, tranchées finement

2 pommes de terre blanches moyennes, tranchées finement

1 cuillère à café de sel

¼ cuillère à café de gingembre moulu

¼ cuillère à café de muscade moulue

¼ cuillère à café de poivre noir

¼ tasse de bouillon de légumes

½ tasse de crème fouettée

3 cuillères à soupe de farine tout usage

½ tasse de parmesan râpé

Oignon vert tranché (facultatif)

Instructions :

1. Disposez les pommes de terre alternativement en une seule couche au fond de la mijoteuse Crockpot. Assaisonner de sel, gingembre, muscade et poivre; verser le bouillon.

2. Couverture; cuire à intensité ÉLEVÉE 3 heures ou jusqu'à ce que les pommes de terre soient tendres. Incorporer la crème à la farine dans un petit bol jusqu'à homogénéité. Ajouter 3 cuillères à soupe de liquide de cuisson au mélange de crème; remuer pour mélanger. Ajouter le mélange de crème dans la mijoteuse. Garnir de fromage. Couverture; cuire à intensité ÉLEVÉE 15 minutes. Dévoiler; cuire à intensité ÉLEVÉE 15 minutes ou jusqu'à épaississement. Garnir d'oignon vert.

Recette de soupe aux poivrons rouges doux à la mijoteuse

PORTIONS : 8 portions PRÉPARATION : 30 min CUISSON : +3 h TEMPS TOTAL : +3 h 30 min

Ingrédients :

8 poivrons rouges

2 cuillères à soupe d'huile d'olive

1 oignon, tranché finement

3 gousses d'ail, hachées

1 cuillère à café de poivre noir

1 cuillère à café d'origan séché

2 cuillères à soupe de vinaigre balsamique

2 cuillères à café de sucre

Branches de thym frais (facultatif)

Instructions :

1. Couper les poivrons en deux et retirer la tige et les graines; couper en quartiers. Enduisez l'intérieur de la mijoteuse Crockpot d'huile. Ajouter les poivrons, l'oignon, l'ail, le poivre noir et l'origan; remuer pour mélanger. Couverture; cuire à intensité ÉLEVÉE 4 heures ou jusqu'à ce que les poivrons soient très tendres; en remuant à mi-cuisson.

2. Verser la soupe par lots dans un robot culinaire ou un mélangeur ; processus jusqu'à consistance lisse. Incorporer le vinaigre et le sucre. Garnir chaque portion de thym.

Soupe de crevettes thaïlandaise infusée à la citronnelle, au gingembre et aux piments Recette à la mijoteuse

PORTIONS : 6 portions PRÉPARATION : 30 min CUISSON : 3 h TEMPS TOTAL : 3 h 30 min

Ingrédients :

¾ livre de grosses crevettes, décortiquées et déveinées, carapaces réservées

8 tasses de bouillon de poisson ou de poulet

1 tasse de carottes hachées

3 tiges de citronnelle, tranchées finement

2-3 cuillères à soupe de gingembre frais, pelé et râpé

2 cuillères à soupe d'ail haché

1 ½ cuillères à soupe de basilic thaï ou de basilic frais haché finement

1 ½ cuillère à soupe de menthe fraîche finement hachée

1 ½ cuillères à soupe de coriandre de poisson finement hachée

1 piment serrano*, équeuté et tranché finement

1-2 citrons verts, jus

1 boîte de lait de coco non sucré

¼-½ cuillère à café de pâte de piment sambal oelek

6 fines tranches de citron vert

Instructions :

1. Couper les crevettes en deux, dans le sens de la longueur. Placer au réfrigérateur.

2. Placez les carapaces de crevettes, le bouillon, les carottes, la citronnelle, le gingembre et l'ail dans votre mijoteuse Crockpot. Couverture; cuire à FAIBLE intensité de 3 ½ heures à 4 ½ heures ou à intensité ÉLEVÉE de 2 à 3 heures.

3. Filtrer le bouillon et remettre dans la mijoteuse, jeter les solides. Ajouter les crevettes, le basilic thaï, la menthe, la coriandre, le piment serrano, le jus de citron vert, le lait de coco et la pâte de piment. Couverture; cuire à intensité ÉLEVÉE 15 minutes ou jusqu'à ce que les crevettes soient bien cuites.

4. Garnir chaque portion de tranches de citron vert.

Cuisses de poulet à la thaïlandaise Recette à la mijoteuse

PORTIONS : 6 portions PRÉPARATION : 30 min CUISSON : +3 h TEMPS TOTAL : +3 h 30 min

Ingrédients :

1 cuillère à café de gingembre moulu

½ cuillère à café de sel

¼ cuillère à café de piment rouge moulu

6 cuisses de poulet avec os (environ 2 1/4 livres), peau enlevée

1 oignon, haché

3 gousses d'ail, hachées

⅓ tasse de lait de coco non sucré en conserve

¼ tasse de beurre d'arachide

2 cuillères à soupe de sauce soja

2 cuillères à soupe d'eau

1 cuillère à soupe de fécule de maïs

3 tasses de couscous cuit chaud ou de riz jaune

¼ tasse de coriandre fraîche hachée

Quartiers de citron vert (facultatif)

Instructions :

1. Mélanger le gingembre, le sel et le piment rouge moulu dans un petit bol; saupoudrer sur le poulet. Mettre l'oignon et l'ail dans la mijoteuse Crockpot; garnir de poulet. Mélanger le lait de coco, le beurre d'arachide et la sauce soya dans un petit bol; verser sur le poulet. Couverture; cuire à FAIBLE intensité de 6 à 7 heures ou à intensité ÉLEVÉE de 3 à 4 heures. Retirer le poulet dans un bol de service. Couvrir lâchement de papier d'aluminium.

2. Incorporer l'eau à la fécule de maïs dans un petit bol jusqu'à consistance lisse; fouetter dans la mijoteuse. Couverture; cuire à intensité ÉLEVÉE 15 minutes ou jusqu'à ce que la sauce ait légèrement épaissi. Verser la sauce sur le poulet. Servir le poulet sur le couscous; garnir de coriandre. Garnir de quartiers de lime.

Boulettes de viande de dinde dans une sauce aux canneberges et au barbecue Recette à la mijoteuse

PORTIONS : 12 portions PRÉPARATION : 30 min CUISSON : +3 h TEMPS TOTAL : +3 h 30 min

Ingrédients :

1 boîte (16 onces) de sauce aux canneberges en gelée

½ tasse de sauce barbecue

1 blanc d'œuf

1 livre de dinde hachée maigre à 93 %

1 oignon vert, tranché

2 cuillères à café de zeste d'orange râpé

1 cuillère à café de sauce soja à teneur réduite en sodium

¼ cuillère à café de poivre noir

⅛ cuillère à café de piment rouge moulu (facultatif)

Aérosol de cuisson antiadhésif

Instructions :

1. Combinez la sauce aux canneberges et la sauce barbecue dans votre mijoteuse Crockpot. Couverture; cuire à intensité ÉLEVÉE de 20 à 30 minutes ou jusqu'à ce que la sauce aux canneberges fonde et que le mélange soit chaud.

2. Entre-temps, mettre le blanc d'œuf dans un grand bol; battre légèrement. Ajouter la dinde, l'oignon vert, le zeste d'orange, la sauce soya, le poivre noir et le poivron rouge moulu, si désiré; mélanger jusqu'à ce que le tout soit bien mélangé. Façonner 24 boulettes de viande.

3. Vaporiser une grande poêle avec un aérosol de cuisson. Ajouter les boulettes de viande; cuire à feu moyen de 8 à 10 minutes ou jusqu'à ce que les boulettes de viande soient dorées. Ajouter à la mijoteuse; remuer doucement pour enrober.

4. Réglez la mijoteuse sur LOW. Couverture; cuire à FAIBLE 3 heures.

5. Servir bien chaud et déguster !

Recette de mijoteuse au chili végétalien

PORTIONS : 6 portions PRÉPARATION : 30 min CUISSON : 3 h TEMPS TOTAL : 3 h 30 min

Ingrédients :

2 ½ tasses de bouillon de légumes - ½ tasse de quinoa non cuit

15 onces de haricots noirs (1 boîte) égouttés et rincés - 14 onces de tomates en dés en conserve (ne pas égoutter)

¼ tasse de poivron rouge haché - ¼ tasse de poivron vert haché

1 carotte moyenne - ½ tasse de grains de maïs

½ oignon haché - 3 gousses d'ail, hachées

½ petit piment

¼ cuillère à café de sel de mer

2 cuillères à café de piment en poudre

¼ cuillère à café de poivre de Cayenne

1 cuillère à café de poivre noir moulu

1 cuillère à café de cumin moulu

1 cuillère à café d'origan

Instructions :

1. Ajouter le bouillon de légumes, le quinoa non cuit, les haricots noirs et les tomates à la mijoteuse Crockpot. Remuer pour combiner.

2. Ajouter les poivrons, la carotte, le maïs, l'oignon et l'ail; remuer. Ajouter le reste de l'assaisonnement et remuer pour combiner.

3. Couverture; cuire à intensité ÉLEVÉE de 2 ½ à 3 heures ou à intensité FAIBLE de 5 à 6 heures. (Si la cuisson est ÉLEVÉE, surveillez les 30 dernières minutes. Si la cuisson est FAIBLE, surveillez la dernière heure).

4. Goûter une fois terminé. Ajoutez de la chaleur si nécessaire. Ajouter plus de bouillon de légumes si le chili est trop sec.

5. Servez avec vos garnitures préférées et dégustez !

Recette de mijoteuse au chili végétarien

PORTIONS : 4 portions PRÉPARATION : 30 min CUISSON : +3 h TEMPS TOTAL : +3 h 30 min

Ingrédients :

1 cuillère à soupe d'huile végétale

1 tasse d'oignon haché

1 tasse de poivron rouge haché

2 cuillères à soupe de piment jalapeño haché

1 gousse d'ail, hachée

1 boîte (environ 28 onces) de tomates étuvées à teneur réduite en sodium

1 boîte (environ 15 onces) de haricots noirs, rincés et égouttés

1 boîte (environ 15 onces) de pois chiches, rincés et égouttés

½ tasse de maïs surgelé

¼ tasse de pâte de tomate

1 cuillère à café de sucre

1 cuillère à café de cumin moulu

1 cuillère à café de basilic séché

1 cuillère à café de piment en poudre

¼ cuillère à café de poivre noir

Instructions :

1. Chauffer l'huile dans une grande poêle à feu moyen-vif. Ajouter l'oignon, le poivron, le piment jalapeño et l'ail; cuire et remuer 5 minutes. Retirer le mélange d'oignons de la mijoteuse Crockpot à l'aide d'une écumoire.

2. Ajouter les tomates, les haricots, les pois chiches, le maïs, la pâte de tomate, le sucre, le cumin, le basilic, la poudre de chili et le poivre noir ; remuer pour mélanger. Couverture; cuire à FAIBLE intensité de 4 à 5 heures.

Recette de bruschetta au crabe bleu chaud à la mijoteuse

PORTIONS : 16 portions PRÉPARATION : 30 min CUISSON : 3 h TEMPS TOTAL : 3 h 30 min

Ingrédients :

4 tasses de tomates italiennes pelées, épépinées et coupées en dés

¾ tasse d'oignon blanc coupé en dés

⅓ tasse d'huile d'olive

2 cuillères à soupe de sucre

2 cuillères à soupe de vinaigre balsamique

2 cuillères à café d'ail haché

½ cuillère à café d'origan séché

1 livre de chair de crabe bleu en morceaux, ramassée pour les coquilles

1 cuillère à café de sel casher

¼ cuillère à café de poivre noir concassé

¼ tasse de basilic frais haché

2 baguettes, tranchées et grillées

Instructions :

1. Mélanger les tomates, l'oignon, l'huile, le sucre, le vinaigre, l'ail et l'origan dans la mijoteuse Crockpot ; remuer pour mélanger. Couverture; cuire à FAIBLE 2 heures.

2. Incorporer la chair de crabe, le sel et le poivre dans la mijoteuse, en prenant soin de ne pas briser la chair de crabe. Couverture; cuire à FAIBLE 1 heure. Incorporer le basilic. Servir sur des tranches de baguette grillées.

Recette de mijoteuse de pain aux bananes aux grains entiers

PORTIONS : 1 portion PRÉPARATION : 30 min CUISSON : +3 h TEMPS TOTAL : +3 h 30 min

Ingrédients :

¼ tasse plus 1 cuillère à soupe de germe de blé, divisé - ½ tasse de sucre cristallisé

½ tasse de cassonade foncée tassée - 2/3 tasse de beurre, ramolli

2 œufs - 1 tasse de purée de bananes (2-3 bananes)

1 cuillère à café de vanille - 1 ¼ tasse de farine de blé entier

¾ tasse de farine tout usage - 1 cuillère à café de bicarbonate de soude

½ cuillère à café de sel - ½ tasse de noix ou de pacanes hachées (facultatif)

Beurre et quartiers d'orange (facultatif)

Instructions :

1. Enduisez l'intérieur d'un plat à soufflé de 1 litre qui s'adapte à l'intérieur de la mijoteuse Crockpot avec un aérosol de cuisson antiadhésif. Saupoudrer le plat avec 1 cuillère à soupe de germe de blé. Préparez les poignées en aluminium.*

2. Battre les sucres et le beurre dans un grand bol au batteur électrique jusqu'à consistance mousseuse. Ajouter les œufs un à la fois; battre jusqu'à homogénéité. Ajouter les bananes et la vanille; battre jusqu'à obtenir une consistance lisse.

3. Incorporer graduellement les farines, le ¼ tasse de germe de blé restant, le bicarbonate de soude et le sel. Incorporer les noix, si désiré. Verser la pâte dans le plat préparé; placer dans la mijoteuse. Couverture; cuire à FAIBLE intensité de 4 à 6 heures ou à intensité ÉLEVÉE de 2 à 3 heures ou jusqu'à ce que les bords commencent à brunir et qu'un cure-dent inséré au centre en ressorte propre.

4. Retirer le plat de la mijoteuse. Retirer le plat à l'aide des poignées en aluminium. Laisser refroidir sur grille 10 minutes. Retirer le pain du plat; refroidir complètement sur une grille. Servir avec du beurre et des quartiers d'orange, si désiré.

5. * Préparez les poignées en aluminium en déchirant un morceau de papier d'aluminium de 18 pouces de long; plier en deux dans le sens de la longueur. Pliez à nouveau en deux dans le sens de la longueur pour créer une bande de 18 X 3 pouces. Répétez 2 fois. Bandes de film entrecroisées en forme de rayons ; placer dans la mijoteuse. Laissez les bandes pendant la cuisson afin de pouvoir facilement retirer l'élément cuit une fois la cuisson terminée.

Recette à la mijoteuse Zuppa de Clams

PORTIONS : 4 portions PRÉPARATION : 30 min CUISSON : +3 h TEMPS TOTAL : +3 h 30 min

Ingrédients :

16 champignons shiitake, nettoyés et équeutés

1 petit oignon rouge, coupé en dés

1 livre de chorizo, tranché finement

3 tasses de sauce tomate

2 tasses de vin blanc sec

1 tasse de vermouth rouge doux

48 palourdes du Pacifique, lavées et rincées

Pâtes cuites chaudes (facultatif)

Pain italien croustillant (facultatif)

Instructions :

1. Chauffer une grande poêle à feu moyen. Ajouter les champignons, l'oignon et la saucisse; cuire et remuer 8 minutes ou jusqu'à ce que l'oignon soit ramolli. Retirer dans la mijoteuse Crockpot.

2. Ajouter la sauce tomate, le vin et le vermouth dans la mijoteuse Crockpot. Couverture; cuire à FAIBLE intensité de 6 à 7 heures ou à intensité ÉLEVÉE de 3 1/2 à 4 heures. Ajouter les palourdes; couvrir et cuire à intensité ÉLEVÉE de 10 à 15 minutes ou jusqu'à ce que les palourdes s'ouvrent. Jeter les palourdes qui ne s'ouvrent pas. Servir sur des pâtes et avec du pain, si désiré.

Recette de ragoût de bœuf à la mijoteuse

PORTIONS : 4 portions PRÉPARATION : 15 min CUISSON : +3 h TEMPS TOTAL : +3 h 15 min

Ingrédients :

1 pomme de terre moyenne, coupée en cubes de ½ pouce

3 grosses pommes de terre, coupées

4 grosses carottes, coupées

2 livres de boeuf à ragoût

1 gros oignon, haché

⅓ tasse de sauce soja

½ cuillère à café de sel

1 cuillère à café de paprika

½ cuillère à café de poivre

¼ tasse de fleur

1 tasse de bouillon de boeuf condensé

8 onces de sauce tomate

Instructions :

1. Placez les pommes de terre, les carottes, le bœuf et les oignons dans votre mijoteuse Crockpot.

2. Mélanger la sauce soja, le sel, le paprika, le poivre et la farine dans un bol et mélanger. Verser sur le mélange de viande.

3. Mélanger le bouillon de bœuf et la sauce tomate dans un bol et verser dans la mijoteuse.

4. Couverture; cuire à FAIBLE intensité de 8 à 10 heures ou à intensité ÉLEVÉE de 5 heures.

5. Servir chaud et déguster.

Rôti de porc désossé à l'ail

PORTIONS : 12 portions PRÉPARATION : 30 min CUISSON : 30 min TEMPS TOTAL : 1 h

Ingrédients :

1 rôti de longe de porc désossé (2 à 2 1/2 lb)

sel et poivre noir

3 cuillères à soupe d'huile d'olive, divisées

4 gousses d'ail, hachées

¼ tasse de romarin frais haché

½ citron, coupé en tranches de 1/8 à 1/4 de pouce

½ tasse de bouillon de poulet

¼ tasse de vin blanc sec

Instructions :

1. Assaisonner le porc avec du sel et du poivre. Mélanger 2 cuillères à soupe d'huile, d'ail et de romarin dans un petit bol; remuer pour mélanger. Frotter sur le porc. Rouler et ficeler le porc avec de la ficelle de cuisine. Rentrez les tranches de citron sous la ficelle et dans les extrémités du rôti.

2. Appuyez sur BROWN/SAUTÉ sur le multicuiseur Crockpot Express Crock ; chauffer la cuillère à soupe d'huile restante à intensité ÉLEVÉE. Ajouter le porc; cuire de 6 à 8 minutes ou jusqu'à ce qu'ils soient dorés de tous les côtés. Verser le bouillon et le vin sur le porc. Couvercle sécurisé. Appuyez sur MEAT/STEW, réglez la pression sur HIGH et le temps sur 20 minutes. Assurez-vous que la soupape de dégagement de vapeur est en position « Seal » (fermée). Appuyez sur DÉMARRER/ARRÊTER.

3. Une fois la cuisson terminée, relâcher naturellement la pression 10 minutes. Relâchez la pression restante. Déposer le rôti sur une grande planche à découper. Couvrir lâchement de papier d'aluminium; laisser reposer 10 à 15 minutes avant de retirer la ficelle de cuisine et de trancher. Servir le rôti avec le liquide de cuisson.

Soupe au poulet de buffle

PORTIONS : 11 portions PRÉPARATION : 45 min CUISSON : +3 h TEMPS TOTAL : +3 h 45 min

Ingrédients :

2 ½ livres de poitrines de poulet désossées et sans peau - 2 bouteilles de sauce Louisiana Supreme pour ailes de poulet

1 livre de fromage cheddar fort, râpé - 1 litre moitié-moitié

8 cuillères à soupe de beurre - 8 cuillères à soupe de farine

32 onces de bouillon de poulet - ½ tasse d'oignon rouge, haché

Facultatif : céleri et fromage bleu

Instructions :

1. Prenez le poulet et placez-le dans une casserole avec un couvercle.

2. Prenez une bouteille de sauce pour ailes et ajoutez-la au poulet.

3. Laisser mijoter jusqu'à ce que le poulet soit cuit.

4. Retirer le poulet, le laisser refroidir et, une fois refroidi, le déchiqueter à la fourchette et l'ajouter au Crockpot.

5. Prenez le liquide qui a cuit le poulet et versez-le dans le Crockpot.

6. Reprenez la même poêle et faites fondre le beurre, ajoutez la farine pour faire un roux.

7. À feu doux, remuez jusqu'à ce que vous obteniez une belle odeur de noisette provenant du mélange. Ne le laissez pas trop brunir, un joli roux léger fonctionne bien.

8. Une fois que vous avez un beau roux, ajoutez le moitié-moitié et remuez.

9. Commencez maintenant à ajouter le fromage jusqu'à ce qu'il soit complètement fondu.

10. Lorsqu'il commence à épaissir, retirer du feu et ajouter au Crockpot.

11. Verser le bouillon de poulet dans le Crockpot et mélanger.

12. Vous pouvez ajouter l'oignon rouge.

13. Maintenant, prenez la deuxième bouteille de sauce pour ailes et ajoutez-en au besoin.

Remarque : N'utilisez pas de sel lors de cette préparation. Le fromage y ajoutera beaucoup.

Quatre-quarts au caramel et aux pommes

PORTIONS : 8 portions PRÉPARATION : 30 min CUISSON : +3 h TEMPS TOTAL : +3 h 30 min

Ingrédients :

4 pommes à cuire moyennes, évidées, pelées et coupées en quartiers

1/2 tasse de jus de pomme non sucré

1/2 livre de caramels, non emballés

1/4 tasse de beurre d'arachide crémeux

11/2 cuillères à café de vanille

1/2 cuillère à café de cannelle moulue

1/8 cuillère à café de cardamome moulue

1 gâteau quatre-quarts préparé, tranché (environ 10 onces)

Garniture fouettée (facultatif)

Instructions :

1. Enduire l'intérieur de la mijoteuse Crockpot d'un aérosol de cuisson antiadhésif. Superposer les pommes, le jus de pomme et les caramels dans la mijoteuse Crockpot.

2. Mélanger le beurre d'arachide, la vanille, la cannelle et la cardamome dans un petit bol. Déposer par cuillerées à thé sur les pommes. Couverture; cuire à FAIBLE intensité de 6 à 8 heures ou à intensité ÉLEVÉE de 3 à 4 heures.

3. Remuer. Couverture; cuire à FAIBLE 1 heure. Déposer les pommes sur les tranches de gâteau. Garnir de crème fouettée, si désiré.

Tacos au poulet et aux haricots noirs épicés

PORTIONS : 4 portions PRÉPARATION : 15 min CUISSON : 2 h TEMPS TOTAL : 2 h 15 min

Ingrédients :

1 boîte (environ 15 onces) de haricots noirs, rincés et égouttés

1 boîte (10 onces) de tomates en dés avec piments verts doux, égouttées

1 ½ cuillères à café de piment en poudre

¾ cuillère à café de cumin moulu

1 cuillère à soupe plus 1 cuillère à café d'huile d'olive extra vierge, divisée

12 onces de poitrines de poulet désossées et sans peau

12 tacos de maïs croustillants

Garnitures facultatives : laitue râpée, tomates en dés, fromage cheddar râpé, crème sure et/ou olives noires tranchées

Instructions :

1. Enduisez l'intérieur de la mijoteuse Crockpot avec un aérosol de cuisson antiadhésif. Ajouter les haricots et les tomates avec les piments. Mélanger la poudre de chili, le cumin et 1 cuillère à thé d'huile dans un petit bol; frotter sur le poulet.

2. Placer le poulet dans la mijoteuse Crockpot. Couverture; cuire à intensité ÉLEVÉE 1 ¾ heures.

3. Transférer le poulet sur une planche à découper; tranche. Transférer le mélange de haricots dans un grand bol à l'aide d'une cuillère trouée. Incorporer le reste de l'huile.

4. Pour servir, réchauffer les coquilles à tacos selon les instructions sur l'emballage. Remplir avec des quantités égales de mélange de haricots et de poulet.

Recette de tarte aux pommes à la mijoteuse

PORTIONS : 6 portions PRÉPARATION : 30 min CUISSON : +3 h TEMPS TOTAL : +3 h 30 min

Ingrédients :

Pâte à tarte préparée

4-5 grosses pommes - 2 cuillères à soupe de farine

1 tasse de sucre - 1 cuillère à café de cannelle

¼ tasse de crème épaisse - ½ bâton de beurre (non salé)

¼ tasse) de sucre

Instructions :

1. Laver & éplucher les pommes. Couper en morceaux minces et placer dans un bol moyen.

2. Mélanger les pommes avec les ingrédients de la "garniture" (farine, sucre, cannelle, crème)

3. Graisser légèrement l'insert d'une mijoteuse Crockpot de 3 ½ pintes.

4. Placer la croûte de tarte préparée dans la mijoteuse Crockpot et pousser doucement en place. La croûte doit monter de 2 à 3 pouces sur le côté de la mijoteuse Crockpot™.

5. Placer les ingrédients de la « garniture » (beurre, farine, sucre) dans un bol et pétrir avec vos mains (propres) jusqu'à consistance grumeleuse.

6. Émietter la garniture sur la tarte aux pommes.

7. Couvrir et cuire à basse température pendant 4 à 5 heures ou jusqu'à ce qu'ils soient bien cuits. Remarque : après la 1ère heure de cuisson, ventilez légèrement le couvercle pour permettre à la vapeur de s'échapper et pour éviter la condensation sur le dessus de la tarte.

8. Pour une jolie présentation, placez l'insert de mijoteuse Crockpot™ dans un grand four grille-pain ou un four sous le gril pendant quelques minutes pour dorer la garniture de tarte.

9. Servir avec de la glace à la vanille.

10. *Si vous souhaitez plus de portions, vous pouvez doubler la recette et utiliser un Crockpot Casserole Crock.

Poulet farci aux pommes et au brie

PORTIONS : 4 portions PRÉPARATION : 15 min CUISSON : +3 h TEMPS TOTAL : +3 h 15 min

Ingrédients :

4 poitrines de poulet - 8 tranches de brie - 1 pomme

1 oignon, tranché - 2 gousses d'ail, hachées - ¾ tasse de vin blanc

¾ tasse de cidre de pomme - Sel et poivre, au goût - Sauge séchée (facultatif)

Cure-dents

Instructions :

1. Placer l'oignon et l'ail tranchés dans la mijoteuse Crockpot.

2. Peler la pomme et la couper en deux

3. Trancher finement la moitié de la pomme et la diviser en quatre parts égales. (pour la garniture) Réserver.

4. Couper la moitié de pomme restante en tranches plus grosses et les placer sur les oignons

5. Verser ½ tasse de vin blanc et ½ tasse de cidre de pomme sur le mélange d'oignons.

6. Battre chaque poitrine de poulet jusqu'à ce qu'elle soit fine - environ ½ pouce d'épaisseur.

7. Ajouter quelques tranches de pomme, 2 morceaux de brie, du sel, du poivre et de la sauge (le cas échéant) à chaque poitrine de poulet

8. Rouler chaque extrémité de la poitrine de poulet jusqu'au milieu et se chevaucher. Fixez avec un cure-dent ou deux.

9. Placer chaque poitrine de poulet roulée sur le mélange d'oignons dans la mijoteuse Crockpot - côté cure-dent vers le haut.

10. Verser le reste du vin et du cidre de pomme sur le poulet.

11. Couvrir et cuire à LOW pendant 4 à 5 heures.

12. Retirer le poulet de la mijoteuse Crockpot, couvrir et réserver

13. Verser le liquide de la mijoteuse Crockpot dans une casserole de taille moyenne.

14. Porter à ébullition en remuant constamment et faire réduire la sauce.

15. Pour servir, chaque poitrine de poulet avec sauce réduite.

Recette de mijoteuse au porc et à la choucroute Ale'd

PORTIONS : 8 portions PRÉPARATION : 30 min CUISSON : +3 h TEMPS TOTAL : +3 h 30 min

Ingrédients :

1 pot (32 onces) de choucroute, non égouttée

1 ½ cuillères à soupe de sucre

1 canette (12 onces) de bière blonde ou brune

1 épaule de porc désossée ou rôti de soc de porc (3 1/2 livres)*

½ cuillère à café de sel

½ cuillère à café de paprika

¼ cuillère à café d'ail en poudre

¼ cuillère à café de poivre noir

* À moins que vous n'ayez une mijoteuse de 5, 6 ou 7 pintes, coupez en deux tout rôti de plus de 2 1/2 livres pour qu'il cuise complètement.

Instructions :

1. Placer la choucroute dans la mijoteuse Crockpot. Saupoudrer de sucre; ajouter de la bière. Placer le porc, côté gras vers le haut, sur le mélange de choucroute; saupoudrer uniformément de sel, de paprika, de poudre d'ail et de poivre noir. Couverture; cuire à intensité ÉLEVÉE 6 heures.

2. Déposer le porc dans un grand plat de service. Retirer la choucroute à l'aide d'une écumoire; disposer autour du porc. Verser le liquide de cuisson sur la choucroute au goût.

Recette de pâtes aux artichauts à la mijoteuse

PORTIONS : 4 portions PRÉPARATION : 30 min CUISSON : +3 h TEMPS TOTAL : +3 h 30 min

Ingrédients :

1 cuillère à soupe d'huile d'olive

1 tasse d'oignon doux haché

4 gousses d'ail, hachées

1 boîte (28 onces) de tomates concassées

1 boîte (environ 14 onces) de cœurs d'artichauts, égouttés et coupés en morceaux

1 tasse de petites olives farcies au piment

¾ cuillère à café de flocons de piment rouge

8 onces de pâtes fettuccine cuites chaudes

½ tasse de fromage Asiago ou Romano râpé

Feuilles de basilic frais (facultatif)

Instructions :

1. Enduire l'intérieur de la mijoteuse Crockpot d'un aérosol de cuisson antiadhésif. Chauffer l'huile dans une petite poêle à feu moyen. Ajouter l'oignon; cuire et remuer 5 minutes. Ajouter l'ail; cuire et remuer 1 minute. Mélanger le mélange d'oignons, les tomates, les artichauts, les olives et les flocons de piment rouge dans la mijoteuse; remuer pour mélanger.

2. Couverture; cuire à FAIBLE intensité de 7 à 8 heures ou à intensité ÉLEVÉE de 3 à 4 heures. Garnir les pâtes de sauce aux artichauts et de fromage. Garnir de basilic.

Recette de purée de pommes de terre rustique à la mijoteuse

PORTIONS : 8 portions PRÉPARATION : 15 min CUISSON : +3 h TEMPS TOTAL : +3 h 15 min

Ingrédients :

2 livres de pommes de terre à peau fine, lavées et non pelées

¼ tasse d'eau

2 cuillères à soupe de beurre

½ cuillère à café d'ail en poudre

1 tasse de lait ou moitié-moitié, réchauffé

Sel et poivre au goût

Instructions :

1. Mélanger tous les ingrédients sauf le lait en une seule couche au fond de la mijoteuse Crockpot. Couverture; sur LOW pendant 7 heures ou sur IIIGH pendant 4 heures. Une fois le temps de cuisson terminé, testez les pommes de terre avec une fourchette pour vous assurer qu'elles sont bien cuites.

2. Commencez doucement à écraser les pommes de terre avec un pilon à pommes de terre. Verser lentement le lait sur les pommes de terre et continuer doucement la purée. Ajoutez autant de lait que nécessaire, en faisant attention de ne pas trop écraser ou les pommes de terre deviendront trop féculentes (et gluantes).

3. Assaisonner au goût et servir chaud.

Recette de mijoteuse à la bolognaise indienne aux lentilles

PORTIONS : 6 portions PRÉPARATION : 30 min CUISSON : 3 h TEMPS TOTAL : 3 h 30 min

Ingrédients :

2 cuillères à soupe d'huile d'olive - 2 carottes, coupées en dés

2 branches de céleri, coupées en dés - 1 oignon, haché finement

4 gousses d'ail, hachées - 1 cuillère à soupe de curry en poudre

1 cuillère à soupe de poudre de garam masala

1 ½ cuillère à café de sel

1 cuillère à café de poivre

2 tasses de bouillon de légumes

1 ½ tasse de tomates concassées en conserve

1 tasse de lentilles rouges

12 oz de spaghettis, cuits

¼ tasse de feuilles de coriandre

Instructions :

1. Chauffer l'huile dans une grande poêle à feu moyen; cuire les carottes, le céleri, l'oignon et l'ail de 5 à 7 minutes ou jusqu'à ce que les légumes soient ramollis. Augmenter le feu à moyen-vif; incorporer la poudre de cari, le garam masala, le sel et le poivre. Cuire de 2 à 3 minutes ou jusqu'à ce qu'il soit parfumé.

2. Transférer le mélange dans 4,5 QT Crockpot. Incorporer le bouillon de légumes, les tomates et les lentilles; cuire à Low pendant 4 heures ou High pendant 2 heures ou jusqu'à ce que les légumes et les lentilles soient tendres.

3. Servir sur des spaghettis. Garnir de coriandre.

Des astuces:

Utilisez les restes de bolognaise aux lentilles pour faire des poivrons farcis uniques.

Utilisez les restes de bolognaise aux lentilles sur un petit pain pour un délicieux sloppy joe.

Recette de soupe grecque au poulet et au citron (Avgolemono) à la mijoteuse

PORTIONS : 4 portions PRÉPARATION : 30 min CUISSON : 3 h TEMPS TOTAL : 3 h 30 min

Ingrédients :

8 oz de poitrines de poulet désossées et sans peau

½ tasse de riz basmati

1 petit oignon, coupé en dés

2 gousses d'ail, hachées

4 tasses de bouillon de poulet réduit en sodium

2 cuillères à soupe d'huile d'olive

2 oeufs

2 cuillères à soupe de jus de citron

1 cuillère à soupe d'aneth frais haché finement

1 cuillère à soupe de zeste de citron

2 ½ cuillères à café de sel

½ cuillère à café de poivre

Instructions :

1. Dans 3 QT Crockpot, mélanger le poulet, le riz, l'oignon et l'ail. Incorporer le bouillon et l'huile. Couvrir et cuire à Low pendant 4 à 5 heures ou High pendant 2 à 3 heures.

2. Transférer le poulet dans un bol et effilocher avec 2 fourchettes. Incorporer à la soupe. Couvrir et cuire à Warm/Low pendant 3 à 5 minutes ou jusqu'à ce que le tout soit bien chaud.

3. Dans un petit bol, fouetter les œufs et le jus de citron jusqu'à consistance mousseuse; fouetter vigoureusement 1 tasse de bouillon chaud dans le mélange d'œufs. Incorporer à la soupe chaude.

4. Incorporer l'aneth et le zeste de citron. Assaisonnez avec du sel et du poivre.

5. Réglez sur Chaud pour servir.

Astuce : Remplacez le riz basmati par du riz à grains longs ou des pâtes orzo si vous le souhaitez.

Recette de bol de quinoa au poulet barbecue à la mijoteuse

PORTIONS : 4 portions PRÉPARATION : 15 min CUISSON : +2 h TEMPS TOTAL : +2 h 15 min

Ingrédients :

1 tasse de quinoa, non cuit - 1 tasse de maïs, congelé

1 tasse de poivron rouge, haché - ½ tasse d'oignon, coupé en dés

2 cuillères à soupe d'ail, haché - ½ cuillère à soupe de cumin en poudre

½ cuillère à soupe de piment en poudre - ½ cuillère à soupe de paprika fumé

1 tasse de sauce barbecue

¼ cuillère à café de sel

½ cuillère à café de fumée liquide de hickory

1 tasse et 2 cuillères à soupe de bouillon de poulet

½ livre de poitrine de poulet

Garnir:

Coriandre

Oignons verts

Fromage cheddar, râpé

Instructions :

1. Mettez le quinoa, le maïs, les poivrons, l'oignon, l'ail, le cumin, la poudre de chili, le paprika, la sauce barbecue, le sel, la fumée liquide de hickory et le bouillon de poulet dans votre mijoteuse Crockpot.

2. Placer la poitrine de poulet entre les ingrédients et recouvrir du mélange.

3. Couverture; cuire à intensité ÉLEVÉE pendant 2 à 3 heures ou jusqu'à ce que le bouillon soit absorbé et que le poulet soit bien cuit.

4. Retirez le couvercle et la poitrine de poulet et effilochez-les à l'aide de deux fourchettes. Remettre le poulet effiloché dans la mijoteuse et bien mélanger.

5. Servir dans des bols avec de la sauce BBQ supplémentaire, de la coriandre, des oignons verts et du fromage cheddar.

Recette de mijoteuse à la saucisse de dinde et aux poivrons farcis au quinoa

PORTIONS : 4 portions PRÉPARATION : 30 min CUISSON : +3 h TEMPS TOTAL : +3 h 30 min

Ingrédients :

4 poivrons jaunes moyens

½ tasse de quinoa, rincé

1 tasse d'eau

12 onces de saucisse de dinde italienne douce, boyaux retirés

½ tasse de courgettes, hachées finement

1/4 tasse de basilic frais haché

3 cuillères à soupe de pâte de tomate

½ cuillère à café de sel

1/4 cuillère à café de poivre noir

1¼ tasse de jus de légumes

Instructions :

1. Couper ¼ de pouce supérieur de chaque poivron. Retirez et jetez les graines. Mélanger le quinoa et l'eau dans une petite casserole. Cuire selon les instructions sur l'emballage. Retirer dans un grand bol; refroidir 5 minutes.

2. Ajouter la saucisse, la courgette, le basilic, la pâte de tomate, le sel et le poivre noir au mélange de quinoa; bien mélanger. Remplir uniformément chaque poivron avec le mélange de quinoa,

3. Placer les poivrons dans la mijoteuse Crockpot. Verser ¼ tasse de bouillon de légumes sur les poivrons; verser 1 tasse restante dans le fond.

4. Couverture; cuire à FAIBLE intensité de 4 à 5 heures ou à intensité ÉLEVÉE de 2 ½ à 3 heures ou jusqu'à ce que la garniture soit bien cuite et que les poivrons soient tendres.

Servir les poivrons avec le jus de cuisson.

Recette de jambon des Fêtes à la mijoteuse

PORTIONS : 4 portions PRÉPARATION : 30 min CUISSON : +3 h TEMPS TOTAL : +3 h 30 min

Ingrédients :

1 jambon cuit avec os (environ 5 à 7 livres), paré*

16 clous de girofle entiers

1 tasse d'eau

1 1/2 cuillères à café d'huile végétale

1 échalote, hachée

1 pot (12 onces) de confiture de cerises ou de gelée de groseilles

3/4 tasse de canneberges ou de raisins secs à saveur d'orange

1/2 tasse de cassonade tassée

1/2 tasse de jus d'orange

1/2 cuillère à café de moutarde moulue

** À moins que vous n'ayez une mijoteuse Crockpot de 5, 6 ou 7 pintes, coupez en deux tout morceau de viande de plus de 2 ½ livres pour qu'il cuise complètement.

Instructions :

1. Marquer le jambon. Placez 1 clou de girofle au centre de chaque diamant. Versez de l'eau dans la mijoteuse Crockpot; ajouter le jambon. Couverture; cuire à FAIBLE intensité de 5 à 6 heures ou à intensité ÉLEVÉE de 2 ½ à 3 heures.

2. Chauffer l'huile dans une poêle moyenne à feu moyen-vif. Ajouter l'échalote; cuire et remuer de 2 à 3 minutes ou jusqu'à ce qu'il soit translucide. Incorporer les conserves, les canneberges, la cassonade, le jus d'orange et la moutarde moulue. Réduire le feu à moyen; cuire jusqu'à ce que la cassonade soit dissoute.

3. Retirer le jambon de la mijoteuse. Jeter l'excédent de liquide de cuisson. Remettre le jambon dans la mijoteuse; verser le mélange de conserves sur le jambon. Couverture; cuire à intensité ÉLEVÉE de 10 à 20 minutes ou jusqu'à ce que les fruits gonflent.

4. Une fois la cuisson terminée, découpez et servez !

Recette de mijoteuse de casserole Hotdish Tater Tot

PORTIONS : 6 portions PRÉPARATION : 30 min CUISSON : 3 h TEMPS TOTAL : 3 h 30 min

Ingrédients :

1 lb de boeuf haché - ½ oignon jaune, coupé en dés

2 gousses d'ail, hachées - 2 piments jalapeño, coupés en dés

1 boîte de haricots noirs, égouttés et rincés - 1 boîte de tomates rôties au feu, égouttées

½ tasse de maïs surgelé - 4 oz de fromage à la crème fouetté

2 livres de patates douces - ½ tasse de salsa

8 oz de fromage cheddar doux râpé

2 cuillères à café de sel

1 cuillère à café de poivre

Crème sure & pico de gallo (pour servir)

Instructions :

1. Dans une grande poêle à feu moyen-élevé, ajouter le boeuf, l'oignon, l'ail et le jalapeño.

2. Défaire le bœuf pendant la cuisson et remuer au besoin pour dorer uniformément et cuire les légumes.

3. Une fois que le bœuf haché est complètement cuit et que les légumes sont ramollis, vous pouvez enlever tout excès de graisse.

4. Bien vaporiser Crockpot avec un aérosol d'huile de canola antiadhésif.

5. Ajouter la moitié des tater tots au fond, puis garnir du mélange de bœuf haché.

6. Verser les haricots noirs, les tomates et le maïs.

7. Déposer des cuillerées de fromage à la crème sur toute la surface du mélange.

8. Garnir des bouchées restantes, arroser de salsa et couvrir de fromage.

9. Couvrir et cuire à feu vif pendant 2 à 3 heures à feu vif (ou à feu doux pendant 4 à 6 heures) ou jusqu'à ce que les tater tots soient chauds et légèrement croustillants sur les bords et que le fromage soit complètement fondu.

10. Servir avec de la crème sure et saupoudrer de pico de gallo.

Recette de mijoteuse de bonbons à l'écorce de bretzel à la menthe poivrée

PORTIONS : 5 portions PRÉPARATION : 30 min CUISSON : 2 h TEMPS TOTAL : 2 h 30 min

Ingrédients :

1 paquet (20 onces) d'enrobage de bonbons à la vanille, haché grossièrement

6 onces de chocolat blanc à cuire au beurre de cacao, haché grossièrement

3 cuillères à soupe de shortening à saveur de beurre

½ cuillère à café d'extrait de menthe poivrée

1 (paquet de 16 onces, environ 8 tasses) de torsades de bretzel, hachées grossièrement

¾ tasse de bonbons à la menthe ronds rayés grossièrement écrasés (environ 28 bonbons)

3 onces de chocolat noir, haché grossièrement

Instructions :

1. Mettez l'enrobage de bonbons, le chocolat blanc et le shortening dans votre mijoteuse Crockpot. Remuer pour combiner.

2. Couverture; cuire à FAIBLE intensité pendant 1 ½ heure ou jusqu'à ce que le mélange soit lisse, en remuant toutes les 30 minutes.

3. Mélanger l'extrait de menthe poivrée. Ajouter des torsades de bretzel et des bonbons à la menthe poivrée.

4. Éteignez la mijoteuse et laissez les bonbons reposer à température ambiante jusqu'à ce qu'ils soient fermes.

5. Pendant ce temps, faire fondre le chocolat noir jusqu'à consistance lisse. Arroser les bonbons et saupoudrer de menthe poivrée broyée supplémentaire si désiré

6. Laisser les bonbons reposer à température ambiante jusqu'à ce qu'ils soient fermes et servir.

Recette de mijoteuse triple chocolat chaud

PORTIONS : 6 portions PRÉPARATION : 30 min CUISSON : +3 h TEMPS TOTAL : +3 h 30 min

Ingrédients :

½ tasse) de sucre

½ tasse de cacao en poudre non sucré

1 ½ gallon de lait entier

1 cuillère à café d'extrait de vanille

2 tasses de crème liquide

½ tasse de chocolat au lait, haché

½ tasse de chocolat blanc, haché

Garnir:

Crème fouettée

Copeaux de chocolat

Mini guimauves

Poudre de cacao

Instructions :

1. Placez le sucre, la poudre de cacao et 1 ¼ tasse de lait dans un petit bol et battez jusqu'à consistance lisse.

2. Versez le mélange dans votre mijoteuse Crockpot, avec le reste du lait et de la vanille.

3. Couverture; cuire à FAIBLE pendant 2 heures et demie. Ajouter le chocolat haché et remuer pour le faire fondre.

4. Une fois le chocolat fondu et mélangé, verser la crème. Couverture; cuire à FAIBLE intensité pendant 30 minutes ou jusqu'à ce qu'il soit très chaud.

5. Servir dans des tasses en verre et garnir de crème fouettée, de guimauves, de copeaux de chocolat et de poudre de cacao.

Recette de soupe au poulet et aux nouilles à la mijoteuse

PORTIONS : 6 portions PRÉPARATION : 30 min CUISSON : +3 h TEMPS TOTAL : +3 h 30 min

Ingrédients :

6 tasses de bouillon de poulet

1 ½ livre de poitrines de poulet désossées et sans peau, coupées en cubes

1 tasse de carottes tranchées

1 tasse de champignons tranchés

1 poivron rouge moyen, haché

1 oignon moyen, haché

1 cuillère à soupe de gingembre frais râpé

1 cuillère à soupe d'ail haché

1 cuillère à café de sel

½ cuillère à café de flocons de piment rouge

½ cuillère à café de poivre noir

Instructions :

1. Combinez le bouillon, le poulet, les carottes, les champignons, le poivron, l'oignon, le gingembre, l'ail, le sel, les flocons de piment rouge et le poivre noir dans votre mijoteuse Crockpot ; remuer pour mélanger.

2. Couverture; cuire à FAIBLE intensité de 6 à 7 heures ou à intensité ÉLEVÉE de 3 à 3 ½ heures.

3. Servir chaud et déguster !

Recette à la mijoteuse d'ailes de poulet à la grenade

PORTIONS : 6 portions PRÉPARATION : 30 min CUISSON : +3 h TEMPS TOTAL : +3 h 30 min

Ingrédients :

2 tasses d'eau

2 tasses de jus de grenade

1/2 tasse de noix de Grenoble grillées*

1 cuillère à soupe d'huile végétale

1 oignon moyen, finement haché

3 livres d'ailes de poulet

2 cuillères à soupe de sucre

1/4 cuillère à café de cannelle moulue

11/4 cuillères à café de sel casher

1/4 cuillère à café de poivre noir

Couscous cuit chaud (facultatif)

Graines de grenade (facultatif)

*Pour faire griller les noix, étendre en une seule couche dans une poêle à fond épais. Cuire et remuer 1 à 2 minutes à feu moyen jusqu'à ce que les noix soient légèrement dorées. Retirer de la poêle immédiatement.

Instructions :

1. Verser le jus de grenade dans une petite casserole; Porter à ébullition à feu vif. Faire bouillir de 18 à 20 minutes ou jusqu'à ce que le jus soit réduit à 1 tasse.

2. Pendant ce temps, placez les noix dans un robot culinaire; pulser jusqu'à ce qu'ils soient finement moulus. Transférer dans votre mijoteuse Crockpot.

3. Chauffer l'huile dans une grande poêle à feu moyen-vif. Ajouter l'oignon; cuire 6 minutes ou jusqu'à ce qu'il soit translucide. Ajouter les ailes, l'oignon, le jus de grenade, le sucre, la cannelle, le sel et le poivre dans la mijoteuse.

4. Couverture; cuire à intensité ÉLEVÉE de 3 à 4 heures.

5. Servir sur du couscous, si désiré. Garnir de graines de grenade.

Recette mijoteuse de tortellinis au bœuf

PORTIONS : 6 portions PRÉPARATION : 30 min CUISSON : +2 h TEMPS TOTAL : +2 h 30 min

Ingrédients :

1/2 livre de bœuf haché

1 pot (24 onces) de sauce pour pâtes aux tomates rôties et à l'ail

1 paquet (12 onces) de tortellinis aux trois fromages non cuits

8 onces de champignons de Paris tranchés ou d'autres champignons

1/2 tasse d'eau

1/2 cuillère à café de flocons de piment rouge

3/4 tasse de fromage romano râpé

persil italien, fraîchement haché

Instructions :

1. Enduisez l'intérieur de votre mijoteuse Crockpot d'un aérosol de cuisson antiadhésif.

2. Dans une grande poêle, dorer le bœuf à feu moyen-élevé pendant 6 à 8 minutes, en remuant pour défaire la viande. Retirer dans votre mijoteuse.

3. Incorporer la sauce pour pâtes, les tortellinis, les champignons, l'eau et les flocons de piment rouge dans la mijoteuse.

4. Couverture; cuire à FAIBLE intensité pendant 2 heures ou à intensité ÉLEVÉE pendant 1 heure. Découvrir la mijoteuse et remuer.

5. Couverture; cuire à FAIBLE intensité pendant 2 à 2 ½ heures ou à intensité ÉLEVÉE pendant ½ heure à 1 heure. Servir avec du fromage râpé et du persil frais et régalez-vous !

Recette facile de mijoteuse au poulet inspirée d'Aruba au fromage

PORTIONS : 4 portions PRÉPARATION : 15 min CUISSON : +3 h TEMPS TOTAL : +3 h 15 min

Ingrédients :

4 poitrines de poulet, désossées, sans peau

1 1/2 tasse (6 onces) de fromage Edam ou Gouda, râpé

1 boîte (14 onces) de tomates en dés - 1/2 tasse de bouillon de poulet

1/4 tasse de ketchup - 2 cuillères à café de moutarde jaune

1 cuillère à café de sauce Worcestershire - 3/4 cuillère à café de sauce piquante

3 gousses d'ail, écrasées - 1 gros oignon, tranché finement

1 gros poivron vert, tranché finement - 1/4 tasse d'olives noires, tranchées

1/4 tasse de raisins secs - 1 cuillère à soupe de câpres

1/2 cuillère à café de sel - 1/4 cuillère à café de poivre noir

Persil frais

Riz cuit chaud (facultatif)

Instructions :

1. Enduisez l'intérieur de votre mijoteuse Crockpot d'un aérosol de cuisson antiadhésif.

2. Ajouter les tomates, le bouillon, la moutarde au ketchup, la sauce Worcestershire, la sauce piquante, l'ail, le sel et le poivre noir, en remuant jusqu'à ce que le tout soit bien mélangé.

3. Ajouter l'oignon, le poivron, les olives, les raisins secs et les câpres, en remuant jusqu'à homogénéité.

4. Ajouter le poulet et le retourner pour l'enrober du mélange de sauce.

5. Couverture; cuire à intensité ÉLEVÉE pendant 3 à 4 heures. Éteignez le feu et découvrez la mijoteuse.

6. Saupoudrer le fromage et le persil sur le poulet. Couvrir et laisser reposer de 3 à 5 minutes ou jusqu'à ce que le fromage soit fondu.

7. Servir avec du riz, si désiré.

Meilleure recette de mijoteuse au chili

PORTIONS : 8 portions PRÉPARATION : 15 min CUISSON : +3 h TEMPS TOTAL : +3 h 15 min

Ingrédients :

11/2 livres de boeuf haché

1 tasse d'oignon haché

2 boîtes (environ 15 onces chacune) de haricots rouges, égouttés et liquide réservé

11/2 livres de tomates italiennes, coupées en dés

1 boîte (15 onces) de pâte de tomate

3 à 6 cuillères à soupe de piment en poudre

Crème sure et oignon vert haché (facultatif)

Garnir:

Crème sure (facultatif)

Oignon vert haché (facultatif)

Instructions :

1. Faire revenir le bœuf et l'oignon dans une grande poêle à feu moyen-vif de 6 à 8 minutes, en remuant pour défaire la viande. Retirer le mélange de bœuf de la mijoteuse Crockpot à l'aide d'une cuillère trouée.

2. Ajouter les haricots, les tomates, la pâte de tomate, 1 tasse de liquide de haricots réservé et la poudre de chili dans la mijoteuse; remuer pour mélanger. Couverture; cuire à FAIBLE intensité de 10 à 12 heures.

3. Garnir de crème sure et d'oignon vert, si désiré, et servir.

Recette de mijoteuse au poulet blanc et au chili

PORTIONS : 8 portions PRÉPARATION : 30 min CUISSON : +3 h TEMPS TOTAL : +3 h 30 min

Ingrédients :

8 onces de haricots blancs séchés, rincés et triés

1 cuillère à soupe d'huile végétale

2 livres de poitrines de poulet désossées et sans peau (environ 4)

2 oignons, hachés

1 cuillère à soupe d'ail haché

2 cuillères à café de cumin moulu

2 cuillères à café de sel

1 cuillère à café d'origan séché

1/4 cuillère à café de poivre noir

1/4 cuillère à café de piment rouge moulu (facultatif)

4 tasses de bouillon de poulet

1 boîte (4 onces) de piments verts doux en dés rôtis au feu, rincés et égouttés

1/4 tasse de coriandre fraîche hachée

Instructions :

1. Placer les haricots au fond de la mijoteuse Crockpot. Chauffer l'huile dans une grande poêle à feu moyen-vif. Ajouter le poulet; cuire 8 minutes ou jusqu'à ce qu'ils soient dorés de tous les côtés. Retirer dans la mijoteuse.

2. Chauffer la même poêle à feu moyen. Ajouter l'oignon; cuire 6 minutes ou jusqu'à ce qu'ils soient ramollis et légèrement dorés.

3. Ajouter l'ail, le cumin, le sel, l'origan, le poivre noir et le poivron rouge moulu, si désiré; cuire et remuer une minute. Ajouter le bouillon et les piments; porter à ébullition, en remuant pour racler les morceaux dorés du fond de la poêle.

4. Retirer dans la mijoteuse Crockpot. Couverture; cuire à FAIBLE 5 heures. Déposer le poulet sur une grande planche à découper; déchiqueter avec deux fourchettes. Remettre le poulet dans la mijoteuse.

5. Garnir chaque portion de coriandre fraîche.

Recette de mijoteuse au beurre de pomme

PORTIONS : 20 portions PRÉPARATION : 30 min CUISSON : +10 h TEMPS TOTAL : +10 h 30 min

Ingrédients :

6 pommes

1 1/2 tasse de cassonade

2 cuillères à soupe de cannelle

1/2 cuillère à café de gingembre

1/2 cuillère à café de muscade

1/2 cuillère à café de clous de girofle

1 cuillère à soupe de jus de citron

2 cuillères à soupe de cidre de pomme

1 cuillère à café d'extrait de vanille

1 cuillère à soupe de fécule de maïs

Instructions :

1. Trancher les pommes et les placer à l'intérieur de votre mijoteuse Crockpot.

2. Ajouter la cassonade, la cannelle, le gingembre, la muscade, les clous de girofle, le jus de citron et le cidre de pomme. Mélanger ensemble.

3. Couverture; cuire à LOW pendant 10 heures.

4. Placer le mélange de pommes dans un mélangeur et mélanger jusqu'à consistance lisse. Remettre dans la mijoteuse.

5. Cuire à intensité ÉLEVÉE, à découvert.

6. Dans un petit bol, mélanger la fécule de maïs et l'extrait de vanille. Verser dans le mélange de pommes et remuer.

7. Cuire à découvert à intensité ÉLEVÉE pendant 30 minutes à 1 heure, ou jusqu'à ce que le beurre de pomme ait atteint la texture désirée.

8. Utilisez-le comme tartinade avec vos pains préférés ou comme gâterie avec de la crème glacée ou des flocons d'avoine.

Gruau à la tarte à la citrouille

PORTIONS : 6 portions PRÉPARATION : 5 min CUISSON : 1 h TEMPS TOTAL : 1 h 5 min

Ingrédients :

1 tasse d'avoine à grains entiers

1/2 tasse de purée de citrouille

1 cuillère à café d'épices pour tarte à la citrouille (cannelle*, muscade moulue, gingembre moulu)

1/3 tasse de sucre

1 tasse de lait de coco épais / 5 tasses de mélange d'eau

Instructions :

1. Réglez Crockpot sur élevé.

2. Ajouter tous les ingrédients dans Crockpot Design Series 4,5 pintes et remuer.

3. Cuire pendant 1 heure ou jusqu'à ce que les flocons d'avoine soient complètement cuits et servir garnis de cannelle moulue.

Recette de salsa verde aux haricots noirs à la mijoteuse

PORTIONS : 4-6 portions PRÉPARATION : 20 min CUISSON : 2 h TEMPS TOTAL : 2 h 20 min

Ingrédients :

1 boîte (environ 15 onces) de haricots noirs biologiques

½ tasse de brocoli, haché - ½ tasse de chou-fleur, haché

⅓ tasse de carottes, râpées - ½ tasse de céleri finement haché

¾ tasse de cœurs d'artichauts, hachés - 1 cuillère à café d'ail, haché

¼ tasse de bouillon de légumes - 4 cuillères à soupe d'huile d'olive

1 cuillère à café de sel

Garnir:

Croustilles de tortilla de maïs

Baguette

Croustilles de pita

Instructions :

1. Placez les haricots noirs dans votre mijoteuse Crockpot®.

2. Couverture; cuire à intensité ÉLEVÉE pendant 45 minutes. Retirer les haricots noirs dans un bol et les écraser.

3. Mettez l'ail, l'huile d'olive, le poivre et le sel dans votre mijoteuse. Couverture; cuire à intensité ÉLEVÉE pendant 15 minutes.

4. Ajouter le brocoli, le chou-fleur, la carotte, le céleri, l'artichaut et le bouillon de légumes dans votre mijoteuse et bien mélanger. Couverture; cuire à intensité ÉLEVÉE pendant 30 minutes.

5. Remettre les haricots noirs dans la mijoteuse et bien mélanger avec les légumes. Couverture; cuire à intensité ÉLEVÉE pendant 15 minutes.

6. Servir avec des croustilles de tortilla, de la baguette ou des croustilles de pita et déguster!

Pozolito

PORTIONS : 4-6 portions PRÉPARATION : 30 min CUISSON : 4-6 h TEMPS TOTAL : 4-6 h 30 min

Ingrédients :

piments cascabel épépinés et bouillis

1 piment ancho bouilli

environ 1 tasse d'eau utilisée pour faire bouillir les poivrons

1 gousse d'ail

saler au goût et mélanger jusqu'à consistance lisse.

Instructions :

1. Dans une casserole séparée, faites sauter vos champignons/jaque (environ 1 à 2 tasses) pendant quelques minutes avec un peu d'assaisonnement pour fajita et une pincée d'origan.

2. Ajoutez votre hominy (1-2 petites boîtes) en dernier et faites sauter pendant 1-2 min.

3. Dans votre mijoteuse crockpot, ajoutez 5 à 6 tasses dc bouillon de légumes, les légumes cuits, la salsa rouge ajoutez progressivement en fonction de la façon dont vous appréciez votre pozole et mélangez.

4. Cuire à feu vif pendant 4 à 6 heures ou à feu doux pendant 6 à 8 heures. Le réglage de maintien au chaud manuel garde les aliments au chaud jusqu'au moment de les manger. Ajustez le sel à votre convenance.

5. Dans une casserole séparée, faites sauter vos champignons/jaque (environ 1 à 2 tasses) pendant quelques minutes avec un peu d'assaisonnement pour fajita et une pincée d'origan. Ajoutez votre hominy (1-2 petites boîtes) en dernier et faites sauter pendant 1-2 min.

6. Dans votre mijoteuse crockpot, ajoutez 5 à 6 tasses de bouillon de légumes, les légumes cuits, la salsa rouge ajoutez progressivement en fonction de la façon dont vous appréciez votre pozole et mélangez.

7. Cuire à feu vif pendant 4 à 6 heures ou à feu doux pendant 6 à 8 heures.

8. Le réglage de maintien au chaud manuel garde les aliments au chaud jusqu'au moment de les manger. Ajustez le sel à votre convenance.

Recette simple de compote de pommes à la mijoteuse

PORTIONS : 5 portions PRÉPARATION : 15 min CUISSON : +3 h TEMPS TOTAL : +3 h 15 min

Ingrédients :

4 livres (environ 10-11) pommes douces, tranchées

¼ tasse de cidre de pomme non sucré

1 cuillère à soupe de jus de citron frais

Instructions :

1. Mettez les pommes, le cidre de pomme et le jus de citron dans votre mijoteuse Crockpot.

2. Couverture; cuire à FAIBLE intensité pendant 5 heures ou à intensité ÉLEVÉE pendant 3 heures, ou jusqu'à ce que les pommes et la peau soient tendres.

3. Laisser refroidir avant de servir et déguster !

Recette à la mijoteuse pour trempette à la pizza végétalienne

PORTIONS : 6 portions PRÉPARATION : 15 min CUISSON : 1 h TEMPS TOTAL : 1 h 15 min

Ingrédients :

1 tasse de fromage à la crème végétalien ramolli

1 tasse de mozzarella végétalienne

Pepperoni végétalien (facultatif)

Fromage parmesan végétalien (facultatif)

Persil (facultatif)

Instructions :

1. Graisser la mijoteuse Crockpot.

2. Répartir le fromage à la crème sur le fond.

3. Saupoudrer ½ tasse de mozzarella sur le dessus, puis étaler la sauce à pizza dessus. Saupoudrer la ½ tasse de mozzarella restante sur le dessus.

4. Garnir de la quantité désirée de pepperoni (le cas échéant).

5. Cuire à HIGH pendant 1 heure ou LOW pendant 3 heures.

6. Servir garni de parmesan et de persil, si désiré.

7. À déguster avec des croustilles de tortilla, des tranches de baguette grillées, des chips de bagel ou des nœuds à l'ail.

Pâtes au poulet craquelé

PORTIONS : 5-6 portions PRÉPARATION : 5-10 min CUISSON : 5 min TEMPS TOTAL : 10 -15 min

Ingrédients :

2 tasses de poulet effiloché cuit

1 lb de pâtes penne ou de forme similaire

4 tasses de bouillon de poulet à faible teneur en sodium

8 oz de fromage à la crème en bloc

Pot de 4 oz de piments

6 oz d'épinards frais

1,5 tasse de fromage colby jack, râpé

1 sachet de mélange d'assaisonnement ranch sec

Instructions :

1. Dans votre cocotte minute votre cream cheese au centre. Ajouter les pâtes et le bouillon. Garnir de poulet, de fromage, de piments, d'assaisonnement ranch et d'épinards.

2. Placez le couvercle sur le Crockpot et tournez la valve sur "scellage".

3. Régler sur "Manuel ou Haute Pression" pendant 5 minutes.

4. Lorsque la minuterie se déclenche, appuyez avec précaution sur la soupape de dégagement rapide.

5. Sers immédiatement.

Recette de gâteau aux cerises à la mijoteuse

PORTIONS : 8 portions PRÉPARATION : 15 min CUISSON : 2 h TEMPS TOTAL : 2 h 15 min

Ingrédients :

2 boîtes (21 onces) de garniture pour tarte aux cerises

1 boîte (15 onces) de mélange à gâteau végétalien

½ tasse (1 bâton) de beurre végétalien, tranché

Garniture :

Glace à la vanille végétalienne (facultatif)

Instructions :

1. Enduisez l'intérieur de votre mijoteuse Crockpot d'un aérosol de cuisson antiadhésif. Versez la garniture pour tarte aux cerises dans votre mijoteuse.

2. Saupoudrer le mélange à gâteau sur la garniture, mais ne pas mélanger.

3. Couvrir uniformément le dessus avec des tranches de beurre, couvrant autant que possible le mélange.

4. Couverture; cuire à LOW pendant 4 heures ou à HIGH pendant 2 heures.

5. Servir avec de la glace vegan et déguster !

Pommes à la cannelle à la mijoteuse

PORTIONS : 6 portions PRÉPARATION : 10 min CUISSON : 2 h 25 min TEMPS TOTAL : 2 h 35 min

Ingrédients :

pommes

jus de citron

Sucre en poudre

cassonade claire

cannelle moulue

beurre végétalien

fécule de maïs (+ eau)

Instructions :

1. Ajoutez les pommes dans votre mijoteuse. Incorporer le jus de citron, le sucre, la cassonade et la cannelle. Garnir avec les morceaux de beurre (ne pas mélanger).

2. Couvrir avec un couvercle et cuire à feu doux pendant 2 à 4 heures, jusqu'à ce que les pommes soient très tendres et tendres.

3. Dans un petit bol, fouetter ensemble la fécule de maïs et l'eau pour créer une bouillie. Ajouter à la mijoteuse et remuer, puis cuire à feu vif pendant 15 minutes supplémentaires (le liquide doit épaissir). Retirez le couvercle et remuez à nouveau.

4. Servir tel quel, ou comme nous préférons, avec des gaufres végétaliennes et une boule de crème glacée non laitière à la vanille !

Recette de brioches à la cannelle et aux pommes à la mijoteuse

PORTIONS : 8 portions PRÉPARATION : 15 min CUISSON : +3 h TEMPS TOTAL : +3 h 15 min

Ingrédients :

3 boîtes de brioches à la cannelle

2 tasses de pommes pelées, hachées (croustillantes au miel ou granny smith)

4 œufs

½ tasse de crème épaisse

1 boîte de lait concentré sucré

2 cuillères à café de cannelle

1 cuillère à café d'extrait de vanille

glaçage

Instructions :

1. Couper les brioches à la cannelle en quartiers. Beurrez le fond et les côtés de votre mijoteuse Crockpot ou utilisez un aérosol de cuisson antiadhésif. Disposez la moitié des brioches à la cannelle sur le fond.

2. Ajouter les pommes et garnir des brioches à la cannelle restantes.

3. Dans une grande tasse à mesurer, fouetter les œufs, la crème épaisse, la cannelle et l'extrait de vanille. Verser le mélange sur les brioches à la cannelle.

4. Ajouter le lait concentré. Couverture; cuire à intensité ÉLEVÉE de 3 à 4 heures.

5. Arroser de glaçage et déguster !

Recette à la mijoteuse de fajitas au poulet

PORTIONS : 4 portions PRÉPARATION : 15 min CUISSON : +2 h TEMPS TOTAL : +2 h 15 min

Ingrédients :

4 poitrines de poulet, désossées, sans peau - 1 oignon, coupé en dés

1 poivron jaune, tranché - 1 poivron vert, tranché

1 poivron rouge, tranché - 1 tasse d'ananas

1 piment chipotle - 1 boîte de tomates en dés

1 cuillère à soupe de fécule de maïs - 2 cuillères à café de piment en poudre

1 cuillère à café de sel - 1 cuillère à café de paprika moulu

1 cuillère à café de sucre blanc cristallisé - 1/2 cuillère à café de poudre d'oignon

1/2 cuillère à café d'ail en poudre - 1/2 cuillère à café de cumin moulu

1/4 cuillère à café de poivre de Cayenne - 1 cuillère à soupe de jus de citron frais

Tortillas

Instructions :

1. Placer les poitrines de poulet dans votre mijoteuse Crockpot.

2. Dans un autre bol, mélanger la fécule de maïs, la poudre de chili, le sel, le paprika, le sucre, la poudre d'oignon, la poudre d'ail, le cumin, le poivre de Cayenne et le jus de citron.

3. Verser le mélange sur le poulet. Ajouter l'oignon, les poivrons, l'ananas, le piment chipotle et les tomates dans votre mijoteuse.

4. Couverture; cuire à LOW pendant 4 heures ou à HIGH pendant 3 heures. Retirez le poulet, coupez-le en morceaux et remettez-le dans la mijoteuse. Mélanger tous les ingrédients uniformément.

5. Servir sur une tortilla chaude et déguster !

Recette de pouding brioché au chocolat à la mijoteuse

PORTIONS : 8 portions PRÉPARATION : 15 min CUISSON : 3 h TEMPS TOTAL : 3 h 15 min

Ingrédients :

8 petits pains briochés aux pépites de chocolat

¼ tasse de beurre

¼ tasse de chocolat noir, haché

4 œufs moyens

1 ½ tasse de lait entier

½ tasse de crème fraîche

¾ tasse de pâte à tartiner au chocolat et aux noisettes

¼ tasse de sucre semoule

1 cuillère à café d'extrait de vanille

½ cuillère à café de sel

Instructions :

1. Graissez l'intérieur de votre mijoteuse Crockpot avec du beurre.

2. Coupez les rouleaux de brioche en deux et placez-les au fond de la mijoteuse.

3. Faire fondre le chocolat noir et le beurre ensemble; laisser refroidir légèrement. Fouetter le reste des ingrédients ensemble, ajouter le mélange de chocolat fondu refroidi et fouetter jusqu'à consistance lisse.

4. Verser le mélange sur les rouleaux de brioche. À l'aide d'une cuillère en métal, appuyez sur les rouleaux pour qu'ils s'immergent et s'imprègnent du liquide.

5. Couverture; cuire à intensité ÉLEVÉE 3 heures.

6. Servir avec un filet de crème, de crème fouettée ou de crème glacée, et régalez-vous !

Recette de mijoteuse au piment épicé aux quatre haricots

PORTIONS : 8 portions PRÉPARATION : 30 min CUISSON : +3 h TEMPS TOTAL : +3 h 30 min

Ingrédients :

1 livre de saucisse italienne moulue, épicée - 1 livre de dinde hachée

2 cuillères à soupe d'ail frais - 2 cuillères à soupe d'huile d'olive

1 petit oignon jaune, coupé en dés - 1 poivron rouge, coupé en dés

1 boîte (15 onces) de tomates en dés - 1 boîte (5 onces) de piments verts

1 piment habanero, coupé en dés - 1 1 piment jalapeño, coupé en dés

1 cuillère à soupe de sauce Worcestershire - 1 pot (16 onces) de salsa épaisse et épaisse

1 boîte (7 ¾ onces) de sauce tomate piquante - 12 onces de bière IPA

½ bouteille de vin rouge - 12 onces de sauce chili

½ tasse d'assaisonnement au chili - 1 boîte (15 onces) de haricots cannellini, rincés et égouttés

1 boîte (15 onces) de haricots noirs, rincés et égouttés - 1 boîte (15 onces) de haricots pinto, rincés et égouttés - 1 (15 onces) de haricots rouges, rincés et égouttés

½ tasse de coriandre hachée - Fromage rapé - Crème fraîche

Oignons coupés en dès

Instructions :

1. Dans une grande poêle, dorer la saucisse et la dinde hachée dans l'huile d'olive à feu moyen-vif. Une fois cuit, verser dans votre mijoteuse Crockpot.

2. Baissez le feu de la poêle à feu moyen et faites revenir les oignons et le poivron pendant 5 minutes. Remuer pendant 1 minute et transférer dans la mijoteuse.

3. Verser tous les ingrédients restants dans la mijoteuse. Mélanger tous les ingrédients ensemble.

4. Couverture; cuire à FAIBLE intensité de 4 à 6 heures ou à intensité ÉLEVÉE de 3 à 4 heures.

5. Garnir de fromage, d'oignons et de crème sure et déguster!

Recette à la mijoteuse de mélange de grignotines ranch au parmesan

PORTIONS : 2 portions PRÉPARATION : 15 min CUISSON : +3 h TEMPS TOTAL : +3 h 15 min

Ingrédients :

3 tasses de carrés de céréales de maïs ou de riz

2 tasses de craquelins aux huîtres

1 paquet (7 onces) de croustilles de bagel, cassées en deux

1 ½ tasse de mini torsades de bretzel

1 tasse de pistaches décortiquées

2 cuillères à soupe de parmesan râpé

¼ tasse (1/2 bâtonnet) de beurre non salé, fondu

1 paquet (1 once) de mélange de vinaigrette Ranch sèche

½ cuillère à café d'ail en poudre

Instructions :

1. Mélanger les céréales, les craquelins, les croustilles de bagel, les bretzels, les pistaches et le fromage dans la mijoteuse Crockpot et mélanger doucement.

2. Mélanger le beurre, le mélange de vinaigrette et la poudre d'ail dans un petit bol.

3. Verser le mélange sur le mélange de céréales et remuer légèrement pour enrober.

4. Couvrir et cuire à LOW pendant 3 heures.

5. Remuer doucement.

6. Cuire, à découvert, à LOW pendant 30 minutes.

Recette de soupe aux pommes de terre et au cheddar à la mijoteuse

PORTIONS : 6 portions PRÉPARATION : 30 min CUISSON : +3 h TEMPS TOTAL : +3 h 30 min

Ingrédients :

2 livres de pommes de terre rouges nouvelles, coupées en cubes de ½ pouce

3 tasses de bouillon de légumes

¾ tasse de carottes, hachées grossièrement

1 oignon moyen, haché grossièrement

½ cuillère à café de sel

1 tasse moitié-moitié

¼ cuillère à café de poivre noir

2 tasses (8 onces) de fromage cheddar râpé

Instructions :

1. Mettez les pommes de terre, le bouillon, les carottes, l'oignon et le sel dans votre mijoteuse Crockpot.

2. Couverture; cuire à FAIBLE intensité de 6 à 8 heures ou à intensité ÉLEVÉE de 3 à 3 ½ heures, ou jusqu'à ce que les légumes soient tendres.

3. Incorporer moitié-moitié et poivrer. Couverture; cuire à intensité ÉLEVÉE 15 minutes. Éteignez le feu.

4. Retirer le couvercle ; laisser reposer 5 minutes. Incorporer le fromage jusqu'à ce qu'il soit fondu.

5. Servir chaud et déguster !

Recette de sandwichs au poulet effiloché à la mijoteuse

PORTIONS : 6 portions PRÉPARATION : 30 min CUISSON : +4 h TEMPS TOTAL : +4 h 30 min

Ingrédients :

3 livres de cuisses de poulet désossées et sans peau

½ livre de tomate

1 ½ once de vinaigre de cidre

1 ½ once de miel

1 cuillère à café de pâte de chipotle

2 ½ cuillères à soupe de purée de tomates

¼ tasse de sauce Worcestershire

1 gros oignon, haché finement

3 gousses d'ail, hachées finement

¾ cuillère à soupe de paprika fumé

½ cuillère à café de sel

Jalapenos tranchés

Salade De Chou

Rouleaux

Instructions :

1. Mélanger tous les ingrédients sauf le poulet dans votre mijoteuse Crockpot. Remuer à la main jusqu'à l'obtention d'une sauce onctueuse. Ajouter les cuisses de poulet, les enrober de sauce.

2. Couverture; cuire à FAIBLE intensité de 6 à 7 heures ou à intensité ÉLEVÉE de 4 à 5 heures. Ouvrez votre mijoteuse et déchiquetez le poulet, qui devrait être facile à séparer.

3. Servir avec des jalapeños et de la salade de chou sur un rouleau et déguster !

Trempette aux épinards et aux artichauts Recette à la mijoteuse

PRÉPARATION : 15 min CUISSON : +2 h TEMPS TOTAL :+2 h 15 min

Ingrédients :

4 tasses d'épinards frais

13 onces d'artichauts en conserve ou en pot, égouttés et hachés

1 ½ tasse de fromage mozzarella râpé

½ tasse de parmesan Reggiano

8 onces de fromage à la crème

½ tasse d'oignon blanc finement haché

3 gousses d'ail hachées

Sel et poivre au goût

4 tranches de bacon cuit et émietté

Instructions :

1. Ajouter tous les ingrédients dans la mijoteuse Crockpot (sauf le bacon).

2. Cuire 2h30 à LOW ou 1h à HIGH.

3. Ajouter le bacon émietté dans la mijoteuse et remuer.

4. Goûtez à plusieurs reprises et ajoutez du sel et du poivre supplémentaires selon votre goût.

Sandwichs à la salade de poulet ranch au bacon Recette à la mijoteuse

PORTIONS : 4 portions PRÉPARATION : 15 min CUISSON : 4 h TEMPS TOTAL : 4 h 15 min

Ingrédients :

4 poitrines de poulet désossées et sans peau

½ tasse de bouillon de poulet

5 cuillères à café d'assaisonnement ranch et de mélange de vinaigrette

¾ tasse de mayonnaise

4 cuillères à soupe de morceaux de bacon, hachés

Pain grillé ou petit pain au choix

Instructions :

1. Placer les poitrines de poulet dans votre mijoteuse Crockpot.

2. Verser le bouillon sur le poulet et ajouter 1 cuillère à soupe d'assaisonnement ranch et de mélange de vinaigrette.

3. Couverture; cuire à LOW pendant 4 heures. Après la cuisson, retirez le poulet et placez-le sur une planche à découper. Couper le poulet en petits morceaux ou effilocher le poulet.

4. Placer le poulet dans un bol de taille moyenne et ajouter le reste de l'assaisonnement ranch et du mélange de vinaigrette, la mayonnaise et les morceaux de bacon. Remuer pour combiner.

5. Servir sur du pain grillé et régalez-vous !

Recette à la mijoteuse de crumble aux pêches et au bourbon

PORTIONS : 8 portions PRÉPARATION : 15 min CUISSON : +3 h TEMPS TOTAL : +3 h 15 min

Ingrédients :

Mélange pêche bourbon :

8 tasses de pêches mûres pelées, tranchées, en conserve ou fraîches

¼ tasse de cassonade tassée

2 cuillères à soupe de beurre non salé, fondu

2 cuillères à soupe de bourbon

1 cuillère à soupe de farine tout usage

1 cuillère à café de vanille

1 cuillère à café de cannelle moulue

¼ cuillère à café de gingembre moulu

Crumble à l'avoine et aux noix :

1 tasse de gros flocons d'avoine

⅓ tasse de farine tout usage

⅓ tasse d'amandes effilées

⅓ tasse de cassonade tassée

¼ tasse de beurre non salé, froid, coupé en cubes

Pincée de sel

Instructions :

1. Enduisez votre mijoteuse Crockpot de beurre sur le fond et les côtés. Ajouter les pêches, le sucre, le beurre, le bourbon, la farine, la vanille, la cannelle et le gingembre ; remuer délicatement pour combiner.

2. Dans un autre bol, mélanger les flocons d'avoine, la farine, les amandes, le sucre et le sel. Tout en mélangeant, ajouter le beurre jusqu'à ce que le mélange soit friable.

3. Saupoudrer uniformément le mélange sur le mélange de pêches au bourbon dans votre mijoteuse. Couverture; cuire à FAIBLE intensité pendant 3 heures ou jusqu'à ce que la garniture soit prise.

4. Servir chaud et déguster !

Recette à la mijoteuse de trempette de maïs à la crème épicée

PORTIONS : 8 portions PRÉPARATION : 15 min CUISSON : +2 h TEMPS TOTAL : +2 h 15 min

Ingrédients :

10 tranches de bacon, coupées en dés - 3 boîtes (15 onces chacune) de maïs en grains entiers, égouttés

⅓ tasse de jalapeños en pot coupés en dés, égouttés - ½ tasse de mayonnaise

1 tasse de fromage Pepper Jack, râpé - 1 tasse de fromage mozzarella, râpé

⅓ tasse de parmesan, râpé ou râpé - ½ cuillère à café de sel casher

¼ cuillère à café de poivre noir - 6 onces de fromage à la crème, en cubes

3 oignons verts, tranchés

Garnir:

Oignons verts, tranchés - Persil frais, haché - Coriandre, hachée

Instructions :

1. Vaporisez votre mijoteuse Crockpot avec un aérosol de cuisson antiadhésif. Ajoutez du maïs, des jalapeños, de la mayo, du pepper jack, de la mozzarella, du parmesan, du sel et du poivre dans votre mijoteuse. Remuer pour combiner.

2. Garnir de fromage à la crème. Couverture; cuire à LOW pendant 2 heures.

3. Pendant que la trempette de maïs cuit, faire cuire le bacon dans une poêle à feu moyen-élevé jusqu'à ce qu'il soit croustillant. Transférer dans une assiette tapissée de papier absorbant et réserver.

Découvrez votre mijoteuse en remuant jusqu'à ce que le tout soit bien mélangé. Laisser à découvert et cuire à intensité ÉLEVÉE pendant 15 minutes ou jusqu'à ce que la trempette ait la consistance désirée. Incorporer la moitié du bacon et ajouter les oignons verts tranchés.

Garnir du reste du bacon, des oignons verts et du persil haché ou de la coriandre et déguster !

Nouilles de courgettes à la sauce tomate Recette à la mijoteuse

PORTIONS : 4 portions PRÉPARATION : 15 min CUISSON : +3 h TEMPS TOTAL : +3 h 15 min

Ingrédients :

1 boîte (28 onces) de tomates en dés

1 boîte (6 onces) de pâte de tomate

2 cuillères à soupe d'oignon, haché

2 cuillères à café d'ail, haché

1 cuillère à café de sel

½ cuillère à café d'origan séché

½ cuillère à café de basilic séché

2 grosses courgettes (environ 16 onces chacune), extrémités coupées et coupées en morceaux

¼ tasse de parmesan, râpé (facultatif)

Instructions :

1. Enduisez votre mijoteuse Crockpot d'un aérosol de cuisson antiadhésif. Ajouter les tomates en dés, la pâte de tomate, l'oignon, l'ail, le sel, l'origan et le basilic; remuer pour mélanger. Couverture; cuire à intensité ÉLEVÉE pendant 3 heures.

2. Pendant ce temps, spiralez les courgettes avec une fine lame en spirale. Si vous n'avez pas de spiralizer, coupez les courgettes en rubans avec un couteau bien aiguisé.

3. Ajoutez les courgettes dans votre mijoteuse. Couverture; cuire à intensité ÉLEVÉE pendant 30 minutes ou jusqu'à ce que les courgettes soient tendres. Garnir de fromage, si désiré.

4. Servir frais et déguster !

Recette de côtelettes de porc braisées aux pommes à la mijoteuse

PORTIONS : 4 portions PRÉPARATION : 15 min CUISSON : +3 h TEMPS TOTAL : +3 h 15 min

Ingrédients :

4 1½ lb de côtelettes de porc avec os, coupe centrale, d'environ 1/2 po d'épaisseur

½ cuillère à café de sel

¼ cuillère à café de poivre

¼ cuillère à café de cannelle moulue

2 pommes, pelées et hachées

4 échalotes, hachées

2 cuillères à soupe de cassonade

1 feuille de laurier

¼ tasse de cidre de pomme

2 cuillères à soupe de vinaigre de cidre de pomme

2 cuillères à soupe de persil frais haché (facultatif)

Poivre noir concassé, pour servir (facultatif)

Instructions :

1. Assécher les côtelettes de porc avec du papier absorbant. Assaisonner le tout avec du sel, du poivre et de la cannelle; ajouter au sac FoodSaver. Ajouter les pommes, les échalotes, la cassonade et la feuille de laurier au sac FoodSaver.

2. Sceller le sac FoodSaver et congeler. Lorsque vous êtes prêt à cuisiner, décongelez pendant la nuit dans votre réfrigérateur avant de placer le repas dans votre mijoteuse Crockpot.

3. Pour cuisiner, ajoutez les ingrédients décongelés à la mijoteuse Crockpot avec du cidre de pomme et du vinaigre de cidre de pomme.

4. Couvrir, cuire à feu doux pendant 6 à 8 heures ou jusqu'à ce que les côtelettes de porc soient tendres. Garnir de persil et de poivre noir fraîchement concassé.

Recette à la mijoteuse de macaroni au fromage et au chili

PORTIONS : 8 portions PRÉPARATION : 15 min CUISSON : +3 h TEMPS TOTAL : +3 h 15 min

Ingrédients :

1 tasse d'oignons, hachés - ½ tasse de poivrons rouges, hachés

½ tasse de poivrons verts, hachés - 3 gousses d'ail, hachées

1 livre de bœuf haché ou de dinde hachée - 2 tasses de macaronis coudés

15 onces de tomates rôties au feu - 15 onces de haricots noirs en conserve

15 onces de haricots chili en conserve - 1 tasse de bouillon de boeuf

1 tasse de fromage cheddar râpé - 1 tasse de fromage monterey jack râpé

Assaisonnement au piment fait maison :

1 cuillère à soupe de piment en poudre

1 cuillère à café de cumin

1 cuillère à café d'origan, séché ou moulu

1 cuillère à café de poivre de Cayenne

Sel et poivre au goût

Instructions :

1. Chauffer une poêle à feu moyen-vif. Ajouter le boeuf haché et l'assaisonnement au chili dans la poêle. Défaire le bœuf haché pendant la cuisson. Remuer et cuire jusqu'à ce que le bœuf ne soit plus rosé. Égoutter l'excédent de graisse si nécessaire.

2. Ajouter les poivrons rouges, les poivrons verts, les oignons et l'ail. Remuer jusqu'à ce que les ingrédients soient légèrement cuits.

3. Placez le bœuf et les légumes cuits dans votre mijoteuse Crockpot. Ajouter le bouillon de bœuf, les macaronis, les tomates et les haricots dans la mijoteuse.

4. Couverture; cuire à LOW pendant 3 à 3 ½ heures ou à HIGH pendant 1 ½ à 2 heures, jusqu'à ce que les macaronis soient tendres. Ajoutez le fromage dans votre mijoteuse 10 à 15 minutes avant de servir, en le laissant fondre.

5. Laisser refroidir avant de servir et déguster !

Pomme de terre au four à la mijoteuse

PORTIONS : 4-6 portions PRÉPARATION : 5 min CUISSON : 7 h TEMPS TOTAL : 7 h 5 min

Ingrédients :

4 à 6 grosses pommes de terre Russet

4 - 6 cuillères à soupe d'huile d'olive

sel et poivre

1/2 tasse d'eau

Instructions :

1. Préparez les pommes de terre au four pendant 5 minutes, puis placez-les dans crock pot et faites ce que vous aimez. Revenez-y et servez-le avec les garnitures de votre choix.

Recette de mijoteuse aux asperges au fromage

PORTIONS : 6 portions PRÉPARATION : 30 min CUISSON : +2 h TEMPS TOTAL : +2 h 30 min

Ingrédients :

2 livres d'asperges fraîches, parées

1 boîte (10 1/2 onces) de soupe de crème d'asperges condensée, non diluée

1 tasse de craquelins salés écrasés

½ tasse d'amandes effilées

4 onces de fromage américain, en cubes

1 oeuf

Instructions :

1. Mélanger les asperges, la soupe, les craquelins, les amandes, le fromage et l'œuf dans la mijoteuse Crockpot ; remuer pour enrober. Couverture; cuire à intensité ÉLEVÉE 2 heures.

Côtes levées braisées à la coréenne

PORTIONS : 6-7 portions PRÉPARATION : 10-15 min CUISSON : 4-8 h TEMPS TOTAL : 4-8 h 10-15 min

Ingrédients :

3 tasses d'eau + 8-10 champignons shiitake - 5 lb de côtes levées

1 tasse de purée de poire coréenne (mixée) - 1 tasse de purée d'oignons jaunes (mixée)

3/4 tasse de sauce soja - 2 CS d'huile de sésame

3 CS de sucre - 2 cuillères à soupe d'ail haché

2 CS de sirop de riz (ou sirop d'érable) - 1/2 cuillère à café de poivre noir

2 tasses d'eau de champignon - 1,5 lb de pommes de terre au choix

1,5 lb de carottes, arrondies ou coupées en gros morceaux

8-10 champignons shiitake, tiges retirées

10 jujubes épépinés

5 tiges d'oignon vert, coupées de 2 pouces de large

Instructions :

1. Blanchissez vos côtes courtes pour vous débarrasser des écumes

2. Dans l'insert en pierre de votre mijoteuse, ajoutez la purée de poire coréenne, la purée d'oignon, la sauce soja, l'huile de sésame, le sucre, l'ail haché, le sirop de riz, le poivre noir, l'eau de champignon, les côtes levées blanchies, les pommes de terre, les carottes, les champignons shiitake, les jujubes et Scallion.

3. Faites-le cuire à feu doux pendant 7 à 8 heures ou à feu élevé pendant 4 à 5 heures. Si vous êtes à la maison, remuez à mi-chemin de votre temps de cuisson.

4. Une fois la cuisson terminée, savourez-le avec du riz frais cuit et des plats d'accompagnement coréens comme le kimchi.

5. FACULTATIF : Séparez la graisse à l'aide d'un séparateur de graisse ou vous pouvez la placer au réfrigérateur et la graisse se solidifiera. Je ne sépare pas la graisse dans ma portion initiale, mais je le ferai une fois qu'elle aura été réfrigérée, car la graisse s'enlèvera facilement

Enchiladas végétaliennes

PORTIONS : 4-6 portions PRÉPARATION : 30 min CUISSON : 20 min TEMPS TOTAL : 50 min

Ingrédients :

2 piments ancho

4 guajillos

Champignons

1,5 tasse de bouillon de légumes

3 gousses d'ail

1/2 oignon blanc

1 cuillère à café de cumin

1 cuillère à soupe d'assaisonnement pour fajitas

1 cuillère à soupe de sel

1 piment chipotle en adobo (facultatif)

Instructions :

1. Retirer les graines des poivrons

2. Ajouter 1 1/2 tasse de bouillon de légumes à la mijoteuse avec les poivrons, les champignons, environ 2-3 tasses, 3 gousses d'ail, 1/2 oignon blanc, 1 cuillère à café de cumin, 1 cuillère à soupe d'assaisonnement fajita, 1 cuillère à soupe de sel et 1 cuillère à soupe facultative piment chipotle en adobo.

3. Cuire 15 min, puis retirer les champignons et mixer le reste des ingrédients pour faire la sauce.

4. Réchauffez les tortillas de maïs, assez chaudes pour que je les plie. Passez-les dans la sauce, ajoutez du fromage végétalien, des champignons et roulez-les.

5. Verser la sauce au fond de la mijoteuse. Ajoutez ensuite les enchiladas, versez plus de sauce (facultatif) et de fromage sur le dessus. Je fais cuire sous pression pendant 5 min. Et boum, prêt, transférez dans une assiette, ajoutez vos garnitures, j'ai ajouté de la crème et de la coriandre

Boulettes de viande asiatiques à la mijoteuse

PORTIONS : 6 portions PRÉPARATION : 5 min CUISSON : 1 h TEMPS TOTAL : 1 h 5 min

Ingrédients :

5 gants à l'ail moyens

2 échalotes

2 piments Serano, épépinés

3 pouces de gingembre frais

2 cuillères à soupe de sauce de poisson asiatique

1 cuillère à soupe de jus de citron vert frais

1 tasse de sauce Gochujang

2/3 tasse de sauce soja

1/2 tasse de mirin

1/3 tasse de sucre cristallisé

1 tasse d'eau

1 (24 oz) boulettes de viande surgelées, maison ou achetées en magasin

Instructions :

1. Dans un mini robot culinaire, réduire en purée les échalotes à l'ail, les piments Serano, le gingembre, la sauce de poisson et le jus de citron vert. Verser le mélange dans la mijoteuse Crockpot. Fouetter la sauce Gochujang, la sauce soja, le Mirin, le sucre et l'eau dans la mijoteuse. Ajouter les boulettes de viande et régler la mijoteuse à feu doux pendant 1 heure.

2. Transférer 2 tasses de sauce de la mijoteuse dans une casserole. Placer la casserole sur feu moyen-élevé et incorporer 1 1/2 cuillères à soupe d'huile. Porter à ébullition. Baisser le feu et laisser mijoter jusqu'à ce que la sauce ait réduit de 25%, environ 3-4 minutes.

3. Retirer les boulettes de viande de la mijoteuse et tremper dans la sauce. Pour finir, saupoudrer de graines de sésame et de ciboulette

Cidre de pomme à la mijoteuse

PORTIONS : 4-6 portions PRÉPARATION : 30 min CUISSON : 10 h TEMPS TOTAL : 10 h 30 min

Ingrédients :

12 (petites) pommes, coupées en 1/4

1 orange, coupée en 1/4

4 bâtons de cannelle

1 cuillère à soupe de clous de girofle entiers

13 tasses d'eau

1/4 tasse de cassonade (plus ou moins selon les préférences)

Instructions :

1. Dans votre mijoteuse crockpot Design Series, remplissez-la de pommes, d'orange, de bâtons de cannelle, de clous de girofle entiers et d'eau.

2. Cuire à feu doux pendant 10 heures

3. Au bout de 10 heures, écrasez le tout et versez dans une passoire fine.

4. Ajouter 1/4 tasse de cassonade - vous pouvez en ajouter plus ou moins selon vos préférences et vous pouvez utiliser d'autres types d'édulcorants comme le sirop d'érable, le miel, le sucre, l'agave, etc.

5. Garnir selon vos préférences et servir chaud ou glacé.

Soupe au brocoli et au cheddar à la mijoteuse

PORTIONS : 4-6 portions PRÉPARATION : 30 min CUISSON : 2-4 h TEMPS TOTAL : 2-4 h 30 min

Ingrédients :

4 tasses de bouquets de brocoli

1 tasse de carottes râpées

1 tasse de céleri haché

1 petit oignon jaune, haché

5 gousses d'ail hachées

2 oz de fromage à la crème faible en gras

2,75 tasses de bouillon de poulet à faible teneur en sodium

2 CS de beurre

1/4 cuillère à café de noix de muscade

12 onces moitié-moitié

9 oz de fromage cheddar fort

Sel et poivre au goût

Instructions :

1. Dans votre mijoteuse, ajoutez le brocoli, les carottes, le céleri, l'oignon, l'ail, le fromage à la crème, le bouillon de poulet, le beurre et la muscade

2. Cuire fort 2 heures ou faible 4 heures.

3. Après le temps de cuisson, incorporer moitié-moitié et mélanger jusqu'à la consistance désirée.

4. Garnir le tout de fromage cheddar fort, de sel et de poivre au goût et mélanger jusqu'à ce que le fromage soit fondu

Frijoles Rancheros à la mijoteuse

PORTIONS : 4-6 portions PRÉPARATION : 6 h CUISSON : 4-6 h TEMPS TOTAL : 10-16 h

Ingrédients :

3 tasses de haricots pinto

4-5 tasses de bouillon de légumes

un demi oignon cru

un demi jalapeño

1-2 cuillères à soupe d'huile d'olive

3-4 gousses d'ail.

Instructions :

1. Pour cette recette, j'utiliserai la mijoteuse programmable Choose-a-Crock. Vous voulez d'abord faire tremper vos haricots pendant la nuit ou au moins 6 heures. Faire tremper vos haricots les aide à cuire plus rapidement et plus uniformément, et cela peut également les rendre plus faciles à digérer. Pour cette recette, j'utilise des haricots pinto, mais allez-y et utilisez votre type de haricots préféré. Notre ingrédient clé ici est la bière (mais peut toujours être omise).

2. Jetez l'eau des haricots et rincez-les. J'utilise environ 3 tasses de haricots pinto. Ajoutez-les à votre mijoteuse avec 4 à 5 tasses de bouillon de légumes, un demi-oignon cru, un demi-jalapeño, 1 à 2 cuillères à soupe d'huile d'olive et 3 à 4 gousses d'ail. Et faites-les cuire à feu vif pendant 4 à 6 heures ou jusqu'à ce qu'ils soient tendres. 30 minutes avant de les servir, retirez l'oignon, l'ail et le jalapeño ainsi que 1 à 2 cuillères à soupe de haricots et réduisez-les en purée pour rendre nos haricots plus épais. C'est à ce moment que vous ajoutez vos légumes (tomates, oignon blanc, coriandre et jalapeños) et 1,5 tasse de bière légère. Cuire pendant 30 min à 1 heure et bammm prêt à servir. Ajuster le sel au goût. J'apprécie le mien avec de l'avocat, de la salsa et des tortillas chaudes.

Trempette aux épinards à la mijoteuse

PORTIONS : 6-7 portions PRÉPARATION : 10 min CUISSON : 2-3 h TEMPS TOTAL : 2-3 h 10 min

Ingrédients :

10 oz. épinard

14 onces. coeurs d'artichauts en quartiers, égouttés et hachés

8 onces. Fromage Frais

3/4 tasse de mozzarella, râpée

1/2 tasse de parmesan, râpé

1/2 tasse de crème sure

1/2 tasse de mayonnaise

1 cuillère à soupe d'ail en poudre

1 cuillère à soupe d'oignon en poudre

1 cuillère à café de poudre de moutarde sèche

1 cuillère à café de sel

1 cuillère à café de poivre noir frais

Instructions :

1. Ajouter tous les ingrédients dans la mijoteuse et plier pour combiner.

2. Couvrir et cuire à feu doux pendant 2 à 3 heures à feu vif pendant 1 heure, jusqu'à ce que le fromage soit complètement fondu.

3. Servir chaud avec les trempettes préférées.

Soupe de lasagne à la mijoteuse

PORTIONS : 8 portions PRÉPARATION : 5 min CUISSON : 6 h TEMPS TOTAL : 6 h 5 min

Ingrédients :

1 (paquet de 14 oz [396 g]) de bœuf haché végétalien

1/3 tasse (80 ml) d'eau

1 oignon blanc coupé en dés

3 gousses d'ail hachées

1 (24 oz [680 g]) pot de sauce marinara végétalienne

1 (14,5 oz [411 g]) boîte de petites tomates en dés

6 tasses (1,44 L) de bouillon de légumes

1 1/2 tasse (150 g) de pâtes campanelle sèches (ou de pâtes à lasagne brisées)

1 tasse (113 g) de fromage mozzarella végétalien

Instructions :

1. Ajouter le bœuf végétalien à la mijoteuse et l'étaler sur le fond. Versez l'eau uniformément dessus, puis saupoudrez uniformément les oignons en dés. Cuire à feu vif pendant 1 1/2 à 2 1/2 heures, jusqu'à ce que le bœuf soit légèrement doré et que les oignons soient translucides.

2. Incorporer l'ail. Verser la sauce marinara, les tomates en dés et le bouillon de légumes. Remuez puis laissez cuire à feu vif pendant encore 3 à 3 heures et demie.

3. Incorporer les pâtes et cuire à feu vif pendant 30 minutes supplémentaires. Incorporer la mozzarella jusqu'à ce qu'elle soit fondue.

4. Servir avec une cuillerée de ricotta végétalienne et une pincée de parmesan végétalien, si désiré.

Recette à la mijoteuse de compote épicée aux pommes et aux canneberges

PORTIONS : 6 portions PRÉPARATION : 30 min CUISSON : +4 h TEMPS TOTAL : +4 h 30 min

Ingrédients :

2 1/2 tasses de cocktail de jus de canneberge

1 paquet (6 onces) de pommes séchées

1/2 tasse (2 onces) de canneberges séchées

1/2 tasse de vin du Rhin ou de jus de pomme

1/2 tasse de miel

2 bâtons de cannelle, cassés en deux

Yogourt glacé ou crème glacée (facultatif)

Instructions :

1. Mélanger le jus, les pommes, les canneberges, le vin, le miel et les moitiés de bâton de cannelle dans votre mijoteuse Crockpot et remuer pour mélanger.

2. Couvrir et cuire à FAIBLE intensité de 4 à 5 heures ou jusqu'à ce que le liquide soit absorbé et que les fruits soient tendres.

3. Retirer et jeter les bâtons de cannelle.

4. Servir chaud avec du yogourt ou de la crème glacée, si désiré.

Recette à la mijoteuse de boucles de soja BBQ

PORTIONS : 8 portions PRÉPARATION : 15 min CUISSON : +2 h TEMPS TOTAL : +2 h 15 min

Ingrédients :

8 onces de boucles de soja réhydratées

1 oignon blanc ou jaune, tranché finement

1 poivron rouge, haché

1 cuillère à café d'ail en poudre

1 cuillère à café de poudre d'oignon

1 cuillère à café de sel

1 tasse de sauce barbecue végétalienne

Petits pains sandwichs

Instructions :

1. Placez les boucles de soja, l'oignon, le poivre, la poudre d'ail, la poudre d'oignon, le sel et la sauce barbecue dans votre mijoteuse Crockpot.

2. Couverture; cuire à intensité ÉLEVÉE pendant 2 heures.

3. Servir sur un petit pain frais et déguster !

Trempette S'mores au chocolat Recette à la mijoteuse

PORTIONS : 8 portions PRÉPARATION : 15 min CUISSON : +2 h TEMPS TOTAL : +2 h 15 min

Ingrédients :

1 sac (11,5 onces) de pépites de chocolat au lait

6-8 onces de grosses guimauves

1/3 tasse de crème fouettée épaisse

1 cuillère à café de vanille

biscuits Graham

Instructions :

1. Vaporisez l'intérieur de votre mijoteuse Crockpot avec un aérosol de cuisson antiadhésif. Ajoutez des pépites de chocolat et des guimauves dans votre mijoteuse.

2. Dans un autre bol, mélanger la crème fouettée et la vanille. Versez le mélange dans votre mijoteuse.

3. Couverture; cuire à LOW pendant 1 ½ à 2 heures. Environ 30 minutes avant la fin de la cuisson, ouvrir la mijoteuse et bien mélanger. Couvrir et terminer la cuisson.

4. Tremper avec des biscuits Graham et déguster !

Recette à la mijoteuse de poulet aux noix de cajou

PORTIONS : 6 portions PRÉPARATION : 15 min CUISSON : +4 h TEMPS TOTAL : +4 h 15 min

Ingrédients :

6 poitrines de poulet désossées et sans peau

1 1/2 tasse de noix de cajou

1 tasse de champignons tranchés

1 tasse de céleri en tranches

1 boîte (10,5 onces) de crème de champignons condensée, non diluée

1/4 tasse d'oignons verts hachés

1 1/2 cuillères à soupe de sauce soja

Riz cuit chaud

Instructions :

1. Mélangez le poulet, les noix de cajou, les champignons, le céleri, la soupe, les oignons verts et la sauce soya dans votre mijoteuse Crockpot. Couverture; cuire à FAIBLE intensité de 6 à 8 heures ou à intensité ÉLEVÉE de 4 à 6 heures.

2. Servir sur du riz et déguster.

Recette à la mijoteuse de côtes levées de dos au barbecue

PORTIONS : 8 portions PRÉPARATION : 15 min CUISSON : +6 h TEMPS TOTAL : +6 h 15 min

Ingrédients :

1 tranche de côtes levées de dos - 1 cuillère à soupe d'ail en poudre

2 cuillères à café de paprika fumé - 1 cuillère à café de moutarde moulue

2 cuillères à café de piment en poudre - 1/2 cuillère à café de piment de Cayenne

1 cuillère à soupe d'oignon en poudre - 1 cuillère à café de flocons de piment rouge

1/3 tasse de cassonade - 2 tasses de sauce barbecue

1/3 tasse de vinaigre de cidre de pomme - 3 cuillères à soupe de sauce Worcestershire

1/4 tasse de whisky - sel

Poivre

Instructions :

1. Retirer la peau du dos des côtes. Séchez les côtes et assaisonnez les deux côtés avec du sel et du poivre.

2. Dans un petit bol, mélanger la poudre d'ail, le paprika, la moutarde moulue, la poudre de chili, le poivre de Cayenne, la poudre d'oignon et les flocons de piment rouge. Enduisez les deux côtés des côtes avec du frottement sec.

3. Versez la sauce BBQ, la cassonade, le vinaigre de cidre de pomme, le whisky et la sauce Worcestershire dans votre mijoteuse Crockpot. Mélanger les ingrédients ensemble à l'intérieur de la mijoteuse.

4. Coupez la tranche de côtes levées en deux et placez-la dans votre mijoteuse. Couvrir le dessus des côtes avec le mélange de sauce BBQ du fond de la mijoteuse.

5. Couverture; cuire à LOW pendant 6 heures. Une fois la cuisson terminée, déposer les côtes levées sur une plaque recouverte de papier d'aluminium.

6. Enrober les côtes avec le reste du mélange de sauce BBQ. Griller au four de 3 à 5 minutes sur la grille du milieu.

7. Servir chaud et déguster !

Bol de petit-déjeuner aux superaliments Recette de mijoteuse

PORTIONS : 4 portions PRÉPARATION : 30 min CUISSON : +3 h TEMPS TOTAL : +3 h 30 min

Ingrédients :

3/4 tasse d'avoine coupée en acier

1/4 tasse de quinoa non cuit, rincé et égoutté

1/4 tasse de canneberges séchées, plus supplémentaires pour servir

1/4 tasse de raisins secs

3 cuillères à soupe de graines de lin moulues

2 cuillères à soupe de graines de chia

1/4 cuillère à café de cannelle moulue

2 1/2 tasses de lait d'amande, plus un supplément pour servir

1/4 tasse d'amandes tranchées, grillées

Une poignée de myrtilles, de mûres ou de fraises pour servir

Sirop d'érable (facultatif)

Instructions :

1. Mélanger l'avoine, le quinoa, 1/4 tasse de canneberges, les raisins secs, les graines de lin, les graines de chia et la cannelle dans un bol résistant à la chaleur qui tient dans votre mijoteuse Crockpot. Incorporer 2 1/2 tasses de lait d'amande.

2. Placer le bol dans la mijoteuse; verser suffisamment d'eau pour arriver à mi-hauteur du côté du bol.

3. Couverture; cuire à LOW pendant 8 heures. Retirez délicatement le bol de votre mijoteuse. Incorporer du lait d'amande supplémentaire, si désiré. Garnir chaque portion de sirop d'érable, d'amandes, de baies et de canneberges supplémentaires, si désiré.

Recette de tajine de poulet au citron et aux olives à la mijoteuse

PORTIONS : 4 portions PRÉPARATION : 30 min CUISSON : +3 h TEMPS TOTAL : +3 h 30 min

Ingrédients :

1 oignon, haché finement

4 gousses d'ail, hachées

Zeste râpé et jus de 1 citron

2 cuillères à café de romarin séché (ou 2 cuillères à soupe de romarin frais haché)

1 cuillère à café de thym séché (ou 1 cuillère à soupe de thym frais)

4 quarts de cuisse de poulet

20 olives vertes dénoyautées, écrasées

2 cuillères à soupe de beurre, coupé en petits morceaux

2 cuillères à soupe d'eau

2 cuillères à soupe de farine tout usage

Instructions :

1. Mélangez l'oignon, l'ail, le zeste et le jus de citron, le romarin et le thym dans votre mijoteuse Crockpot. Ajouter le poulet et garnir d'olives et de beurre. Couvrir et cuire à LOW pendant 5 à 6 heures.

2. Retirer le poulet. Mettre la mijoteuse à HIGH. Mélanger la farine et l'eau dans un petit bol; fouetter ensemble et ajouter à la mijoteuse. Couvrir et cuire à intensité ÉLEVÉE pendant 10 à 15 minutes jusqu'à ce que la sauce épaississe.

3. Servir chaud et déguster !

Wraps à la salade César au poulet Recette à la mijoteuse

PORTIONS : 4 portions PRÉPARATION : 15 min CUISSON : +3 h TEMPS TOTAL : +3 h 15 min

Ingrédients :

1 1/2 livres de poitrines de poulet désossées et sans peau

1 tasse de bouillon de poulet

3/4 tasse de vinaigrette César

1 cuillère à café de persil séché

Pincée de poivre

1/4 tasse de parmesan râpé, plus un supplément pour la garniture

Wraps ou sandwichs roulés

Laitue romaine

Instructions :

1. Placer le poulet dans votre mijoteuse Crockpot. Dans un petit bol, mélanger la vinaigrette César, le bouillon de poulet, le persil, le poivre et le parmesan; verser sur le poulet.

2. Cuire à LOW pendant 6 à 8 heures ou à HIGH pendant 3 à 4 heures.

3. Retirer le poulet de la mijoteuse à l'aide d'une écumoire et transférer sur une planche à découper. Égoutter la majeure partie du liquide de la mijoteuse. Déchiqueter le poulet avec deux fourchettes et le remettre dans la mijoteuse pour le garder au chaud.

4. Versez le mélange de poulet sur votre wrap préféré ou sur un sandwich roulé, garnissez de parmesan et de laitue supplémentaires, et savourez !

Recette d'enchiladas au porc effiloché à la mijoteuse

PORTIONS : 6 portions PRÉPARATION : 30 min CUISSON : +6 h TEMPS TOTAL : +6 h 30 min

Ingrédients :

1 rôti d'épaule de porc désossé (environ 3 livres), paré - 1 boîte (environ 14 onces) de bouillon de poulet

1 oignon moyen, haché - 2 gousses d'ail, hachées

2 cuillères à café de cumin moulu - 1 cuillère à café de cannelle moulue

1/2 cuillère à café de poivre noir - 2 boîtes (10 onces chacune) de sauce enchilada, divisées

1 tasse de salsa - 1 tasse (4 onces) de mélange de fromages mexicains râpés, divisé

1 boîte (4 onces) de piments verts doux coupés en dés - 12 (6 pouces) tortillas de farine

Crème sure (facultatif)

Coriandre fraîche (facultatif)

Instructions :

1. Mélanger le bouillon, l'oignon et l'ail dans votre mijoteuse Crockpot. Mélanger le cumin, la cannelle et le poivre noir dans un petit bol, puis frotter uniformément sur le porc.

2. Placer le porc dans la mijoteuse, côté assaisonné vers le haut, couvrir et cuire à FAIBLE intensité de 12 à 14 heures ou à intensité ÉLEVÉE de 6 à 7 heures jusqu'à ce que le porc soit tendre à la fourchette.

3. Préchauffer le four à 375°F. Placer le porc sur une grande planche à découper et le déchiqueter avec deux fourchettes. Mesurez 3 tasses; réserver le porc restant pour un autre usage.

4. Mélanger 3 tasses de porc, 1/2 boîte de sauce enchilada, salsa et 3/4 tasse de fromage dans un grand bol. Étendre ½ boîte de sauce enchilada et de piments verts coupés en dés dans un plat allant au four de 13 x 9 pouces. Étendre 1/4 tasse de mélange de porc sur chaque tortilla.

5. Rouler et placer la couture vers le bas dans un plat allant au four. Étendre le reste de la sauce enchilada sur les tortillas.

6. Cuire au four pendant 20 minutes. Garnir du 1/4 de tasse de fromage restant et cuire au four pendant 10 minutes supplémentaires jusqu'à ce que le fromage soit fondu. Servir avec de la crème sure et de la coriandre, si désiré.

Gâteau au fromage à la crème et à la citrouille Recette à la mijoteuse

PORTIONS : 2-4 portions PRÉPARATION : 30 min CUISSON : +3 h TEMPS TOTAL : +3 h 30 min

Ingrédients :

en purée

1 boîte (14 onces) de lait concentré sucré - 12 onces de fromage à la crème

3/4 tasse de sucre en poudre - 1 boîte de mélange à gâteau jaune -3 gros œufs

3 cuillères à soupe de beurre - 1 cuillère à café d'extrait de vanille

3 cuillères à soupe de lait - 1 1/2 cuillères à café de mélanges d'épices Spice and Tea Exchange Bakers (ou d'épices pour citrouille)

2 cuillères à soupe de sucre chai Spice and Tea Exchange (ou sucre à la cannelle)

2 cuillères à soupe de sucre caramel salé Spice and Tea Exchange (ou cassonade)

Instructions :

1. Couche de gâteau inférieure : Vaporiser le fond de la mijoteuse Crockpot de 4,5 pintes avec un aérosol de cuisson antiadhésif. Mélanger la purée de citrouille, les œufs, le lait concentré sucré et l'extrait de vanille dans la mijoteuse. Fouetter ensemble puis ajouter le mélange d'épices Baker's. Ajouter la moitié du mélange à gâteau et fouetter jusqu'à consistance lisse, puis ajouter à votre mijoteuse

2. Couche intermédiaire du tourbillon de fromage à la crème : mélanger le fromage à la crème, le sucre en poudre, le lait et le mélange d'épices chai dans un grand bol. Fouetter jusqu'à ce que le mélange soit complètement combiné et déposer une cuillerée de mélange de fromage à la crème sur le mélange de citrouille qui se trouve dans votre mijoteuse. Agiter ensemble.

3. Couche de gâteau supérieure : Ajouter le reste du mélange à gâteau dans un bol et ajouter le beurre fondu et le sucre caramel salé. Mélangez jusqu'à ce qu'un crumble se forme et placez au réfrigérateur.

4. Pour cuisiner, couvrez votre mijoteuse et faites cuire à HIGH pendant 1 1/2 heures.

5. Ajouter le crumble et poursuivre la cuisson 30 minutes.

6. Ajoutez une boule de glace à la vanille et de la crème fouettée sur le dessus pour un délicieux dessert à la citrouille !

7. Servez et dégustez !

Recette de mijoteuse de bonbons au chocolat et aux noisettes

PORTIONS : 12 portions PRÉPARATION : 30 min CUISSON : 1 h TEMPS TOTAL : 1 h 30 min

Ingrédients :

6 onces d'écorce de vanille

8 onces d'écorce de chocolat noir

10 onces de pépites de chocolat noir

1/2 tasse de beurre de noisette

2 tasses de noisettes entières grillées (sans la peau)

2 tasses de noisettes hachées grillées

Une pincée de flocons de sel de mer de Maldon

Instructions :

1. Tapisser une plaque à pâtisserie de papier parchemin ou de papier ciré.

2. Ajoutez les écorces de chocolat et de vanille, les pépites de chocolat, le beurre de noisette et les noisettes entières dans votre mijoteuse Crockpot.

3. Couvrir et cuire à LOW pendant 1 heure, en remuant de temps en temps pour combiner.

4. Une fois que le chocolat a complètement fondu, remuez le tout une fois de plus en veillant à ce qu'il soit bien mélangé.

5. À l'aide d'une cuillère de service ou d'une cuillère à biscuits, versez le mélange de chocolat sur la plaque à pâtisserie tapissée.

6. Pendant que le chocolat est encore chaud, saupoudrez les noix hachées et le sel de mer sur le dessus.

7. Laisser refroidir à température ambiante ou placer les chocolats au réfrigérateur pour qu'ils refroidissent et prennent.

8. Une fois durcis, retirez-les de la plaque de cuisson et dégustez !

9. Conserver à température ambiante ou au réfrigérateur pendant 2 à 3 semaines.

Recette de mijoteuse Buffalo Mac and Cheese

PORTIONS : 8 portions PRÉPARATION : 30 min CUISSON : +3 h TEMPS TOTAL : +3 h 30 min

Ingrédients :

1 livre de poulet rôti, effiloché - 2 tasses de fromage cheddar fort, râpé

2 tasses de fromage Pepper Jack, râpé - 1 tasse de fromage mozzarella, râpé

3/4 tasse de sauce Buffalo - 1/2 tasse de beurre, fondu

2 tasses de lait - 1 tasse de bouillon de poulet

2 cuillères à café de thym séché - 3 gousses d'ail, coupées en dés

1 cuillère à soupe d'oignon en poudre - 2 cuillères à café de persil

8 onces de fromage à la crème, température ambiante - 16 onces de nouilles cavatappi, ou vos nouilles préférées au choix - 1/2 tasse de vinaigrette ranch

Fromage bleu émietté, facultatif

Instructions :

1. Ajoutez du poulet, du fromage cheddar, du fromage pepper jack, du fromage mozzarella, de la sauce buffalo, du beurre fondu, du lait et du bouillon de poulet dans votre mijoteuse Crockpot. Mélangez.

2. Ajoutez ensuite le thym, l'ail coupé en dés, la poudre d'oignon et le persil. Mélangez. Utilisez vos mains pour séparer le fromage à la crème en morceaux et ajoutez-le au mélange de la mijoteuse.

3. Réglez la mijoteuse à haute et faites cuire pendant 2 heures.

4. Ajouter les nouilles dans la mijoteuse et poursuivre la cuisson à puissance élevée pendant 1 à 1 1/2 heures, jusqu'à ce que les nouilles soient complètement cuites, en remuant de temps en temps. Si le macaroni au fromage devient sec, ajoutez une autre tasse de lait.

5. Arroser de vinaigrette ranch sur le dessus ainsi que de sauce piquante supplémentaire et (facultatif) de fromage bleu émietté.

Recette de poitrine de poulet râpée à la mijoteuse

PORTIONS : 4 portions PRÉPARATION : 5 min CUISSON : 3 h TEMPS TOTAL : 3 h 5 min

Ingrédients :

1 1/2 lb de poitrines de poulet

3/4 tasse d'eau

1/4 cuillère à café de sel

1/4 cuillère à café de poivre

Instructions :

1. Dans la base de votre mijoteuse, superposez les poitrines de poulet uniformément. Essayez de ne pas les empiler les uns sur les autres.

2. Ajouter de l'eau et saupoudrer de sel/poivre.

3. Cuire à feu vif pendant 3 à 4 heures ou à feu doux pendant 6 à 8 heures

4. Lorsque le poulet est cuit à 165 degrés de température interne, déchiquetez-le avec des fourchettes ou un mélangeur.

5. Utilisation Dans les soupes, les ragoûts, les salades ou les sandwichs !

Recette de ragoût de bœuf à la mijoteuse

PORTIONS : 6 portions PRÉPARATION : 20 min CUISSON : 10 h TEMPS TOTAL : 10 h 20 min

Ingrédients :

2 livres de cubes de bœuf à ragoût désossés ou de mandrin

2 cuillères à soupe d'huile d'olive divisées

1/2 oignon moyen haché

6 gousses d'ail hachées

4 grosses carottes pelées et coupées en bouchées assez grosses

3 branches de céleri hachées

1 livre de pommes de terre Yukon Gold pelées et coupées en dés (morceaux assez gros)

3 tasses de bouillon de bœuf

1 (6 onces) peut pâte de tomate

1 cuillère à soupe de sauce Worcestershire

1 cuillère à café de sel

Poivrer au goût

3 feuilles de laurier - 2 cuillères à soupe de fécule de maïs en option

Instructions :

1. Ajouter 1 cuillère à soupe d'huile d'olive dans une poêle et saisir la moitié des cubes de bœuf (les faire dorer de tous les côtés) à feu moyen-vif. Transférer dans une assiette, puis ajouter le reste d'huile dans la poêle et faire dorer le deuxième lot. Une fois que tout le boeuf est saisi, transférez-le (ainsi que tout jus sur l'assiette) dans votre mijoteuse.

2. Ajouter l'oignon dans la poêle et cuire pendant 3-4 minutes, puis incorporer l'ail et cuire pendant 30 secondes. Transférer le contenu de la poêle dans la mijoteuse.

3. Ajoutez le reste des ingrédients (sauf les feuilles de laurier et la fécule de maïs) dans votre mijoteuse. Remuez bien.

4. Ajouter délicatement les feuilles de laurier. Cuire à feu doux pendant 10 heures ou jusqu'à ce que le bœuf soit tendre.

5. Facultatif : pour donner au ragoût une consistance plus épaisse, mélangez la fécule de maïs avec 2 cuillères à soupe d'eau froide, mélangez-la au ragoût, puis faites cuire jusqu'à ce qu'elle épaississe un peu (donnez-lui environ 10 minutes).

Riz facile à la mijoteuse

PRÉPARATION : 5 min CUISSON : 2 h 30 min TEMPS TOTAL : 2 h 35 min

Ingrédients :

1 tasse de riz

sel

2 tasses d'eau ou de bouillon

beurre

Instructions :

1. Frottez légèrement votre crock pot avec 1 cuillère à soupe de beurre ou de margarine. Ou vaporisez-le avec un spray antiadhésif.

2. Verser le riz, l'eau et le sel.

3. Couvrir et cuire à puissance élevée de 1 1/2 à 2 1/2 heures, en remuant de temps en temps.

Recette de soupe aux poivrons farcis à la mijoteuse

PRÉPARATION : 15 min CUISSON : 8 h 30 min TEMPS TOTAL : 8 h 45342 min

Ingrédients :

2 lb de bœuf haché

2 poivrons verts coupés en dés (environ 1 tasse)

30 oz de tomates en dés 2 boîtes; non drainé

15 onces de sauce tomate

32 onces de bouillon de boeuf

1 tasse d'eau

1 petit oignon coupé en dés

2 cuillères à soupe de cassonade

3-4 gousses d'ail hachées

2 cuillères à café de sel

1 cuillère à café de poivre

2 tasses de riz cuit

Instructions :

1. Faire dorer et égoutter la graisse du bœuf haché et placer dans la mijoteuse.

2. Ajouter la sauce tomate, les tomates, le bouillon, les poivrons, les oignons, l'ail, la cassonade, l'eau, le sel et le poivre dans la mijoteuse. (essentiellement tout sauf votre riz cuit) Couvrir et cuire à feu doux pendant 6 à 8 heures.

3. Lorsqu'il reste environ 30 minutes, ajoutez votre riz cuit, récupérez et poursuivez la cuisson jusqu'à ce que le temps soit écoulé.

Recette de poulet au sésame crockpot

PRÉPARATION : 10 min CUISSON : 4 h TEMPS TOTAL : 4 h 10 min

Ingrédients :

1/4 tasse de sauce soya faible en sodium

1 cuillère à soupe plus 1 cuillère à café de fécule de maïs

1/2 tasse de miel

1 cuillère à soupe de pâte de tomate

1/4 tasse d'oignon finement haché

2 gousses d'ail, hachées

1 cuillère à café de piment rouge broyé, ou au goût

1 lb de poitrines de poulet désossées et sans peau ou de viande de cuisse, coupées en morceaux de 1 pouce

1 poivron rouge, épépiné et tranché finement

Accompagnements/garnitures optionnelles :

graines de sésame, au goût

oignon vert finement tranché, au goût

riz blanc collant

bouquets de brocoli (ou de chou-fleur) cuits à la vapeur

Instructions :

1. Dans un grand bol, fouetter ensemble la sauce soya et la fécule de maïs jusqu'à consistance lisse.

2. Ajouter le miel, la pâte de tomate, l'oignon coupé en dés, l'ail et le piment rouge broyé.

3. Ajouter le poulet et le poivron à la sauce, remuer pour enrober.

4. Transférer dans la mijoteuse et cuire à feu doux pendant 4 heures. (Peut laisser jusqu'à 6 heures à basse température, le poulet et les poivrons rouges seront juste extra doux.)

5. Servir sur du riz et du brocoli, au goût. Garnir de graines de sésame et d'oignon vert.

Recette rôti crockpot

PRÉPARATION : 15 min CUISSON : 8 h TEMPS TOTAL : 8 h 15 min

Ingrédients :

4 sachets (1 oz) de mélange pour sauce brune McCormick (faible en sodium)

3 cuillères à soupe de fécule de maïs

1 tasse de café infusé

8 oz de vin rouge (cabernet)

1/2 tasse de sauce soja à teneur réduite en sodium

3 cuillères à soupe de sauce Worcestershire

8 grosses gousses d'ail, hachées

2 cuillères à café de poivre noir fraîchement concassé

2 cuillères à soupe d'huile

Rôti rond inférieur de 3 lb

1 livre de carottes en sac, pelées et hachées grossièrement

1 gros oignon jaune doux, haché grossièrement

2 tasses de champignons portobello tranchés

Instructions :

1. Dans un grand bol, fouetter ensemble les sachets de sauce et la fécule de maïs. Incorporer lentement le café pour qu'il n'y ait pas de grumeaux. Incorporer ensuite le vin, la sauce soja, la sauce Worcestershire, l'ail et le poivre noir. Mettre de côté.

2. Dans une grande casserole à fond épais à feu moyen-vif, ajouter l'huile. Ajouter la viande et saisir rapidement de tous les côtés. Transférer la viande dans la mijoteuse.

3. Garnir la viande de carottes, d'oignons et de champignons. Verser le mélange à sauce sur le dessus et placer le couvercle sur la mijoteuse.

4. Cuire à feu doux pendant 8 à 10 heures, jusqu'à ce que la viande soit tendre.

5. Retirer le rôti de la mijoteuse et le déchiqueter en morceaux avec deux fourchettes. Mélanger la sauce et les légumes pour combiner.

6. Servir le braisé nappé de sauce et de légumes sur une purée de pommes de terre ou de chou-fleur.

Poulet à la sauce mijoteuse

PRÉPARATION : 10 min CUISSON : 3 h TEMPS TOTAL : 3 h 10 min

Ingrédients :

1,5 livres de poitrines de poulet désossées et sans peau

1 paquet d'assaisonnement pour tacos

1 boîte de Rotel, filtrée pour enlever l'excès de jus

Jus de 1 citron vert

Instructions :

1. Vaporiser la mijoteuse avec un spray antiadhésif.

2. Déposer les poitrines de poulet à plat au fond de la mijoteuse. Saupoudrer le poulet d'assaisonnement pour tacos, puis garnir de Rotel. Pressez le jus de citron vert sur le dessus, puis placez le couvercle sur la mijoteuse.

3. Cuire pendant 3 à 4 heures à intensité élevée ou 7 à 8 heures à intensité faible, jusqu'à ce que le poulet soit bien cuit. Égoutter le liquide - en laissant environ une demi-tasse de liquide restant - puis effilocher le poulet.

4. Servir comme désiré dans des tacos, sur du riz/des haricots ou dans un burrito !

Crock pot casserole de haricots verts

PRÉPARATION : 10 min CUISSON : 2 h TEMPS TOTAL : 2 h 10 min

Ingrédients :

2 boîtes (10,5 onces) de crème de soupe aux champignons

½ tasse de lait entier

¼ tasse de sauce soya faible en sodium

½ cuillère à café de poivre noir fraîchement moulu

2 tasses d'oignons croustillants, divisés

1 tasse de parmesan fraîchement râpé, divisé

½ tasse de fromage cheddar fraîchement râpé

3 (10 onces) sacs de haricots verts entiers surgelés, extrémités coupées

Instructions :

1. Ajoutez la soupe aux champignons, le lait, la sauce soja et le poivre dans votre mijoteuse et remuez pour combiner. Incorporer ensuite la moitié des oignons frits croustillants, la moitié du parmesan et tout le fromage cheddar.

2. Incorporer les haricots verts surgelés. Saupoudrer ensuite le reste de parmesan sur le dessus, suivi du reste des oignons frits croustillants.

3. Couvrir avec le couvercle et cuire à feu doux pendant 3 heures ou à feu vif pendant 2 heures, jusqu'à ce que les oignons soient dorés et que les bords bouillonnent.

Tacos au poulet salsa verde dans la mijoteuse

PORTIONS : 4 portions PRÉPARATION : 10 min CUISSON : 4 h TEMPS TOTAL : 4 h 10 min

Ingrédients :

2 livres de poitrines de poulet

3 tasses de salsa verde moyenne, divisées

1 1/2 tasse de bouillon de poulet

1 cuillère à café de sel d'ail

1/2 tasse de coriandre fraîche hachée

SI SERVIR COMME TACOS :

8-10 tortillas (tortillas de maïs ou de farine maison)

oignon rouge tranché

fromage cotija émietté (ou queso fresco)

quartiers de lime

Instructions :

1. Fouetter ensemble 1 tasse de salsa verde, le bouillon de poulet et le sel d'ail dans une mijoteuse. Ajouter les poitrines de poulet et cuire pendant 4 heures à intensité élevée ou 8 heures à intensité faible.

2. Retirer le poulet de la mijoteuse et jeter le liquide restant. Déchiqueter le poulet avec deux fourchettes et le placer dans un bol moyen. Ajouter les 2 tasses de salsa verde restantes et la coriandre hachée au poulet. Mélanger pour combiner.

3. Remplissez les tortillas avec une boule de poulet, quelques tranches d'oignon rouge, une bonne boule de fromage cotija émietté et un filet de citron vert ! Ou vous pouvez le servir avec du riz, des haricots noirs et des plantains poêlés.

Crockpot king ranch soupe au poulet

PORTIONS : 6 portions PRÉPARATION : 10 min CUISSON : 2 h TEMPS TOTAL : 2 h 10 min

Ingrédients :

2 cuillères à soupe de beurre

1 petit oignon jaune, coupé en dés

1 cuillère à soupe d'ail, haché

1 poivron rouge moyen, épépiné et coupé en dés

2 boîtes (10 oz) de tomates Rotel

1 boîte (10 oz) de crème de champignons

2 tasses de poulet cuit effiloché

3 tasses de bouillon de poulet

½ cuillère à café de cumin moulu

1 cuillère à café de piment en poudre

1 paquet (8 oz) de fromage à la crème, en cubes, à température ambiante

GARNITURES OPTIONNELLES :

Coriandre fraîche hachée

Mélange de fromages mexicains râpés

Croustilles tortillas/lannières

Crème fraîche

Instructions :

1. Ajouter le beurre, l'oignon, l'ail, le poivron, les tomates Rotel, la soupe aux champignons, le poulet, l'assaisonnement pour tacos, le bouillon de poulet, le cumin et la poudre de chili dans la mijoteuse.

2. Cuire à feu vif pendant 2 heures ou à feu doux pendant 4 heures.

3. Ajouter le fromage à la crème en cubes et remuer jusqu'à ce qu'il soit fondu et bien mélangé.

4. Servir avec du fromage, de la coriandre et des croustilles de tortilla au choix.

Crockpot patates douces aux guimauves

PORTIONS : 8 portions PRÉPARATION : 10 min CUISSON : 4 h TEMPS TOTAL : 4 h 10 min

Ingrédients :

4 grosses patates douces (environ 2 lb), pelées et coupées en cubes de 1/2 pouce

3/4 tasse de cassonade tassée

1/4 tasse de sirop d'érable

1/2 tasse de beurre, coupé en morceaux

1 cuillère à soupe d'épices pour tarte à la citrouille

1 cuillère à café de sel

2 tasses de mini guimauves

Instructions :

1. Vaporiser la mijoteuse avec un spray antiadhésif.

2. Placer les patates douces dans la mijoteuse. Ajouter la cassonade, le sirop d'érable, le beurre, les épices pour tarte à la citrouille et le sel et remuer pour combiner.

3. Placez le couvercle sur la mijoteuse et mettez-le à feu élevé pendant 4 heures.

4. Cinq minutes avant de servir, retirez le couvercle et garnissez de guimauves. Remettre le couvercle sur les patates douces et laisser fondre les guimauves pendant 3 à 5 minutes. Sers immédiatement!

Crockpot mississippi poulet

PORTIONS : 4 portions PRÉPARATION : 5 min CUISSON : 8 h 4 s TEMPS TOTAL : 8 h 5 min 4 s

Ingrédients :

2 livres de poitrines de poulet désossées et sans peau

1 paquet (1 once) de mélange d'assaisonnement ranch

⅓ tasse de beurre (salé)

10 piments pepperoncini

3 cuillères à soupe de jus de pepperoncini

Instructions :

1. Placer le poulet dans la mijoteuse.

2. Saupoudrer l'assaisonnement ranch sur le poulet et placer le bâton de beurre dessus. Ajouter les piments pepperoncini et le jus de pepperoncini.

3. Placez le couvercle sur la mijoteuse et faites cuire à feu vif pendant 4 heures ou à feu doux pendant 8 heures.

4. Retirer le couvercle et effilocher le poulet dans le jus avec 2 fourchettes. Servir à volonté.

Soupe au rouleau de chou easy crockpot

PORTIONS : 4-6 portions PRÉPARATION : 20 min CUISSON : 6 h 3 s TEMPS ADDITIONNEL 3 h 20 min TEMPS TOTAL: 9 h 40 min 3 s

Ingrédients :

1 gros oignon, coupé en dés - 1 livre de bacon épais, coupé en dés

1 livre de boeuf haché maigre ou de dinde - 3 gousses d'ail, hachées

1 tasse de carottes hachées - 5 tasses de chou haché

1 boîte de 28 onces de tomates rôties au feu en dés - 1 boîte de 16 onces de sauce tomate

6 à 8 tasses de bouillon de bœuf (commencez par 6 et ajoutez-en plus, si vous le souhaitez)

¾ tasse de riz à grains longs - 1 cuillère à soupe de sauce Worcestershire

1 ½ cuillère à café de paprika fumé - ¾ cuillère à café de thym séché

2 cuillères à soupe de persil - ½ cuillère à café de marjolaine

Sel et poivre au goût - 2 feuilles de laurier

Instructions :

1. Dans une grande poêle, faire revenir le bacon et l'oignon jusqu'à ce que le bacon soit presque cuit et que l'oignon soit ramolli. Cuillère sur le bacon et l'oignon, et placez-le dans la mijoteuse. Jetez tout excès de graisse de la poêle.

2. Ajouter la viande hachée dans la poêle et cuire, en la défaisant avec une spatule, jusqu'à ce qu'elle soit bien cuite. Égouttez tout excès de graisse et ajoutez la viande de hamburger dans la mijoteuse.

3. Ajouter tous les ingrédients restants, sauf les feuilles de laurier, dans la mijoteuse. Remuer pour combiner, puis placer les feuilles de laurier sur le dessus.

4. Couvrir et mijoter à feu vif pendant 3 heures ou à feu doux pendant 5 à 6 heures.

5. Retirer les feuilles de laurier, remuer la soupe une dernière fois et servir.

Crockpot poulet et riz

PORTIONS : 4 portions PRÉPARATION : 25 min CUISSON : 4 h TEMPS TOTAL : 4 h 25 min

Ingrédients :

2 cuillères à soupe d'huile d'olive extra vierge, divisée - ½ oignon jaune moyen, coupé en dés

1 côte de céleri, coupée en dés - 8 onces de champignons tranchés - 2 gousses d'ail, hachées

1 ½ livres de poitrines de poulet - Sel et poivre - 1 tasse de riz brun - 1 ½ cuillères à café d'assaisonnement italien - Zest de 1 citron - Jus de 1 citron - 2 ¾ tasses de bouillon de poulet - 1 tasse de petits pois surgelés - ½ tasse de parmesan râpé - 2 cuillères à soupe de beurre non salé - Persil frais, haché pour la garniture

Instructions :

1. Faites chauffer 1 cuillère à soupe d'huile d'olive dans une poêle à feu moyen. Ajouter les oignons, le céleri et les champignons. Faire sauter jusqu'à ce qu'ils soient ramollis et que les champignons aient libéré leur liquide, environ 8 à 10 minutes. Ajouter l'ail et cuire une minute supplémentaire jusqu'à ce qu'il soit parfumé. Transférer le mélange dans l'insert de la mijoteuse.

2. Ajouter la cuillère à soupe d'huile d'olive restante dans la poêle et augmenter le feu à moyen-vif. Assaisonnez le poulet avec du sel et du poivre, puis placez-le dans la poêle et faites-le saisir jusqu'à ce qu'il soit doré de chaque côté, environ 3-4 minutes de chaque côté. Éteignez la chaleur et mettez de côté. (*voir la note)

3. Ajouter le bouillon de poulet, le riz, le zeste de citron, le jus de citron, l'assaisonnement italien et du sel et du poivre supplémentaires au goût dans la mijoteuse. Remuer jusqu'à ce que le tout soit bien mélangé.

4. Placer les poitrines de poulet saisies avec tout jus accumulé de la poêle dans la mijoteuse.

5. Couvrir et cuire à puissance élevée pendant 4 heures. Vérifiez le poulet à 2,5-3 heures, selon l'épaisseur des poitrines de poulet, elles peuvent être bien cuites à ce stade. Si c'est le cas, retirer de la mijoteuse, transférer dans un plat et couvrir de papier d'aluminium pendant que le riz continue de cuire pour le temps restant.

6. Après 4 heures, lorsque le riz est cuit et tendre, retirez le couvercle, ajoutez le beurre, les pois et le parmesan et mélangez jusqu'à ce que les pois soient bien chauds.

7. Trancher ou hacher le poulet, remettre dans la mijoteuse et remuer pour combiner. Alternativement, servir le poulet sur le mélange de riz une fois plaqué.

8. Garnir de persil frais et servir chaud.

Crock pot effiloché de porc

PORTIONS : 8 portions PRÉPARATION : 5 min CUISSON : 8 h TEMPS TOTAL : 8 h 5 min

Ingrédients :

3 livres de soc de porc (ou une épaule de porc)

2 litres de coca

3 cuillères à soupe de sel d'ail

1/4 tasse de piment en poudre

1 à 1 1/2 tasse de sauce BBQ (je recommande Sweet Baby Ray's Original)

Instructions :

1. Placer le porc dans la mijoteuse et assaisonner le porc entier avec du sel à l'ail et de la poudre de chili.

2. Versez le coca en ajoutant juste assez de coca pour couvrir presque le porc - vous n'avez pas besoin de couvrir complètement la viande.

3. Cuire à feu doux pendant 8 heures. Il peut cuire plus longtemps, pas de soucis s'il doit reposer un peu plus longtemps.

4. Retirez le porc de la mijoteuse et jetez 97% du mélange de coke… en laissant juste un peu derrière pour aider à humidifier le porc.

5. Remettez le porc dans la mijoteuse (ou dans un grand bol), puis utilisez deux grandes fourchettes pour déchiqueter la viande.

6. Ajouter la sauce barbecue et mélanger (au-dessus, il est indiqué 1 à 1 1/2 tasse de sauce barbecue, ce qui signifie simplement ajouter autant ou aussi peu que vous le souhaitez).

7. Laissez la mijoteuse à feu doux ou chaud pour garder les choses chaudes jusqu'à ce que vous soyez prêt à servir.

8. Conservez les restes au réfrigérateur, dans un récipient hermétique, jusqu'à 5 jours.

9. POT INSTANTANÉ : Cuire à haute pression manuelle pendant 75 minutes. Faites un relâchement naturel de la pression. Suivez ensuite les instructions à partir du n ° 4 vers le bas.

Recette de Crockpot Ragu

PORTIONS : 8 portions PRÉPARATION : 20 min CUISSON : 8 h TEMPS TOTAL : 8 h 20 min

Ingrédients :

1 cuillère à soupe d'huile d'olive

1 oignon moyen haché

3 carottes moyennes hachées

4 branches de céleri hachées

1,5 livres de boeuf haché

1,5 livres de porc haché

4 gousses d'ail (émincées)

1 (5,5 onces) peut pâte de tomate

2 traits d'assaisonnement italien

2 traits de thym séché

2 tasses de bouillon de bœuf

1/2 tasse de vin rouge sec (facultatif, voir note)

1/2 tasse de crème épaisse/à fouetter

Sel et poivre au goût

Instructions :

1. Faire sauter les oignons, les carottes et le céleri dans une grande poêle à feu moyen-élevé pendant 5 à 7 minutes ou jusqu'à ce qu'ils soient ramollis. Ajoutez le mélange dans votre mijoteuse.

2. Ajouter le bœuf haché et le porc dans la poêle et cuire, en brisant la viande avec votre cuillère au fur et à mesure, jusqu'à ce qu'elle soit dorée. Égouttez la majeure partie de la graisse avant d'ajouter la viande à votre mijoteuse.

3. Ajoutez les ingrédients restants (à l'exception de la crème et du sel et du poivre) dans votre mijoteuse et remuez bien. Cuire 8 heures à feu doux.

4. Une fois la sauce cuite, incorporer la crème et assaisonner de sel et de poivre au besoin.

Poulet aux tomates séchées au soleil à la mijoteuse avec polenta crémeuse

PORTIONS : 6 portions PRÉPARATION : 15 min CUISSON : 2 h 15 min TEMPS TOTAL : 2 h 30 min

Ingrédients :

1 pot (8 onces) de tomates séchées au soleil dans l'huile

2 livres de cuisses ou de poitrine de poulet désossées et sans peau

1 échalote hachée - 2 gousses d'ail, hachées

1 cuillère à soupe d'assaisonnement italien (voir note) - 1 cuillère à café de paprika ou de paprika fumé

flocons de piment - sel casher et poivre noir

1 cuillère à soupe de moutarde de dijon - 1 cuillère à soupe de moutarde de Dijon en grains

1/2 tasse de vin blanc sec - 2 cuillères à soupe de jus de citron

1 tasse de crème épaisse - 3/4 tasse de parmesan râpé + la croûte

2 tasses de bébés épinards frais

Instructions :

1. Égouttez 2 cuillères à soupe d'huile du pot de tomates séchées dans la mijoteuse. Hacher les tomates séchées au soleil et réserver.

2. Dans la mijoteuse, frotter le poulet avec l'échalote, l'ail, l'assaisonnement italien et les moutardes. Assaisonner avec du sel, du poivre et des flocons de piment. Ajouter les tomates séchées au soleil. Verser dessus le vin. Ajouter le jus de citron et le zeste de parmesan (le cas échéant). Couvrir et cuire à feu doux pendant 2 à 4 heures ou à feu vif pendant 1 à 2 heures.

2. Préchauffer le gril à feu vif. Retirer le poulet de la mijoteuse et le déposer sur une plaque à pâtisserie.

3. Augmentez le feu de la mijoteuse à feu vif. Incorporer la crème, les épinards et le parmesan.

4. Frotter le poulet avec l'huile réservée, puis faire griller 2 à 5 minutes, jusqu'à ce qu'il soit croustillant. Servir le poulet et la sauce sur de la polenta crémeuse, du riz ou avec du pain croûté.

Recette de pommes de terre au fromage crockpot

PORTIONS : 8 portions PRÉPARATION : 5 min CUISSON : 4 h TEMPS TOTAL : 4 h 5 min

Ingrédients :

32 onces de pommes de terre en dés congelées

1 boîte de 10,5 onces de soupe à la crème de poulet

1 tasse de crème sure

1 cuillère à café de sel d'ail (avec des flocons de persil)

1/2 tasse d'oignon finement haché

2 tasses de fromage cheddar râpé divisé

Instructions :

1. Graisser le fond d'une mijoteuse avec un aérosol de cuisson. Mettre tous les ingrédients SAUF 1 tasse de fromage. Mélanger, couvrir et cuire à HIGH pendant 3-4 heures ou LOW pendant 5-6 (mélanger à mi-cuisson) jusqu'à ce que les pommes de terre soient tendres.

2. Éteignez et retirez le couvercle. Saupoudrer du reste de fromage et couvrir pendant 10 minutes jusqu'à ce que le fromage soit fondu.

Recette de mac et fromage crock pot

PORTIONS : 8 portions PRÉPARATION : 15 min CUISSON : 2 h TEMPS TOTAL : 2 h 15 min

Ingrédients :

2 tasses de macaronis au coude non cuits

4 cuillères à soupe de beurre

2 1/2 tasses de fromage cheddar râpé

1/2 tasse de crème sure

1 10,75 onces. boîte de soupe au fromage cheddar condensé

1/2 cuillère à café de sel

1 tasse de lait entier

poivre

Instructions :

1. Porter l'eau à ébullition et cuire les macaronis pendant 6 minutes. Égoutter et réserver.

2. Dans une casserole moyenne, mélanger le beurre et le fromage jusqu'à ce que le fromage fonde. Ajouter la crème sure, la soupe, le sel, le lait et le poivre jusqu'à homogénéité.

3. Ajouter ce mélange à la mijoteuse avec les macaronis cuits. Mélanger jusqu'à consistance homogène et cuire à feu doux pendant 2 heures en remuant de temps en temps.

Recette de poulet teriyaki crock pot

PORTIONS : 8 portions PRÉPARATION : 5 min CUISSON : 4 h TEMPS TOTAL : 4 h 5 min

Ingrédients :

3-4 lb de cuisses de poulet désossées

3/4 tasse de sucre

1/4 tasse de sauce soja

6 cuillères à soupe de vinaigre de cidre

3/4 cuillère à café de gingembre moulu

1 cuillère à café d'ail haché

1/4 cuillère à café de poivre

4 cuillères à café de fécule de maïs

4 cuillères à café d'eau froide

riz cuit

Instructions :

1. Placer le poulet dans la mijoteuse à feu doux.

2. Mélanger le sucre, la sauce soja, le vinaigre, le gingembre, l'ail et le poivre dans un bol séparé. Mélanger et verser sur le poulet.

3. Cuire à feu doux pendant 4 à 5 heures jusqu'à ce que le poulet soit tendre. Retirez le poulet, placez-le sur une assiette et effilochez-le à la fourchette.

4. Retirez la graisse du liquide de réserve laissé dans la mijoteuse en la versant à travers une passoire à mailles dans une casserole (ou retirez la graisse avec une écumoire).

5. Mettre le liquide dans une casserole et porter à ébullition. Mélanger la fécule de maïs et l'eau jusqu'à consistance lisse et remuer graduellement dans la casserole jusqu'à ce qu'elle soit épaisse.

6. Versez le poulet sur le riz cuit et recouvrez de votre sauce teriyaki épaissie.

Recette de soupe aux épinards crock pot tortellini

PORTIONS : 6 portions PRÉPARATION : 5 min CUISSON : 3 h TEMPS TOTAL : 3 h 5 min

Ingrédients :

20 oz de tortellinis au fromage

1 10 oz. sachet d'épinards frais

2 boîtes de 14,5 oz de tomates en dés à l'italienne

6 tasses de bouillon de poulet (j'utilise la version avec moins de sodium)

8 oz de fromage à la crème

1 cuillère à café de cumin

1 cuillère à café d'origan

1 cuillère à café de sel d'ail (avec des flocons de persil)

poivrer au goût

Instructions :

1. Mettre tous les ingrédients dans la mijoteuse, moins les tortellinis. Assurez-vous que le fromage à la crème est coupé en cubes de 1 pouce avant de le placer dans la mijoteuse.

2. Cuire à intensité ÉLEVÉE pendant 2 à 3 heures en remuant de temps en temps.

3. Ajouter les tortellinis et poursuivre la cuisson à intensité ÉLEVÉE pendant une heure supplémentaire. Servir chaud.

Recette de croquette de haricots verts crockpot

PORTIONS : 12 portions PRÉPARATION : 5 min CUISSON : 4 h TEMPS TOTAL : 4 h 5 min

Ingrédients :

2 paquets de 16 onces de haricots verts surgelés

2 boîtes de 10,75 onces de crème de soupe aux champignons

2/3 tasse de lait

1/2 tasse de parmesan râpé

1/2 cuillère à café de sel

1/4 cuillère à café de poivre

1 oignons frits de 6 onces divisés

Instructions :

1. Ajouter les haricots verts dans la mijoteuse. Dans un bol moyen, mélanger la crème de champignons, le lait, le parmesan, le sel et le poivre. Verser le mélange de soupe sur les haricots verts et remuer pour combiner. Incorporer la moitié des oignons frits.

2. Couvrir et cuire à feu doux pendant 4 heures. Juste avant de servir, parsemer du reste d'oignons frits.

Cacciatore au poulet à la mijoteuse

PORTIONS : 6 portions PRÉPARATION : 15 min CUISSON : 4 h TEMPS TOTAL : 4 h 15 min

Ingrédients :

6 os dans la peau sur les cuisses de poulet

1 cuillère à soupe d'huile d'olive

sel et poivre au goût

8 onces de champignons tranchés

1 1/2 cuillères à café d'ail haché

1/2 tasse d'oignon finement tranché

1 poivron vert coupé en morceaux de 1/2 pouce

1 poivron rouge coupé en morceaux de 1/2 pouce

1/2 cuillère à café d'assaisonnement italien

1 pot de sauce marinara de 24 onces

1/2 tasse d'olives Kalamata dénoyautées

2 cuillères à soupe de persil haché

Instructions :

1. Faire chauffer l'huile d'olive dans une grande poêle à feu moyen-vif. Assaisonner le poulet des deux côtés avec du sel et du poivre.

2. Cuire le poulet de 4 à 5 minutes de chaque côté ou jusqu'à ce qu'il soit doré.

3. Retirez le poulet de la poêle et placez-le dans la mijoteuse. Ajouter les champignons dans la poêle et cuire pendant 4 à 5 minutes ou jusqu'à ce qu'ils soient tendres.

4. Ajouter l'ail dans la poêle et cuire 30 secondes.

5. Placer le mélange de champignons, l'oignon, les poivrons, l'assaisonnement italien et la sauce marinara dans la mijoteuse.

6. Mélanger délicatement tous les ingrédients ensemble.

7. Couvrir et cuire à FAIBLE intensité pendant 6 à 8 heures ou à intensité ÉLEVÉE pendant 3 à 4 heures.

8. Retirer le couvercle et incorporer les olives. Parsemer le dessus de persil et servir.

Farce à la mijoteuse

PORTIONS : 8 portions PRÉPARATION : 20 min CUISSON : 4 h TEMPS TOTAL : 4 h 20 min

Ingrédients :

12 tasses de cubes de pain séché

½ tasse d'oignon haché

1 tasse de céleri haché

1¾ tasse de bouillon de poulet ou de dinde

4 cuillères à soupe de beurre ramolli

1 cuillère à café d'assaisonnement pour volaille

½ cuillère à café de sauge

1 cuillère à café de sel

½ cuillère à café de poivre noir

2 œufs battus

Instructions :

1. Dans un grand plat allant au four, mélanger les cubes de pain, le céleri et les oignons.

2. Ajouter le bouillon au mélange de pain et presser doucement le mélange avec vos mains pour mouiller tout le pain.

3. Placez le beurre ramolli en petites tapes sur le mélange de pain humide et travaillez doucement avec vos mains.

4. Ajouter l'assaisonnement pour volaille, la sauge, le sel et le poivre et travailler dans le mélange jusqu'à ce qu'il soit incorporé. Goûter pour tester l'assaisonnement et rectifier si nécessaire.

5. Ajouter les œufs battus et mélanger jusqu'à ce qu'ils soient incorporés.

6. Transférer le mélange de farce dans une mijoteuse beurrée.

7. Cuire à intensité ÉLEVÉE pendant 30 à 45 minutes. Ensuite, passez à LOW et faites cuire pendant 3 à 4 heures supplémentaires.

8. Servir quand c'est fait, ou passer la mijoteuse au chaud jusqu'au moment de servir.

Soupe aux pommes de terre Crockpot de Paula Deen

PORTIONS : 6 portions PRÉPARATION : 10 min CUISSON : 6 h TEMPS TOTAL : 6 h 10 min

Ingrédients :

1 sac (30 oz) de pommes de terre rissolées surgelées

2 boîtes (14 oz) de bouillon de poulet

1 boîte (10,75 oz) de crème de poulet

1/2 tasse d'oignon (haché)

1/3 cuillère à café de poivre noir moulu

1 paquet (8 oz) de fromage à la crème (ramolli)

Garniture : oignon vert émincé, cheddar râpé et bacon

Instructions :

1. Placez les pommes de terre rissolées surgelées, le bouillon de poulet, la crème de soupe au poulet, les oignons hachés et le poivre noir moulu dans une mijoteuse.

2. Couvrir la casserole et baisser le feu à doux. Cuire pendant 5 heures.

3. Ajouter 8 oz (1 paquet) de fromage à la crème ramolli. Cuire pendant 30 minutes supplémentaires et remuer de temps en temps jusqu'à ce que le tout soit combiné.

4. Facultatif mais fortement suggéré : garnir de fromage cheddar râpé, de lanières de bacon et d'oignon vert émincé.

Poulet aux champignons et au fromage à la mijoteuse

PORTIONS : 6 portions PRÉPARATION : 10 min CUISSON : 8 h TEMPS TOTAL : 8 h 10 min

Ingrédients :

6 demi-poitrines de poulet désossées et sans peau

1 (10,75 onces) de crème de poulet condensée

1 boîte (10,75 onces) de crème de champignons condensée

½ tasse de xérès à cuire

1 cuillère à café d'ail haché

1 cuillère à café de flocons de céleri

½ cuillère à café de paprika

½ tasse de parmesan râpé

1 boîte (8 onces) de morceaux de champignons, égouttés

Instructions :

1. Placer les poitrines de poulet dans une mijoteuse. Fouetter la crème de soupe au poulet, la crème de soupe aux champignons, le xérès, l'ail, les flocons de céleri et le paprika dans un bol à mélanger. Incorporer le parmesan et les morceaux de champignons; verser sur le poulet.

2. Cuire à feu doux pendant 8 heures jusqu'à ce que le poulet soit tendre et que la sauce ait légèrement réduit.

Mijoteuse ou bifteck de flanc cuit lentement

PORTIONS : 8 portions PRÉPARATION : 15 min CUISSON : 8 h TEMPS TOTAL : 8 h 15 min

Ingrédients :

3 livres de bifteck de flanc

sel et poivre noir moulu au goût

1 grosse carotte, hachée

1 gros oignon, haché

¼ cuillère à café de thym séché moulu

1 feuille de laurier

½ tasse d'eau

Instructions :

1. Assaisonnez le bifteck de flanc avec du sel et du poivre et placez-le dans une mijoteuse. Ajouter la carotte et l'oignon; assaisonner de thym et de laurier. Versez l'eau.

2. Cuire à High pendant 4 heures; retourner le steak et presser dans le liquide. Poursuivre la cuisson jusqu'à ce qu'une fourchette passe facilement à travers la viande, environ 4 heures de plus.

Poulet à la crème d'épinards à la mijoteuse

PORTIONS : 10 portions PRÉPARATION : 10 min CUISSON : 2 h TEMPS TOTAL : 2 h 10 min

Ingrédients :

3 lb de cuisses de poulet désossées et sans peau, parées et coupées en cubes de la taille d'une bouchée

24 oz d'épinards hachés surgelés (2 paquets de 12 oz)

¼ tasse de beurre fondu

½ tasse de fromage à la crème ramolli

10,5 oz de soupe à la crème de poulet

Paquet de 1 oz de mélange pour vinaigrette italienne

Instructions :

1. Placez votre poulet découpé au fond d'une mijoteuse de 6 pintes.

2. Pressez le liquide de vos épinards décongelés.

3. Placez vos épinards sur votre poulet.

4. Mettez vos ingrédients restants dans un mélangeur et mélangez jusqu'à ce qu'ils soient complètement combinés.

5. Versez votre mélange de fromage à la crème sur le tout et mélangez délicatement avec vos épinards et votre poulet avec une spatule en remuant jusqu'à ce qu'ils soient bien mélangés, en raclant les côtés de votre insert afin qu'il n'y ait pas de mélange de fromage à la crème sur les côtés au-dessus de tous les ingrédients.

6. Couvrir et cuire à feu doux pendant 4 à 6 heures ou à feu vif pendant 2 à 3 heures, en remuant une ou deux fois tout au long du temps de cuisson.

Gnocchis au bœuf à la mijoteuse

PORTIONS : 6 portions

Ingrédients :

1 lb de surlonge de bœuf coupée en cubes ou de viande à ragoût

1,35 oz de mélange à soupe à l'oignon

Boîte de 10,75 oz de soupe à la crème de champignons

Boîte de 8 oz de champignons égouttés OU 16 oz de champignons frais

1 gousse d'ail OU 1/4 c. à thé d'ail lyophilisé

8 onces de crème sure

16 oz de gnocchis de pommes de terre

Instructions :

1. Mélangez tous les ingrédients sauf la crème sure et les gnocchis dans votre mijoteuse de 4 pintes.

2. Cuire à feu doux pendant 6 à 8 heures ou jusqu'à ce que le bœuf soit tendre.

3. Allumez votre mijoteuse à feu vif, incorporez la crème sure et les gnocchis jusqu'à ce que la crème sure soit bien mélangée avec le reste de la sauce et faites cuire pendant 10 à 15 minutes supplémentaires, jusqu'à ce que les gnocchis atteignent la tendreté désirée.

Longe de porc Fiesta Crock Pot

PORTIONS : 12 portions PRÉPARATION : 2 min CUISSON : 10 h TEMPS TOTAL : 10 h 2 min

Ingrédients :

3 lb de longe de porc

20 oz de tomates avec piments (2 boîtes de 10 oz), non égouttées

1 oz d'assaisonnement pour tacos

Facultatif : tortillas, nachos, salade de tacos, riz ou petits pains pour servir

Instructions :

1. Placez votre longe de porc dans une mijoteuse de 6 pintes.

2. Ajoutez vos ingrédients restants.

3. Couvrir et cuire à feu doux pendant 8 à 10 heures.

4. Râpez avec deux fourchettes et servez comme bon vous semble.

Poulet au bacon et à la cassonade à la mijoteuse

PORTIONS : 8 portions PRÉPARATION : 5 min CUISSON : 3 h TEMPS TOTAL : 3 h 5 min

Ingrédients :

2 lb de cuisses de poulet désossées et sans peau (ou poitrines de poulet désossées et sans peau coupées en morceaux de la taille d'une cuisse)

16 onces de bacon

1/2 tasse de cassonade

Instructions :

1. Enroulez 2 à 3 morceaux de bacon autour de chaque morceau de poulet. (Le nombre de morceaux par poulet dépendra du nombre de morceaux de bacon dans votre paquet.)

2. Placer le poulet enveloppé de bacon dans une mijoteuse.

3. Saupoudrez uniformément la cassonade sur le dessus de votre poulet.

4. Couvrir et cuire à feu doux pendant 3 à 4 heures ou à feu vif pendant 1,5 à 2 heures. (Tournez votre insert à mi-cuisson si votre mijoteuse ne cuit pas uniformément.)

5. Si désiré, placez le poulet sur une plaque à pâtisserie recouverte de papier parchemin et versez une partie du liquide de cuisson sur votre poulet. Faites griller à feu vif pendant 1 à 3 minutes jusqu'à ce que votre bacon atteigne la quantité de brunissement souhaitée. (Ne vous éloignez PAS lorsque vous utilisez votre gril. Surveillez-le continuellement.)

6. Servir le poulet avec le jus de cuisson restant par-dessus.

Côtelettes de porc au miel et à l'ail

PORTIONS : 4 portions PRÉPARATION : 5 min CUISSON : 3 h TEMPS TOTAL : 3 h 5 min

Ingrédients :

2 lb de côtelettes de porc avec os (Dans mon sac, j'avais trois côtelettes de porc d'un peu moins d'un pouce d'épaisseur.)

1/2 tasse de miel - 1/4 tasse de cassonade tassée

1/2 tasse de ketchup

3 cuillères à soupe de sauce soja faible en sodium

4 gousses d'ail hachées

1 cuillère à soupe de fécule de maïs

1 cuillère à soupe d'eau froide

Instructions :

1. Placez vos côtelettes de porc au fond de votre mijoteuse ou de votre mijoteuse de 6 pintes, en une seule couche, si possible.

2. Dans un bol de taille moyenne, mélangez votre miel, la cassonade, le ketchup, la sauce soya et l'ail jusqu'à ce qu'ils soient bien mélangés.

3. Versez votre sauce sur vos côtelettes de porc. (Si vos côtelettes de porc sont superposées, versez la moitié de votre sauce sur la couche inférieure, placez le reste des côtelettes sur le dessus et recouvrez avec le reste de la sauce.)

4. Couvrir et cuire à feu doux pendant 3 à 4 heures ou à feu vif pendant 1,5 à 2 heures, jusqu'à ce que le centre de la partie la plus épaisse de vos côtelettes atteigne au moins 145 degrés Fahrenheit.

5. Retirez vos côtelettes et placez-les dans un plat pour les garder au chaud.

6. Verser la sauce de cuisson dans une casserole moyenne.

7. Dans un petit bol ou une tasse à café, mélanger la fécule de maïs et l'eau jusqu'à ce qu'ils soient complètement mélangés et incorporer à la sauce.

8. Chauffer à feu moyen-élevé jusqu'à ce qu'il soit à ébullition (environ 3 minutes), réduire le feu et laisser mijoter pendant 2-3 minutes supplémentaires, en remuant continuellement, jusqu'à ce qu'il soit un peu plus mince que vous le souhaitez. (Il va épaissir en refroidissant.)

9. Servir les côtelettes avec la sauce par-dessus.

Côtelettes de porc crémeuses à la mijoteuse cajun

PORTIONS : 6 portions PRÉPARATION : 5 min CUISSON : 2 h TEMPS TOTAL : 2 h 5 min

Ingrédients :

2 lb de côtelettes de porc avec os

10,75 oz de soupe à la crème de poulet

1 oz de mélange de vinaigrette ranch

1 cuillère à soupe d'assaisonnement cajun

8 oz de fromage à la crème ramolli

riz préparé si désiré

Instructions :

1. Vaporisez votre mijoteuse avec un aérosol de cuisson.

2. Mettez vos côtelettes de porc dans votre mijoteuse.

3. Dans un bol séparé, mélangez vos ingrédients restants avec un mélangeur jusqu'à ce qu'ils soient bien combinés.

4. Verser le mélange d'assaisonnement sur le dessus de vos côtelettes de porc.

5. Couvrir et cuire à feu doux pendant 4 à 6 heures ou à feu vif pendant 2 à 3 heures.

6. Retirez vos côtelettes de porc de votre mijoteuse et placez-les sur une assiette pour pouvoir remuer la sauce afin qu'elle soit bien mélangée. (Ce n'est pas grave s'il reste encore quelques points de fromage à la crème.)

7. Si désiré, servir les côtelettes de porc et la sauce sur du riz préparé.

Curseurs de pizza Crock Pot

PORTIONS : 6 portions PRÉPARATION : 5 min CUISSON : 1 h 30 min TEMPS TOTAL : 1 h 35 min

Ingrédients :

12 rouleaux hawaïens maintenus ensemble et non brisés - 1/4 tasse de sauce à pizza (Si vous aimez plus de sauce, allez-y et utilisez-en plus.) - 1/2 cuillère à café de poudre d'ail divisée - 1/2 cuillère à café d'assaisonnement italien divisé

1 tasse de fromage mozzarella râpé

Vos garnitures de pizza préférées

1/4 tasse de beurre fondu - 1/2 cuillère à café de sel d'ail

Instructions :

1. Placez tous les rouleaux sur une grande planche à découper et prenez un grand couteau pour couper tous vos rouleaux en deux en même temps (ne les cassez pas) et retirez délicatement le dessus en un seul gros morceau. Étalez uniformément votre sauce à pizza sur les moitiés inférieures des rouleaux qui sont encore tous connectés.

2. Saupoudrez 1/4 de cuillère à café de votre poudre d'ail et 1/4 de cuillère à café d'assaisonnement italien uniformément sur le dessus de la sauce.

3. Saupoudrez votre fromage Mozzarella uniformément sur la sauce et les assaisonnements.

4. Étendre uniformément les garnitures à pizza désirées sur le fromage. En une seule pièce, placez les moitiés supérieures de vos rouleaux sur la partie inférieure des curseurs.

5. Prenez la planche à découper et faites glisser doucement les curseurs comme un gros pain de la planche à découper et dans une mijoteuse. Dans un petit bol ou une tasse à café, mélanger les ingrédients restants. Badigeonnez généreusement le dessus des curseurs avec le mélange de beurre avec un pinceau à badigeonner.

6. Couvrir et cuire à feu vif pendant 1,5 à 2 heures, en retournant votre insert à mi-cuisson si votre mijoteuse ne cuit pas uniformément.

7. Si vous le souhaitez, et que votre insert est sans danger pour le gril, placez vos rouleaux sur la grille inférieure de votre four avec votre gril à haute température pendant 30 à 60 secondes pour croustiller les dessus. (Surveillez continuellement et ne vous éloignez pas. Vous pouvez passer de la perfection à la brûlure très rapidement dans un gril.)

8. Couper les curseurs et servir

Mijoteuse Little Smokies

PORTIONS : 12 portions PRÉPARATION : 5 min CUISSON : 2 h TEMPS TOTAL : 2 h 5 min

Ingrédients :

2 paquets de petits fumés de 12 à 14 onces

1 1/2 tasse de sauce barbecue

1/2 tasse de cassonade

1/2 tasse de ketchup

1 cuillère à soupe de sauce Worcestershire

1/4 cuillère à café de poudre d'oignon

1/4 cuillère à café d'ail en poudre

Instructions :

1. Placez les petits smokies dans une mijoteuse.

2. Mettre la sauce barbecue, la cassonade, le ketchup, la sauce Worcestershire, la poudre d'oignon et la poudre d'ail dans un bol moyen. Fouetter jusqu'à ce que le tout soit bien mélangé.

3. Verser la sauce sur les petits smokies. Couvrir et cuire à feu doux pendant 2-3 heures, puis servir.

Crock Pot Wassail

PORTIONS : 10 portions PRÉPARATION : 5 min CUISSON : 6 h TEMPS TOTAL : 6 h 5 min

Ingrédients :

1/2 gallon de cidre de pomme

2 tasses de jus d'orange

1/4 tasse de jus de citron

4 bâtons de cannelle

12 clous de girofle entiers

1/2 cuillère à café de gingembre moulu

1/2 cuillère à café de muscade moulue

1 orange en tranches

1 pomme tranchée

Instructions :

1. Mélanger tous les ingrédients ensemble (sauf les oranges et les pommes tranchées) dans la mijoteuse et laisser cuire à feu doux pendant 6 à 8 heures.

2. Ajouter des tranches d'orange et de pomme à la fin et servir chaud dans des tasses.

Trempette de crabe et artichauts crock pot

PORTIONS : 8 portions PRÉPARATION : 5 min CUISSON : 3 h TEMPS TOTAL : 3 h 5 min

Ingrédients :

14 onces de coeurs d'artichauts égouttés et hachés grossièrement

8 onces de fromage à la crème coupé en cubes

4 onces de chair de crabe en morceaux égouttée

1/2 tasse de parmesan râpé

4 oignons verts tranchés

1 cuillère à soupe de jus de citron

Baguette tranchée ou craquelins au beurre pour tremper

Instructions :

1. Vaporisez l'intérieur d'une mijoteuse de 1,5 litre avec un aérosol de cuisson antiadhésif

2. Mélanger tous les ingrédients ensemble dans la mijoteuse jusqu'à ce qu'ils soient combinés.

3. Couvrir et cuire à FAIBLE intensité pendant 2 à 3 heures ou jusqu'à ce que le fromage à la crème soit fondu, en remuant de temps en temps.

4. Racler les parois de la mijoteuse avec une spatule en caoutchouc et remuer une fois de plus avant de servir. Garnir d'oignon vert supplémentaire si désiré.

5. Mettez la mijoteuse sur CHAUD et servez avec des tranches de baguette et/ou des craquelins au beurre.

Porc effiloché à la mexicaine Crock Pot

Ingrédients :

1 lb de filet de porc

1 boîte de 15 oz de sauce tomate

1 cuillère à soupe de piment en poudre

1 cuillère à soupe de cumin moulu

1 cuillère à soupe de cassonade

1 cuillère à café de poivre de Cayenne

½ cuillère à café de sel

3 gousses d'ail hachées

tortillas ou tacos durs

garnitures pour tacos : tomates hachées, olives noires, fromage râpé, oignons verts, crème sure légère

Instructions :

1. Placez le porc dans le fond de votre mijoteuse

2. Dans un petit bol, mélanger tous les ingrédients restants

3. Verser uniformément sur le porc

4. Cuire à feu doux pendant 8 heures

5. Une fois terminé, effilochez le porc à l'aide de deux fourchettes

6. Servir dans des tortillas chaudes ou des tacos durs avec des tomates hachées, des olives noires, du fromage râpé, des oignons verts et de la crème sure légère

Crockpot érable dijon filets de poulet

PORTIONS : 4 portions

Ingrédients :

6 filets de poulet

1/4 tasse de sirop d'érable pur

2 cuillères à soupe de vinaigre balsamique

1/4 tasse de moutarde de Dijon

3/4 cuillère à café de sel d'ail

Poivre à goûter

Instructions :

1. Assaisonner les filets de poulet avec le sel d'ail et un peu de poivre. Placer dans la mijoteuse.

2. Dans un petit bol, mélanger le sirop d'érable, le vinaigre balsamique et la moutarde de Dijon. Bien mélanger.

3. Verser sur les filets de poulet.

4. Allumez votre mijoteuse et faites cuire à feu doux pendant 6 à 8 heures ou à feu vif pendant 4 heures.

5. Servir avec une purée de pommes de terre ou du riz.

Jambon crock pot glacé au miel

PORTIONS : 12 portions PRÉPARATION : 5 min CUISSON : 4 h TEMPS TOTAL : 4 h 5 min

Ingrédients :

2 cuillères à soupe de beurre non salé fondu

3 cuillères à soupe de miel

Jambon en spirale avec os de 6 livres

1 tasse de sucre

1/2 cuillère à café de poudre d'oignon

1/2 cuillère à café de cannelle moulue

1/2 cuillère à café de muscade moulue

1/4 cuillère à café d'ail en poudre

1/4 cuillère à café de clous de girofle moulus

1/4 cuillère à café de gingembre moulu

1/4 cuillère à café de paprika

Instructions :

1. Enduisez votre mijoteuse d'un aérosol antiadhésif. Placer le jambon dans la mijoteuse.

2. Dans un petit bol, mélanger le beurre et le miel. Verser sur le jambon. Couvrir la mijoteuse et cuire à LOW pendant 4 heures. Retirez le jambon de la mijoteuse et placez-le dans un plat allant au four.

3. Dans un bol moyen, mélanger le sucre, la poudre d'oignon, la cannelle, la muscade, la poudre d'ail, les clous de girofle, le gingembre et le paprika jusqu'à ce que le tout soit bien mélangé. Saupoudrer la moitié sur le jambon. Mettre au four et griller à intensité ÉLEVÉE jusqu'à caramélisation. (Vérifiez le jambon pendant que le glaçage cuit !)

4. Mettez l'autre moitié du mélange de sucre dans une petite casserole avec 3 cuillères à soupe d'eau. Laisser mijoter à feu moyen jusqu'à ce que le sucre se dissolve. Retirer le jambon du four et verser le glaçage sur le jambon. Faire griller 1 à 2 minutes de plus, en gardant un œil sur les choses. Retirer du four et servir tiède ou à température ambiante.

Bisque de tomates légère en mijoteuse

PORTIONS : 6-8 portions

Ingrédients :

3 boîtes de 14,5 oz de tomates en dés rôties au feu

2 ch. stock de poulet

1 carotte en dés

1/2 oignon rouge coupé en dés

1 ch. champignons tranchés

3 gousses d'ail finement coupées en dés

1/4 c. sel

1/4 c. poivre

1/2 c. flocons de piment rouge broyés

125 grammes. fromage à la crème léger en cubes

1/2 c. parmesan râpé

Instructions :

1. Mélanger le tout dans une mijoteuse, sauf le fromage à la crème et le parmesan. Cuire à feu doux pendant 6 à 8 heures.

2. Ajouter le fromage à la crème en cubes dans la casserole et cuire encore 20 à 30 minutes.

3. À l'aide d'un mélangeur à immersion, mélanger la soupe dans la mijoteuse jusqu'à ce que vous obteniez la consistance désirée. Si vous préférez une soupe épaisse comme illustré ici, ne faites que quelques passages avec le mélangeur. Si vous préférez une soupe complètement lisse, continuez à mélanger jusqu'à ce qu'elle soit lisse.

4. Bien mélanger la soupe avant de servir et garnir chaque bol d'une pincée de parmesan.

Porc effiloché de porc cherry cola à la cuisson à la cuisson

PORTIONS : 6-8 portions

Ingrédients :

1 épaule de porc de 4 à 5 livres

1 cuillère à café d'ail en poudre

1 cuillère à café de poudre d'oignon

1 cuillère à café de fumée liquide

1 cuillère à café de sel

1/4 cuillère à café de poivre noir

4 canettes Coca Cola Cerise

1 tasse de sauce barbecue du commerce ou maison

Instructions :

1. Placer le porc dans une mijoteuse graissée. Frotter avec du sel, du poivre, de la poudre d'ail, de la poudre d'oignon et de la fumée liquide.

2. Ajouter le cola dans la mijoteuse, couvrir et cuire pendant 8 heures à feu doux.

3. Déchiqueter avec deux fourchettes, incorporer la sauce barbecue et servir sur du riz ou sur un pain à hamburger avec plus de sauce barbecue.

Pâte au bœuf easy crock pot

PORTIONS : 6 portions PRÉPARATION : 10 min CUISSON : 8 h TEMPS TOTAL : 8 h 10 min

Ingrédients :

1 épaule de porc de 4 à 5 livres

1 cuillère à café d'ail en poudre

1 cuillère à café de poudre d'oignon

1 cuillère à café de fumée liquide

1 cuillère à café de sel

1/4 cuillère à café de poivre noir

4 canettes Coca Cola Cerise

1 tasse de sauce barbecue du commerce ou maison

Instructions :

1. Placer le porc dans une mijoteuse graissée. Frotter avec du sel, du poivre, de la poudre d'ail, de la poudre d'oignon et de la fumée liquide.

2. Ajouter le cola dans la mijoteuse, couvrir et cuire pendant 8 heures à feu doux.

3. Déchiqueter avec deux fourchettes, incorporer la sauce barbecue et servir sur du riz ou sur un pain à hamburger avec plus de sauce barbecue.

Crock pot apple cobbler

PORTIONS : 8 portions PRÉPARATION : 10 min CUISSON : 2 h 30 min TEMPS TOTAL : 2 h 40 min

Ingrédients :

6 pommes de taille moyenne (environ 2,5 à 3 livres) évidées, pelées et tranchées

1/2 tasse de cassonade

1 cuillère à soupe de jus de citron

1 cuillère à café de cannelle moulue

1/4 cuillère à café de sel

Boîte de 15,25 onces de mélange à gâteau jaune

1/2 tasse de beurre non salé coupé en 16 morceaux

Instructions :

1. Dans un petit bol, mélanger les tranches de pomme, la cassonade, le jus de citron, la cannelle et le sel jusqu'à ce que le tout soit bien mélangé.

2. Beurrez légèrement le fond et les côtés de votre bassin de mijoteuse.

3. Étendre uniformément le mélange de pommes au fond de la mijoteuse.

4. Saupoudrer uniformément le mélange à gâteau jaune sur la couche de pommes.

5. Répartir uniformément les morceaux de beurre sur le mélange à gâteau.

6. Couvrir la mijoteuse et cuire à HIGH pendant 2 1/2 heures.

7. Servir tiède, de préférence nappé de glace à la vanille.

Crock pot bonbons sucrés salés

PRÉPARATION : 1 h 10 min CUISSON : 1 h 30 min TEMPS TOTAL : 2 h 40 min

Ingrédients :

2 livres d'enrobage de bonbons au chocolat blanc

Barre de cuisson au chocolat blanc de 6 onces

12 onces de pépites de chocolat blanc

3 tasses de cacahuètes grillées à sec

2 ½ tasses de torsades de bretzel brisées en petits morceaux

Arrosage festif si désiré

Instructions :

1. Placer l'enrobage de chocolat blanc, la barre de cuisson au chocolat blanc et les pépites de chocolat blanc dans une mijoteuse. Mettez le couvercle en place.

2. Chauffer les bonbons pendant 1 à 1,5 heures à LOW jusqu'à ce qu'ils soient fondus. Découvrir et remuer le mélange de chocolat.

3. Incorporer les arachides et les bretzels brisés jusqu'à ce qu'ils soient complètement enrobés de bonbons.

4. Déposer par cuillerées (j'aime utiliser une petite cuillère à biscuits) sur une plaque de cuisson recouverte de papier sulfurisé ou d'un tapis en silicone. Si désiré, garnir les bonbons de pépites pendant que le chocolat est encore mou. Laisser les bonbons durcir pendant au moins une heure pour se mettre en place.

Soupe à la saucisse italienne à la mijoteuse

PORTIONS : 6 portions PRÉPARATION : 15 min CUISSON : 8 h TEMPS TOTAL : 8 h 15 min

Ingrédients :

1 (17,6 onces) paquet de saucisses italiennes (voir note) coupées en bouchées

1 oignon moyen coupé en dés

2 grosses carottes pelées et tranchées

1 (19 onces liquides) de haricots blancs égouttés

1 (28 onces liquides) de tomates en dés avec jus

4 tasses de bouillon de légumes

4 traits d'assaisonnement italien

1 cuillère à café d'ail en poudre

1 tasse de pâtes tubulaires non cuites (j'ai utilisé des macaronis)

2 grosses poignées d'épinards frais

Sel et poivre au goût

Instructions :

1. Préparez vos saucisses, oignons et carottes. Je trouve plus simple de sortir les saucisses de leur boyau et de les casser en bouchées. Vous pouvez faire frire la saucisse dans une poêle, puis égoutter la graisse si vous le souhaitez avant de l'ajouter à la mijoteuse, mais cette étape n'est pas nécessaire.

2. Ajouter tous les ingrédients sauf les pâtes, les épinards, le sel et le poivre dans une mijoteuse. Cuire à feu doux pendant 6 à 8 heures.

3. Environ 30 minutes avant de servir, ajouter les pâtes et remuer la soupe toutes les 10 minutes environ pour éviter qu'elle ne colle au fond.

4. Lorsque vous êtes à 5-10 minutes de servir, incorporer les épinards et assaisonner la soupe avec du sel et du poivre au besoin. Sers immédiatement.

Poulet toscan à la mijoteuse

Ingrédients :

6-8 cuisses de poulet désossées et sans peau

3 gousses d'ail, hachées

3 cuillères à soupe de beurre, divisé

1,5 tasse de crème

1/2 tasse de bouillon de poulet (facultatif)

3/4 à 1 tasse de parmesan

1/2 tasse de tomates séchées, hachées ou coupées en lanières

1 cuillère à soupe d'assaisonnement italien

3-4 tasses d'épinards, emballés

1/2 cuillère à café de flocons de piment rouge

1/2 cuillère à café de sel

1/2 cuillère à café de poivre noir fraîchement concassé

1 cuillère à soupe d'huile

Instructions :

1. Assaisonnez le poulet avec du sel, du poivre et des flocons de piment rouge. Chauffer l'huile et 1 cuillère à soupe de beurre dans une poêle à feu moyen-vif. Ajouter le poulet et cuire 5-6 minutes. Retourner et cuire 3-4 minutes de l'autre côté. Transférez-les dans la mijoteuse.

2. Dans la même poêle, ajouter les 2 cuillères à soupe de beurre restantes. Ajouter l'ail et faire sauter pendant 30 à 40 secondes. Ajouter la crème et le bouillon de poulet et cuire 3-4 minutes. Incorporer le parmesan et l'assaisonnement italien et cuire pendant une minute. Ajouter les tomates séchées au soleil et cuire une minute.

3. Verser la sauce sur le poulet dans la mijoteuse. Bien étaler. Couvrir et cuire 3-4 heures à HIGH ou 6-8 heures à LOW.

4. Une fois le poulet tendre et cuit, incorporer les feuilles d'épinards et bien mélanger avec la sauce. Couvrir et cuire jusqu'à ce qu'ils soient flétris.

Poulet craquelé

PORTIONS : 6 portions PRÉPARATION : 10 min CUISSON : 6 h TEMPS TOTAL : 6 h 10 min

Ingrédients :

2 lb de poulet - cuisses ou poitrines désossées et sans peau

1 sachet (1 oz) d'assaisonnement Ranch

2 blocs (8 oz) de fromage à la crème

6 tranches de bacon

1/2 tasse de bouillon de poulet

1,5 tasse de fromage cheddar, râpé

3 oignons verts, coupés en dés

Instructions :

1. Ajouter le poulet et le bouillon de poulet dans la mijoteuse. Saupoudrer l'assaisonnement ranch sur tout le poulet. Disposez uniformément les cubes de fromage à la crème sur le tout. Fermez le couvercle et faites cuire 4-5 heures à feu vif ou 6-7 à feu doux.

2. Faites cuire le bacon croustillant et émiettez-le pour l'utiliser plus tard.

3. Une fois le poulet cuit, retirez le couvercle et déchiquetez le poulet dans la mijoteuse elle-même à l'aide de 2 fourchettes.

4. Garnir de fromage cheddar et de bacon. Remettre le couvercle et cuire quelques minutes jusqu'à ce que le fromage soit fondu.

5. Garnir d'oignons verts coupés en dés et servir.

Chili Vert

PORTIONS : 8-10 portions PRÉPARATION : 15 min CUISSON : 2 h 30 min TEMPS TOTAL : 2 h 45 min

Ingrédients :

2 cuillères à soupe d'huile de cuisson

3 livres de soc ou d'épaule de porc, coupé en cubes de 1 pouce

2 tasses de salsa verde (voir note 1)

1 cuillère à soupe d'origan

2 cuillères à café de cumin en poudre

2 cuillères à café de coriandre en poudre

4 gousses d'ail, tranchées finement

1 tasse de coriandre, hachée

1 tasse de bouillon de poulet

Jus de deux citrons verts

Sel et poivre au goût

Instructions :

1. Chauffer l'huile dans une grande casserole ou un four hollandais à feu moyen-vif.

2. Assaisonnez généreusement les cubes de porc avec du sel et du poivre, puis ajoutez-les à la poêle chauffée. Faire dorer de tous côtés.

3. Transférer le porc, ainsi que tous les autres ingrédients, dans une mijoteuse. Couvrir et cuire à feu vif pendant 4 à 5 heures ou à feu doux pendant 8 à 10 heures.

4. Servir avec vos garnitures préférées.

Picadillo portoricain

PORTIONS : 8 portions PRÉPARATION : 10 min CUISSON : 20 min TEMPS TOTAL : 30 min

Ingrédients :

2 lb de boeuf haché

1 petit oignon, haché

1/2 poivron vert

1/2 poivron rouge

1/2 poivron jaune

3 cuillères à soupe d'ail

4 cuillères à soupe de sofrito

1 sachet d'assaisonnement Sazon (voir note 1)

2 cuillères à café d'origan

2 cuillères à café de cumin

14 onces de sauce tomate

1/3 tasse de raisins secs

1/3 tasse d'olives farcies au piment

2 cuillères à soupe d'huile d'olive

1 cuillère à soupe de coriandre

Instructions :

1. Assaisonner le boeuf haché avec l'adobo.

2. Dans une grande poêle, chauffer l'huile d'olive et ajouter l'oignon, les poivrons et l'ail. Faire sauter jusqu'à ce que l'oignon soit translucide.

3. Ajouter le bœuf haché. Émiettez et remuez jusqu'à ce qu'ils soient dorés.

4. Transférer le mélange de viande dans la mijoteuse. Ajouter l'assaisonnement au sazon, le sofrito, l'origan, le cumin, la sauce tomate et un peu d'eau. Remuer pour combiner.

5. Fermez le couvercle et faites cuire à feu doux pendant 6 à 7 heures ou 3 à 4 heures à feu vif.

6. Ajouter les olives et les raisins secs pendant la dernière heure de cuisson.

Bœuf bourguignon à la mijoteuse

PORTIONS : 6 portions PRÉPARATION : 20 min CUISSON : 9 h TEMPS TOTAL : 9 h 20 min

Ingrédients :

5 tranches de bacon finement hachées

3 livres de mandrin de boeuf désossé coupé en cubes de 1 pouce

1 tasse de vin de cuisine rouge - 2 tasses de bouillon de poulet

1/2 tasse de sauce tomate - 1/4 tasse de sauce soja

1/4 tasse de farine - 3 gousses d'ail finement hachées

2 cuillères à soupe de thym finement haché - 5 carottes moyennes tranchées

1 livre de pommes de terre grelots j'ai utilisé trois couleurs - 8 onces de champignons frais tranchés

persil frais haché pour la garniture

Instructions :

1. Dans une grande poêle, cuire le bacon à feu moyen élevé jusqu'à ce qu'il soit croustillant. Mettre le bacon dans la mijoteuse. Salez et poivrez le bœuf et ajoutez-le à la poêle et faites saisir de chaque côté pendant 2-3 minutes. Transférer le bœuf dans la mijoteuse.

2. Ajouter le vin rouge dans la poêle en raclant les morceaux bruns sur le côté. Laisser mijoter et réduire et ajouter lentement le bouillon de poulet, la sauce tomate et la sauce soja. Incorporer lentement la farine. Ajouter la sauce dans la mijoteuse.

3. Ajouter l'ail, le thym, les carottes, les pommes de terre et les champignons dans la mijoteuse. Remuez bien et faites cuire à feu doux jusqu'à ce que le boeuf soit tendre pendant 8 à 10 heures ou à feu vif pendant 6 heures. Garnir de persil frais et servir avec une purée de pommes de terre si désiré.

Trois chocolats chauds

PRÉPARATION : 30 min CUISSON : 30 min TEMPS TOTAL : 1 h

Ingrédients :

100g Sucre

60 g de cacao en poudre non sucré

6 litres de lait entier

1 cuillère à café d'extrait de vanille

500 ml de crème liquide

100 g de chocolat au lait, haché

100 g de chocolat blanc, haché

Servir:

Crème fouettée, copeaux de chocolat, mini guimauves, poudre de cacao

Instructions :

1. Mettre le sucre, la poudre de cacao et 300 ml de lait dans un petit bol et battre jusqu'à consistance lisse.

2. Versez-le dans le bol en grès amovible avec le reste du lait et de la vanille.

3. Cuire à Low pendant 2h30.

4. Au bout de 2 heures, ajouter le chocolat haché et remuer pour le faire fondre.

5. Une fois le chocolat fondu et mélangé, verser la crème, remettre le couvercle et cuire encore 30 minutes jusqu'à ce qu'il soit bien chaud.

6. Servir dans des tasses en verre, garnies de crème fouettée, de guimauves et de copeaux de chocolat.

Poulet marocain aux abricots, olives et amandes

PRÉPARATION : 15 min CUISSON : +3 h TEMPS TOTAL : +3 h 15 min

Ingrédients :

3 lb de cuisses de poulet sans peau - 1 oignon, coupé en quartiers de 1/2 pouce

1 cuillère à café de cumin moulu - ½ cuillère à café de gingembre moulu

½ cuillère à café de coriandre moulue - ¼ cuillère à café de cannelle moulue

¼ cuillère à café de poivre de Cayenne

Sel casher et poivre noir fraîchement moulu

1 feuille de laurier

⅓ tasse de bouillon de poulet à faible teneur en sodium

1 boîte (15 onces) de pois chiches, égouttés

½ tasse d'olives vertes

½ tasse d'abricots turcs séchés

⅓ tasse d'amandes tranchées, grillées

Instructions :

1. Mélanger les cuisses de poulet avec l'oignon, le cumin, le gingembre, la coriandre, la cannelle et le poivre de Cayenne dans un grand bol.

2. Assaisonnez avec du sel et du poivre selon votre goût.

3. Placer le poulet et les oignons au fond de votre mijoteuse.

4. Ajouter le bouillon de poulet et la feuille de laurier.

5. Couvrir et cuire à feu vif pendant 2 heures.

6. Ajouter les pois chiches, les olives et les abricots.

7. Couvrir et poursuivre la cuisson environ 1 heure, jusqu'à ce que le poulet soit tendre et bien cuit. Les abricots doivent être dodus.

8. Retirer la feuille de laurier et assaisonner le jus avec du sel et du poivre.

9. Les amandes grillées doivent être légèrement dorées et parfumées. Meilleur cuit à 350 degrés.

10. Pour servir, déposer le poulet et le jus dans des bols et garnir d'amandes grillées.

Trempette au fromage blanc Crock pot

PORTIONS : 5 portions CUISSON : 30 min TEMPS TOTAL : 30 min

Ingrédients :

1 lb de fromage américain blanc coupé en petits morceaux

(1) boîte de 4,5 oz de piments verts coupés en dés (ne pas égoutter)

1/2 cuillère à café de cumin

1/2 cuillère à café de sel d'ail

1/2 tasse de lait

Instructions :

1. Dans une mijoteuse de 1,5 pinte, ajouter le fromage blanc américain haché.

2. Ajoutez ensuite les piments verts, le lait et les assaisonnements.

3. Remuer. Couvrir et cuire à feu doux jusqu'à ce qu'il fonde en remuant de temps en temps.

4. Vous pouvez ajouter plus de lait au moment de servir si vous voulez que la sauce au fromage soit plus fine.

Recette de ragoût de bœuf haché à la mijoteuse

PORTIONS : 6 portions PRÉPARATION : 20 min CUISSON : 6 h TEMPS TOTAL : 6 h 20 min

Ingrédients :

1 lb de bœuf haché maigre

1 oignon doux finement haché

1 cuillère à café de sel

4 pommes de terre Yukon gold ou rouges pelées et coupées en morceaux de 1″

1 sac de carottes pelées et coupées en dés

1 boîte de sauce tomate

1 boîte (6 oz) de pâte de tomate

1 boîte de tomates en dés

3 tasses de bouillon de bœuf à faible teneur en sodium

2 cuillères à café d'ail haché

1 cuillère à café de flocons de persil

2 cuillères à café d'assaisonnement italien

1 cuillère à café de sel si nécessaire

1 tasses de pois verts surgelés

Instructions :

1. Viande hachée brune.

2. Ajouter le reste des ingrédients (sauf les pois) et mélanger. Cuire à feu doux pendant 6-7 heures.

3. 1 heure avant la fin de la cuisson ajouter les petits pois et laisser cuire le temps restant.

4. Servir avec du pain croûté.

Recette de rôti de mandrin à la mijoteuse

PORTIONS : 6 portions PRÉPARATION : 10 min CUISSON : 8 h 10 min TEMPS TOTAL : 8 h 20 min

Ingrédients :

Rôti de mandrin de 3 lb - 1 cuillère à soupe d'huile d'olive

2 cuillères à café de sel - 1 cuillère à café de poivre noir -1 cuillère à café de feuilles de thym séchées - 1 oignon jaune moyen pelé et coupé en gros morceaux

1 cuillère à soupe d'ail haché - 2 tasses de bouillon de bœuf

2 cuillères à café de sauce Worcestershire - 2 1/2 lb de petites pommes de terre jaunes dorées

4 Carottes épluchées et coupées en gros morceaux

2 cuillères à soupe d'eau froide - 2 cuillères à soupe de fécule de maïs

Persil frais haché

Instructions :

1. Faire chauffer l'huile d'olive dans une grande poêle à feu moyen-vif.

2. Assaisonner le rôti de paleron avec le sel, le poivre et les feuilles de thym séchées.

3. Faire dorer le rôti dans la poêle. Faites-le cuire 4-5 minutes de chaque côté.

4. Ajoutez ensuite les oignons, les carottes et les pommes de terre (laissez les pommes de terre entières) dans une mijoteuse. Déposer ensuite le rôti de boeuf doré dessus.

5. Ajoutez ensuite l'ail haché, le bouillon de bœuf et la sauce Worcestershire dans la mijoteuse.

6. Couvrir et cuire à feu doux pendant 8 à 10 heures ou à feu vif pendant 4 à 5 heures jusqu'à ce que le rôti de palette soit tendre.

7. Retirer le rôti de la mijoteuse et le déchiqueter. Ensuite, retirez également les légumes de la mijoteuse.

8. Retirez le bouillon de la mijoteuse et placez-le dans une casserole. Vous pouvez filtrer tous les légumes du bouillon si nécessaire. Chauffez le bouillon à feu moyen-élevé et portez-le à faible ébullition.

9. Dans un petit bol, fouetter ensemble l'eau froide et la fécule de maïs. Fouetter ce mélange dans la casserole. Poursuivre la cuisson et fouetter pendant 30 à 60 secondes jusqu'à ce que la sauce épaississe. Servir le rôti et les légumes nappés du jus de la casserole et garnis de persil frais. Prendre plaisir!

Recette de casserole de fromage au brocoli Crockpot

PORTIONS : 8 portions PRÉPARATION : 15 min CUISSON : 2 h 30 min TEMPS TOTAL : 2 h 45 min

Ingrédients :

1 Crème de céleri condensée (10,75 oz)

2 1/2 tasses de fromage cheddar fort râpé et divisé

½ cuillère à café de sel

½ cuillère à café de poivre

40 onces. Brocoli surgelé environ 12 tasses, décongelé

1 ½ tasse de craquelins Ritz écrasés

Instructions :

1. Dans un grand bol, ajouter la soupe de céleri, 2 tasses de fromage, sel et poivre. Remuer jusqu'à ce que le tout soit combiné.

2. Ajouter le brocoli et remuer jusqu'à ce que le brocoli soit uniformément enrobé.

3. Verser le mélange dans la mijoteuse préparée.

4. Saupoudrer le dessus de craquelins écrasés et de la ½ tasse de fromage restante.

5. Couvrir avec un couvercle et cuire à LOW pendant 5 heures ou HIGH pendant 2 ½ heures.

Recette florentine de poulet à la mijoteuse

PORTIONS : 6 portions PRÉPARATION : 10 min CUISSON : 8 h 30 min TEMPS TOTAL : 8 h 40 min

Ingrédients :

4 poitrines de poulet désossées et sans peau

2 cuillères à soupe de beurre

1 tasse de vin blanc sec (ou vin de cuisine)

1 cuillère à soupe d'ail haché

1/2 cuillère à café de sel

1/2 cuillère à café de poivre

1 cuillère à café d'origan

1 tasse de crème fouettée épaisse

1 cuillère à soupe de fécule de maïs

1/2 tasse de parmesan râpé

2 tasses d'épinards frais (hachés)

Instructions :

1. Ajouter le poulet dans la mijoteuse. Garnir le poulet avec le beurre, le vin blanc sec, l'ail haché, l'origan, le sel et le poivre.

2. Couvrir et cuire à feu doux pendant 5 à 7 heures ou à feu vif pendant 2,5 à 3,5 heures jusqu'à ce que le poulet ait une température interne de 165 degrés F mais ne soit pas déchiquetable.

3. Au bout de ce temps, retirez le poulet. Mélangez ensuite la fécule de maïs et la crème fouettée épaisse dans un petit bol.

4. Fouetter ce mélange dans la sauce dans la mijoteuse, incorporer les épinards et le parmesan dans la sauce et remettre le poulet sur le dessus.

5. Couvrir et cuire à feu doux pendant 30 minutes pour épaissir et chauffer la sauce et les épinards sont légèrement flétris.

6. Servir chaud tel quel ou sur des pâtes et régalez-vous !

Bols de riz au curry de poulet Crock Pot

PORTIONS : 6 portions PRÉPARATION : 15 min CUISSON : 6 h TEMPS TOTAL : 6 h 15 min

Ingrédients :

3 dés de poulet désossés et sans peau

1 Poivron Rouge Haché

1 Poivron Vert Haché

1 Boîte de maïs égoutté

2 cuillères à soupe de gingembre moulu

2 cuillères à café d'ail haché

2 cuillères à café de poudre de curry jaune

3 cuillères à soupe de pâte de curry rouge thaï

1 cuillère à soupe de basilic séché

1 cuillère à café de sel

1 tasse de bouillon de poulet

2 boîtes de lait de coco

3 tasses de riz cuit

Instructions :

1. Placer les dés de poulet au fond de la mijoteuse. J'ai utilisé une mijoteuse de 6 pintes.

2. Placer le poivron rouge, le poivron vert, le maïs, le gingembre, l'ail, la poudre de curry jaune, la pâte de curry rouge thaï, le basilic, le sel et le bouillon de poulet dans la mijoteuse au-dessus du poulet.

3. Ajouter le couvercle et cuire à feu doux pendant 6 à 8 heures ou à feu vif 3 à 4 heures.

4. Ajouter le lait de coco dans la mijoteuse pendant les 30 dernières minutes du temps de cuisson.

5. Servir le mélange de curry de poulet mijoté sur le riz cuit. Prendre plaisir!

Recette de lasagnes à la dinde Crock Pot

PORTIONS : 6 portions PRÉPARATION : 15 min CUISSON : 4 h 30 min TEMPS TOTAL : 4 h 45 min

Ingrédients :

1 livre de dinde hachée - 1 cuillère à soupe d'huile d'olive

1/2 oignon (coupé en petits dés) - 1 boîte de petites tomates en dés (14,5 oz)

2 boîtes de tomates concassées (15 oz chacune) - 1 cuillère à café d'ail haché

1 cuillère à soupe d'assaisonnement italien - 1/2 cuillère à café de sel

1/2 cuillère à café de poivre - 8 oz de nouilles à lasagne (non cuites)

1 tasse de fromage ricotta - 2 tasses de fromage mozzarella

1 tasse de parmesan

Instructions :

1. Faire chauffer l'huile d'olive dans une grande poêle à feu moyen-vif. Ajoutez ensuite la dinde hachée et les oignons coupés en dés. Faire sauter jusqu'à ce que les oignons soient tendres et que la dinde soit dorée.

2. Ajouter ensuite l'ail émincé et cuire 1 minute jusqu'à ce que l'ail soit parfumé. Ajoutez ensuite les tomates concassées, les tomates en dés, l'assaisonnement italien, le sel et le poivre. Remuer et cuire pendant 7 à 8 minutes jusqu'à ce que le tout soit bien chaud et bien mélangé. Retirez ensuite la casserole du feu.

3. Dans un autre bol, mélanger le fromage ricotta, 1 ½ tasse de fromage mozzarella et le fromage parmesan.

4. Vaporisez une mijoteuse de 6 pintes avec un aérosol de cuisson antiadhésif. Versez ensuite une couche de sauce au fond de la mijoteuse (environ 1 à 1 ½ tasse). Ensuite, placez une couche de pâtes à lasagne sur le dessus. Vous pouvez casser quelques nouilles pour couvrir le dessus de la sauce. Ensuite, couchez environ ⅓ du mélange de fromage sur le dessus, suivi d'environ 1 tasse de sauce à la dinde hachée.

5. Répétez ces couches 2 fois de plus en vous assurant de terminer avec la sauce à la viande. Saupoudrer la ½ tasse restante de fromage mozzarella sur le dessus.

6. Couvrir et cuire les lasagnes à feu doux pendant 4 à 5 heures jusqu'à ce que les nouilles soient tendres.

7. Ensuite, éteignez la mijoteuse et laissez reposer les lasagnes pendant 20 à 30 minutes avant de servir. Alors. La lasagne est prête à servir et à déguster !

Recette de sandwich à la poitrine de bœuf mijoteuse

PORTIONS : 8 portions PRÉPARATION : 5 min CUISSON : 10 h 30 min TEMPS TOTAL : 10 h 35 min

Ingrédients :

4 lb de poitrine de bœuf

1 cuillère à soupe de cassonade

2 cuillères à soupe de paprika

2 cuillères à café de sel

2 cuillères à café de poivre

2 cuillères à soupe de sauce Worcestershire

1 cuillère à soupe de piment en poudre

2 cuillères à café de cumin

2 tasses de sauce barbecue

8 petits pains

Instructions :

1. Placez tout (sauf les petits pains) dans la recette de la mijoteuse. J'ai utilisé une mijoteuse de 6 pintes.

2. Cuire à feu doux pendant 8 à 10 heures ou à feu vif pendant 4 à 5 heures.

3. Déchiqueter la poitrine de bœuf et l'incorporer aux autres ingrédients dans la mijoteuse.

4. Servir sur des pains à hamburger avec nos garnitures préférées et déguster !

Recette de barbacoa au bœuf à la mijoteuse

PORTIONS : 8 portions PRÉPARATION : 15 min CUISSON : 8 h TEMPS TOTAL : 8 h 15 min

Ingrédients :

Rôti de mandrin de 3 lb

2 piments chipotle en adobo

1/4 tasse de vinaigre blanc

1 cuillère à soupe d'origan

1 cuillère à café de sel

1 cuillère à café de poivre

2 cuillères à soupe de piment en poudre

1 cuillère à soupe de cumin

2 cuillères à café d'ail haché

1 citron vert frais pressé

1 tasse de bouillon de boeuf

Instructions :

1. Placer le rôti dans la mijoteuse.

2. Placer tous les autres ingrédients dans un robot culinaire et mélanger jusqu'à ce qu'ils soient bien mélangés. Verser le mélange sur le dessus du rôti dans la mijoteuse.

3. Cuire à feu doux pendant 8 à 10 heures ou à feu vif pendant 5 heures (jusqu'à ce que la viande se désagrège).

4. Effilocher la viande et la remuer dans la sauce

5. Servir sur vos tortillas préférées et avec vos garnitures préférées. Prendre plaisir!

Recette de poulet crémeux au parmesan Crock Pot

PORTIONS : 6 portions PRÉPARATION : 5 min CUISSON : 6 h 50 min TEMPS TOTAL : 6 h 55 min

Ingrédients :

3 lb de poitrines de poulet désossées et sans peau

1/2 tasse de beurre

1/2 cuillère à café d'assaisonnement italien

2 cuillères à soupe d'ail haché

1/2 cuillère à café de sel

2 tasses de crème fouettée épaisse

1 cuillère à soupe de fécule de maïs

1 tasse de parmesan râpé

2 tasses d'épinards frais (hachés)

Instructions :

1. Ajouter le poulet dans la mijoteuse. Garnir le poulet avec le beurre, l'ail haché et le sel.

2. Couvrir et cuire à feu doux pendant 5 à 7 heures ou à feu vif pendant 2,5 à 3,5 heures jusqu'à ce que le poulet ait une température interne de 165 degrés F.

3. Au bout de ce temps, retirez le poulet. Mélangez ensuite la fécule de maïs, la crème fouettée épaisse et le parmesan râpé dans un petit bol.

4. Fouetter ce mélange dans la sauce dans la mijoteuse, incorporer les épinards dans la sauce et remettre le poulet sur le dessus.

5. Couvrir et cuire à feu doux pendant 30 minutes pour épaissir et chauffer la sauce et les épinards sont légèrement flétris.

6. Servir chaud tel quel ou sur des pâtes et régalez-vous !

Recette de salade de tacos à la mijoteuse

PORTIONS : 6 portions PRÉPARATION : 10 min CUISSON : 6 h TEMPS TOTAL : 6 h 10 min

Ingrédients :

2 livres de boeuf haché

½ oignon (coupé en dés)

1 tasse de salsa

1/2 tasse d'eau

2 cuillères à soupe d'assaisonnement pour tacos

1 boîte de haricots noirs (boîte de 15 oz, rincée et égouttée)

6 tasses de laitue romaine (hachée)

1 tasse de tomates cerises (coupées en deux)

1/4 oignon rouge (coupé en dés)

1 botte de coriandre (hachée)

1 avocat (en dés)

2 tasses de croustilles tortillas

1/4 tasse de crème sure

Instructions :

1. Faire dorer le boeuf haché dans une grande poêle à feu moyen-élevé avec l'oignon coupé en dés. Égoutter l'excès de graisse et placer le mélange de boeuf et d'oignon dans une mijoteuse.

2. Ajouter les haricots noirs, la salsa, l'eau et l'assaisonnement pour tacos. Remuer pour combiner. Couvrir et cuire à feu doux pendant 5-6 heures ou à feu vif pendant 3 heures.

3. Il est ensuite temps de préparer les salades.

4. Placer la laitue dans un grand bol. Garnir avec les croustilles tortillas, le mélange de bœuf, la coriandre, les tomates, le fromage, l'oignon rouge, l'avocat et la crème sure.

5. Servez immédiatement et régalez-vous !

Recette de corned-beef et de chou à la mijoteuse

PORTIONS : 6 portions PRÉPARATION : 15 min CUISSON : 8 h TEMPS TOTAL : 8 h 15 min

Ingrédients :

4 lb de poitrine de bœuf salé

3 carottes épluchées et coupées en gros morceaux

1 lb de petites pommes de terre jaunes coupées en deux

1/2 tête de chou vert coupé en quartiers

3 tasses d'eau

4 cuillères à soupe de beurre

2 cuillères à café d'ail haché

1 cuillère à soupe de persil haché

1 cuillère à café de sel

1 cuillère à café de poivre

moutarde en grains pour servir en option

Instructions :

1. Retirer le corned-beef de l'emballage.

2. Placer la poitrine de bœuf salé (côté gras vers le haut), les carottes et les pommes de terre dans une mijoteuse. Ajouter 3 tasses d'eau à la mijoteuse, plus le sachet d'assaisonnement fourni dans le paquet de corned-beef.

3. Couvrir et cuire à LOW pendant 6 heures.

4. Ajouter le chou sur le corned-beef et cuire à LOW pendant encore 2 heures.

5. Retirer le chou, le corned-beef, les pommes de terre et les carottes de la mijoteuse. Trancher le corned-beef contre le grain.

6. Mettre le beurre, l'ail, le persil, le sel et le poivre dans un petit bol. Cuire au micro-ondes par tranches de 30 secondes ou jusqu'à ce qu'il fonde.

7. Verser le beurre à l'ail sur les carottes, les pommes de terre et le chou. Placer la viande, les pommes de terre et les légumes sur un plateau et servir avec de la moutarde à côté si désiré.

Casserole de pommes de terre rissolées pour hamburger
Easy Crockpot

PORTIONS : 6 portions PRÉPARATION : 15 min CUISSON : 6 h TEMPS TOTAL : 6 h 15 min

Ingrédients :

2 lb de boeuf haché doré et égoutté

1/2 oignon haché

1 paquet de pommes de terre rissolées râpées (32 oz) décongelées

2 boîtes de crème de champignons

1 tasse de lait

2 tasses de fromage Colby et Monterey Jack râpés

1 cuillère à café de poivre

Instructions :

1. Faire dorer le bœuf haché et égoutter.

2. Dans un bol, mélanger le bœuf, l'oignon, les pommes de terre rissolées, le lait, la crème de champignons, le poivre et 1 tasse de fromage.

3. Ajouter ces ingrédients dans la mijoteuse.

4. Couvrir et cuire à feu vif pendant 3 heures ou à feu doux pendant 6 heures.

5. Garnir avec les mélanges de fromage restants pendant les 5 dernières minutes de cuisson.

6. Servez et dégustez !

Recette de Ziti cuit à la mijoteuse

PORTIONS : 6 portions PRÉPARATION : 15 min CUISSON : 6 h TEMPS TOTAL : 6 h 15 min

Ingrédients :

1 livre de bœuf haché (vous pouvez également utiliser de la saucisse hachée ou de la dinde hachée)

1/2 oignon finement haché - 2 cuillères à café d'ail haché

1 cuillère à café de sel - 1 œuf

1 cuillère à soupe d'assaisonnement italien - 3 boîtes de tomates concassées (14,5 oz)

1 tasse de bouillon de bœuf - 16 oz de pâtes ziti

1 tasse de fromage ricotta - 2 tasses de fromage Mozzarella (râpé)

1/4 tasse de parmesan (râpé)

Instructions :

1. Dans une grande poêle, cuire le boeuf haché et l'oignon jusqu'à ce qu'ils soient dorés. Défaire la viande en cours de cuisson.

2. Retirer du feu, puis incorporer les tomates broyées, l'ail haché, le sel, l'assaisonnement italien et le bouillon de boeuf. Remuer pour combiner tous les ingrédients ensemble.

3. Dans un petit bol, mélanger la ricotta, l'œuf et le parmesan.

4. Étalez une petite quantité du mélange de viande au fond de la mijoteuse et assurez-vous que tout le fond est recouvert.

5. Garnir de ce mélange avec la moitié des pâtes, puis verser la moitié de la sauce restante sur les pâtes.

6. Placer des cuillerées du mélange de fromage ricotta sur le dessus de la sauce et saupoudrer la moitié du fromage mozzarella sur le dessus.

7. Garnir ensuite du reste des pâtes, de la sauce à la viande, du fromage ricotta et de la mozzarella restante.

8. Couvrir et cuire 1h30 à 2h à feu vif jusqu'à ce que les pâtes soient tendres.

9. Ensuite, complétez la mijoteuse et laissez reposer pendant 10 à 15 minutes. Puis servez chaud et dégustez !

Recette de chili à la patate douce et aux haricots noirs Crock Pot

PORTIONS : 6 portions PRÉPARATION : 15 min CUISSON : 5 h TEMPS TOTAL : 5 h 15 min

Ingrédients :

1/2 oignon coupé en dés

1 poivron vert coupé en dés

2 cuillères à café d'ail haché

2 boîtes de haricots noirs (15 oz) égouttés et rincés

1 boîte de tomates en dés (15 oz.)

1 cuillère à soupe de piment en poudre

1 cuillère à café de cumin

1 cuillère à café de paprika

1/2 cuillère à café de poivre de Cayenne facultatif

1 cuillère à café d'origan

1 cuillère à café de sel

3 tasses de bouillon de poulet

2 patates douces moyennes pelées et coupées en dés

Instructions :

1. Ajouter le tout dans la mijoteuse.

2. Couvrir et cuire à feu doux pendant 4 à 5 heures à feu doux.

3. Servir chaud avec vos garnitures préférées : crème sure, avocats et coriandre.

Recette de la mijoteuse Zuppa Toscana

PORTIONS : 6 portions PRÉPARATION : 15 min CUISSON : 5 h 30 min TEMPS TOTAL : 5 h 45 min

Ingrédients :

1 livre de saucisse italienne moulue

1 cuillère à soupe d'ail haché

1/2 oignon haché

4 pommes de terre Russet épluchées et coupées en dés

1 cuillère à café de sel

1 cuillère à café de poivre

4 tasses de bouillon de poulet

1 botte de tiges de chou frisé retirées et coupées en bouchées

1 tasse de crème fouettée épaisse

1/4 tasse de parmesan râpé (pour la garniture)

Instructions :

1. Faire dorer la saucisse hachée dans une grande poêle et égoutter le gras restant de la poêle.

2. Ajouter la saucisse hachée dans la mijoteuse.

3. Placer dans l'ail haché, l'oignon, la pomme de terre, le sel, le poivre et le bouillon.

4. Remuer pour combiner.

5. Cuire à feu doux pendant 5 à 6 heures à feu doux ou à feu vif pendant 2,5 à 3 heures jusqu'à ce que les pommes de terre soient bien cuites.

6. Incorporer la crème fouettée et le kale haché. Couvrir et cuire à feu doux pendant 30 minutes ou à feu vif pendant 15 minutes jusqu'à ce que le chou soit bien cuit.

7. Remuer et servir.

8. Garnir de parmesan au moment de servir et déguster !

Recette facile de ragoût de bœuf irlandais à la mijoteuse

PORTIONS : 6 portions PRÉPARATION : 15 min CUISSON : 8 h TEMPS TOTAL : 8 h 15 min

Ingrédients :

Rôti de mandrin de 1 1/2 livre coupé en morceaux de 1 ½ pouce ou viande de ragoût pré-coupée

1/4 tasse de farine

2 cuillères à café de sel

1 cuillère à café de poivre

2 livres de pommes de terre Yukon Gold coupées en quartiers

1 livre de carottes miniatures

1 oignon coupé en dés

1 cuillère à soupe d'ail haché

5 tasses de bouillon de bœuf

1 boîte de pâte de tomate de 8 oz

1/4 tasse de vinaigre de vin rouge

1 cuillère à soupe de sauce Worcestershire

1 cuillère à soupe de thym séché

2 feuilles de laurier

Persil frais haché en haut

Instructions :

1. Dans un grand sac, mettre le rôti, la farine, le sel et le poivre. Mélanger pour enrober. Placer au fond de la mijoteuse.

2. Versez tout le reste dessus.

3. Couvrir et cuire à feu doux pendant 8 heures ou jusqu'à ce que le bœuf soit tendre

4. Retirer les feuilles de laurier et servir.

5. Garnir de persil frais.

Recette de quesadillas au poulet râpé à la mijoteuse

PORTIONS : 6 portions PRÉPARATION : 10 min CUISSON : 6 h TEMPS TOTAL : 6 h 10 min

Ingrédients :

2 poitrines de poulet désossées et sans peau

1 boîte de tomates en dés avec piments verts (10 oz)

2 cuillères à soupe d'assaisonnement pour tacos (½ paquet d'assaisonnement pour tacos)

1/2 oignon haché

6 tortillas à la farine (format burrito)

2 tasses de fromage Monterrey Jack (râpé)

Instructions :

1. Placer le poulet, les tomates, l'assaisonnement pour tacos et les oignons dans la mijoteuse. Cuire à feu doux pendant 6 à 8 heures ou à feu vif 3 à 4 heures. Effilocher le poulet et remuer.

2. Déposer le mélange sur la tortilla de farine.

3. Garnir de fromage Monterey Jack. Plier en deux.

4. Cuire sur une plaque chauffante pendant quelques minutes jusqu'à ce qu'il commence à dorer. Retourner.

5. Continuez jusqu'à ce que toutes les quesadillas soient préparées.

6. Servez avec vos garnitures préférées et dégustez !

Recette de Chow Mein au poulet à la mijoteuse

PORTIONS : 6 portions PRÉPARATION : 15 min CUISSON : 6 h 15 min TEMPS TOTAL : 6 h 30 min

Ingrédients :

1/4 tasse de sauce soja légère - 2 cuillères à soupe de cassonade

1 cuillère à soupe de sauce soja noire - 1 cuillère à soupe de sauce aux huîtres

1 cuillère à café de gingembre moulu - 1 cuillère à soupe d'ail haché

2 cuillères à café d'huile de sésame - 2 cuillères à café de sauce sriracha

2 livres. cuisses de poulet désossées et sans peau - 2 tasses de bouquets de brocoli

1 tasse de pois mange-tout - 1 tasse de carottes râpées

1 poivron rouge tranché finement - 5 oz de châtaignes d'eau tranchées égouttées

1 lb de nouilles lo mein séchées - graines de sésame pour la décoration

oignons verts tranchés pour la garniture

Instructions :

1. Ajouter les cuisses de poulet au fond de l'insert de la mijoteuse. Fouetter ensemble les ingrédients de la sauce et verser sur le poulet.

2. Couvrir et cuire à FAIBLE intensité pendant 6 à 8 heures ou à intensité ÉLEVÉE pendant 3 à 4 heures.

3. Retirer le poulet de la mijoteuse, le déchiqueter, puis le remettre dans la mijoteuse avec le jus et la sauce.

4. Ajouter le brocoli, les pois mange-tout, les carottes, le poivron et les châtaignes d'eau et remuer.

5. Couvrir et cuire à intensité ÉLEVÉE pendant 15 minutes, jusqu'à ce que les légumes soient tendres.

6. Pendant que les légumes cuisent, faites bouillir et égouttez les pâtes selon les instructions sur l'emballage, puis ajoutez-les à la mijoteuse avec le poulet et les légumes. Bien mélanger, puis servir avec des garnitures, si désiré.

Recette de chili cowboy à la mijoteuse

PORTIONS : 10 portions PRÉPARATION : 15 min CUISSON : 6 h TEMPS TOTAL : 6 h 15 min

Ingrédients :

2 livres. Le bœuf haché

1 oignon moyen haché

1 gros poivron rouge haché

1 cuillère à soupe d'ail haché

2 cuillères à café de sel

2 cuillères à café de poivre

2 tasses de bouillon de bœuf

1 28 oz. boîte de tomates concassées

1 14,5 onces. boite de tomates confites

2 boîtes de haricots rouges égouttés

1/4 tasse de piment en poudre

½ cuillère à café de poivre de Cayenne facultatif

1 cuillère à soupe de cumin

2 tasses de fromage cheddar pour les garnitures

Oignon rouge coupé en dés pour la garniture

Instructions :

1. Faire dorer le bœuf dans une poêle. Égouttez la graisse.

2. Placer dans la mijoteuse.

3. Ajouter le reste des ingrédients sauf le fromage cheddar et l'oignon rouge.

4. Couvrir et cuire à feu doux pendant 6 à 8 heures ou à feu vif pendant 3 à 4 heures.

5. Servir avec du pain de maïs, garnir de fromage râpé et d'oignons.

Recette de chili au poulet blanc Keto en mijoteuse

PORTIONS : 6 portions PRÉPARATION : 10 min CUISSON : 8 h TEMPS TOTAL : 8 h 10 min

Ingrédients :

3 poitrines de poulet désossées et sans peau

2 tasses de bouillon de poulet

1/2 oignon coupé en dés

1/2 tasse de salsa verte

1 cuillère à café d'ail haché

1 cuillère à café de cumin

1 cuillère à café de sel

1 cuillère à café de poivre

8 oz de fromage à la crème

1/2 tasse de crème fouettée épaisse

2 tasses de fromage Monterrey jack

1 avocat coupé en dés

1 tomate roma coupée en dés

Instructions :

1. Placez tout sauf le fromage à la crème et la crème fouettée dans la mijoteuse.

2. Cuire à feu doux pendant 8 heures

3. Effilocher le poulet.

4. Incorporer la crème épaisse et le fromage à la crème jusqu'à ce qu'ils soient fondus

5. Garnir de fromage Monterrey jack, de tomates en dés et d'avocats

Recette de haricots de style Crock Pot Ranch

PORTIONS : 6 portions PRÉPARATION : 15 min CUISSON : 8 h TEMPS TOTAL : 8 h 15 min

Ingrédients :

1 livre de haricots pinto séchés

6 onces de pâte de tomate

½ tasse d'oignons hachés

1 gousse d'ail hachée

1 cuillère à soupe de piment en poudre

dash flocons de piment rouge broyés

1 cuillère à café de sel

1 cuillère à café de cumin

½ cuillère à café de marjolaine séchée

7 tasses d'eau

Instructions :

1. Mettre tous les ingrédients dans la mijoteuse dans l'ordre. J'aime mettre l'eau en dernier parce qu'elle a tendance à "mélanger" bien le tout.

2. Si vous n'aimez pas hacher l'ail vous-même, vous pouvez remplacer 3-4 cuillères à café d'ail haché en bouteille. (C'est une indulgence, mais c'est une grande commodité et parfois vous pouvez le trouver démarqué. De plus, une petite bouteille durera longtemps.)

3. Cuire à basse température pendant 8 heures ou à haute température pendant 5 heures.

4. Servir chaud et mélanger une pincée (ou deux) de fromage râpé sur le dessus pour un peu plus de miam !

Rôti de pot de cornichons à l'aneth dans une mijoteuse

PORTIONS : 8 portions PRÉPARATION : 10 min CUISSON : 8 h TEMPS TOTAL : 8 h 10 min

Ingrédients :

Rôti de boeuf de 4 lb - Un rôti de mandrin ou de croupe fonctionne très bien dans cette recette

1 paquet de Brown Sauce Mix 1 oz.

1 paquet Ranch Dressing Mix 1 oz.

1/2 pot de cornichons à l'aneth pour bébé 24 oz - Les cornichons et le jus.

Instructions :

1. Ajouter tous les ingrédients dans une mijoteuse de 6 pintes.

2. Couvrir et cuire à feu doux pendant 8 à 10 heures ou à feu vif pendant 4 à 5 heures.

3. Retirer la viande, la déchiqueter avec 2 fourchettes et la remettre dans le jus de la mijoteuse.

4. Servez avec vos accompagnements préférés et dégustez !

Recette de pouding au pain à la mijoteuse

PORTIONS : 8 portions PRÉPARATION : 20 min CUISSON : 3 h TEMPS TOTAL : 3 h 20 min

Ingrédients :

1 miche de pain coupée en 8 tasses

2 tasses de crème épaisse

4 œufs

1/4 tasse de beurre fondu

1 cuillère à soupe de cannelle

1 cuillère à café de noix de muscade

1 cuillère à café de vanille

1/4 tasse de sucre cristallisé

Instructions :

1. Préchauffer la mijoteuse à réglage élevé.

2. Placer les cubes de pain dans un grand bol à mélanger, réserver.

3. Mélanger les ingrédients restants dans un bol à mélanger de taille moyenne, bien fouetter.

4. Verser les ingrédients liquides sur les cubes de pain, remuer jusqu'à ce que le pain soit complètement enrobé.

5. Transférer le mélange de pain dans la mijoteuse, réduire le feu à doux.

6. Cuire pendant 3 heures ou jusqu'à ce qu'un couteau inséré au centre en ressorte propre.

7. Servir chaud avec de la crème fouettée sur le dessus.

Recette de poulet Crock Pot Monterey

PORTIONS : 6 portions PRÉPARATION : 10 min CUISSON : 6 h TEMPS TOTAL : 6 h 10 min

Ingrédients :

3 grosses poitrines de poulet désossées et sans peau

1 oignon tranché épais

1 cuillère à café de sel

1 cuillère à café de poivre

1 tasse de sauce barbecue

2 tasses de fromage Monterey râpé

6 tranches de bacon cuites et émiettées

1/2 tasse de tomates en dés

1/4 tasse d'oignons verts

Instructions :

1. Dans une mijoteuse de 6 litres, placez les oignons au fond et le poulet au-dessus.

2. Assaisonnez avec du sel et du poivre.

3. Verser le barbecue dessus.

4. Cuire à feu doux pendant 6 heures ou jusqu'à ce que le poulet soit tendre.

5. 30 minutes avant de servir, garnir de fromage et de bacon.

6. Servir sur les oignons et garnir de tomates en dés et d'oignons verts.

Recette de pâtes cuites au four à la mijoteuse avec boulettes de viande

PORTIONS : 8-10 portions PRÉPARATION : 15 min CUISSON : 6 h TEMPS TOTAL : 6 h 15 min

Ingrédients :

1 livre Ziti ou Rigatoni

(2) pots de 24 oz de sauce à spaghetti

1 lb de boulettes de viande précuites surgelées

2 tasses de fromage mozzarella râpé

1 tasse de parmesan pour la garniture

Instructions :

1. Rincer les pâtes à l'eau tiède et laisser égoutter.

2. Verser ½ pot de sauce au fond de la mijoteuse.

3. Ajouter ½ pâtes.

4. Ajouter ½ boulettes de viande.

5. Ajouter ½ pot de sauce sur les boulettes de viande.

6. Ajouter 1 tasse de fromage.

7. Ajouter les pâtes restantes, puis les boulettes de viande restantes.

8. Ajouter le reste de sauce, puis le fromage.

9. Cuire à feu doux pendant 6 heures.

Recette facile de Sloppy Joes à la mijoteuse

PORTIONS : 18 portions PRÉPARATION : 10 min CUISSON : 5 h TEMPS TOTAL : 5 h 10 min

Ingrédients :

3 lb de bœuf haché ou vous pouvez utiliser de la dinde hachée

1/3 tasse de cassonade

1/3 tasse de moutarde

1 1/2 tasse de ketchup

12 pains à hamburger

Instructions :

1. Faire dorer le bœuf haché et l'ajouter à la mijoteuse.

2. Ajouter le reste des ingrédients dans la mijoteuse. Remuer pour combiner.

3. Cuire à feu doux pendant 3 à 5 heures.

4. Servir sur des pains à hamburger.

Crock Pot Poulet Marsala

PORTIONS : 6 portions PRÉPARATION : 15 min CUISSON : 6 h 15 min TEMPS TOTAL : 5 h 45 min

Ingrédients :

3 poitrines de poulet désossées et sans peau en filets (en 6 morceaux)

2 cuillères à café d'ail haché

1/2 tasse de marsala

1/2 tasse de bouillon de poulet

1 1/2 tasses de champignons tranchés

1/4 tasse de fécule de maïs

1/4 tasse de crème épaisse

1/3 tasse d'eau froide

Instructions :

1. Placer le poulet, l'ail, le vin, le bouillon de poulet et les champignons dans la mijoteuse.

2. Couvrir et cuire à LOW pendant 5 heures. (Cela peut être cuit à feu vif, il suffit d'ajuster le temps.)

3. Retirer le poulet de la mijoteuse. Fouetter ensemble l'eau et la fécule de maïs dans un petit bol. Versez-le dans la mijoteuse et mélangez.

4. Remettez le poulet dans la mijoteuse, mettez le feu à ÉLEVÉ et faites cuire pendant 30 minutes jusqu'à ce que la sauce ait épaissi.

5. Incorporer la crème épaisse et servir sur les pâtes.

6. Sel et poivre au goût.

Recette de maïs en crème Crock Pot

PORTIONS : 8 portions PRÉPARATION : 5 min CUISSON : 3 h TEMPS TOTAL : 3 h 5 min

Ingrédients :

3 boîtes de conserves de maïs de 15 oz – égouttées

1/2 tasse de lait

8 oz de fromage à la crème coupé en cubes

1/2 tasse de beurre non salé coupé en fines tranches

1 cuillère à soupe de sucre

1 cuillère à café de sel

1/2 cc Poivre

Instructions :

1. Placer le maïs égoutté dans la mijoteuse. Ajouter le lait, le sucre, le sel et le poivre dans la mijoteuse. Remuer doucement pour combiner ces ingrédients dans la mijoteuse.

2. Placez le fromage à la crème coupé en dés et le beurre sur ces ingrédients dans la mijoteuse. Couvrir et cuire à feu vif pendant 2-3 heures jusqu'à ce que le beurre et le fromage soient fondus.

3. Découvrir et mélanger tous les ingrédients ensemble.

4. Servir chaud et déguster !

Recette de bifteck de cube et de sauce à la mijoteuse

PORTIONS : 6 portions PRÉPARATION : 10 min CUISSON : 9 h TEMPS TOTAL : 9 h 10 min

Ingrédients :

1,5 lb de steak cube

1 paquet de mélange à soupe à l'oignon (2 oz)

2 boîtes de crème de champignons (10,5 oz)

1 tasse de bouillon de boeuf

12 oz de nouilles aux œufs

1/2 tasse d'eau

2 cuillères à soupe de fécule de maïs

Instructions :

1. Placer le bœuf, le mélange de soupe à l'oignon, la crème de soupe aux champignons et le bouillon de bœuf dans une mijoteuse de 6 pintes.

2. Couvrir et cuire à feu doux pendant 6 à 8 heures ou à feu vif pendant 3 à 4 heures jusqu'à ce que le bœuf soit tendre.

3. 1 heure avant de servir, mélanger la fécule de maïs et l'eau dans un petit bol.

4. Incorporer le mélange de fécule de maïs dans la mijoteuse et cuire à feu vif pendant 1 heure pour aider à épaissir votre sauce.

5. Pendant que la sauce épaissit, faites cuire les nouilles aux œufs en suivant les instructions sur l'emballage.

6. Servir le steak et la sauce sur les nouilles aux œufs et déguster !

Recette facile de taquitos au poulet à la mijoteuse

PORTIONS : 12 portions PRÉPARATION : 15 min CUISSON : 4 h TEMPS TOTAL : 4 h 15 min

Ingrédients :

1 lb de poitrine de poulet

1 cuillère à café de cumin

1 cuillère à café d'ail en poudre

1 cuillère à café de piment en poudre

1/2 cuillère à café de sel

1/4 cuillère à café de poivre

1/3 tasse d'eau

4 onces de fromage à la crème (en cubes et ramolli)

3/4 tasse de fromage râpé

tortillas à la farine

Instructions :

1. Dans un petit bol, ajouter le cumin, la poudre d'ail, la poudre de chili, le sel et le poivre, bien mélanger.

2. Placer la poitrine de poulet au fond de la mijoteuse. Verser le mélange d'assaisonnement et l'eau dans le pot.

3. Cuire à feu doux pendant 4 heures.

4. Retirer le poulet de la mijoteuse et le déchiqueter avec 2 fourchettes.

5. Mélanger avec le fromage à la crème et ¼ tasse de fromage râpé.

6. Chauffez les tortillas de farine et étalez une petite quantité de mélange de poulet sur les tortillas.

7. Saupoudrer du reste du fromage Rouler.

8. Servir avec des garnitures supplémentaires comme de la crème sure, de la salsa et de l'avocat.

Yaourt Crock Pot facile à faire

PORTIONS : 16 portions PRÉPARATION : 5 min CUISSON : 3 h 30 min TEMPS TOTAL : 3 h 35 min

Ingrédients :

1/2 gallon de lait (ou 8 tasses – entier ou 2 %)

1/2 tasse de yaourt (il doit contenir des cultures vivantes. Il suffit de vérifier l'étiquette. Cela ne fonctionnera que si vous avez les cultures vivantes.)

1 gélatine sans saveur

1 serviette de bain

une mijoteuse (j'ai utilisé une 6 pintes)

Instructions :

1. Placez tout le ½ gallon de lait dans la mijoteuse. Cuire à feu doux pendant 2h30.

2. Débranchez votre mijoteuse. Laissez le couvercle en place et laissez-le reposer pendant 3 heures. Vous n'avez rien à faire. Laissez-le simplement débranché.

3. Lorsque 3 heures se sont écoulées, prenez 2 tasses de lait tiède de la mijoteuse et mettez-le dans un bol. Incorporer ½ tasse de yogourt de culture vivante/active acheté en magasin. Remettez ensuite le contenu du bol dans la mijoteuse. Remuer pour combiner. (vous pouvez également ajouter la gélatine à ce moment)

4. Remettez le couvercle sur votre mijoteuse. Gardez-le débranché et enroulez une serviette de bain épaisse tout autour du pot pour l'isoler.

5. Laissez reposer pendant 8 heures avec la serviette autour.

6. Laisser refroidir dans les récipients en plastique et ajouter les arômes. C'est ça!

7. **La gélatine aidera à épaissir le yogourt. Le yogourt fait maison n'est pas aussi épais que celui acheté en magasin, donc la gélatine lui donnera l'apparence achetée en magasin.

Biscuit aux pépites de chocolat à la mijoteuse

PORTIONS : 8 portions PRÉPARATION : 10 min CUISSON : 2 h 30 min TEMPS TOTAL : 2 h 40 min

Ingrédients :

1 tasse de beurre ramolli

¾ tasse de sucre

¾ tasse de cassonade

1 cuillère à café de vanille

2 œufs

2¼ tasses de farine

1 cuillère à café de sel

1 cuillère à café de bicarbonate de soude

2 tasses de pépites de chocolat (j'en jette juste deux poignées)

caramel (facultatif)

Crème glacée sur le dessus (facultatif)

Instructions :

1. Dans un grand bol, battre le beurre, le sucre, la cassonade et la vanille jusqu'à consistance légère et mousseuse. Ajouter les œufs en battant bien.

2. Ajouter lentement la farine, le sel et le bicarbonate de soude, en battant jusqu'à ce que le tout soit bien mélangé.

3. Incorporer les pépites de chocolat à la main.

4. Graissez votre mijoteuse de 6 pintes. Vous pouvez aussi le tapisser de papier sulfurisé.

5. Mettre la moitié de la pâte dans la mijoteuse. Arroser de caramel (facultatif) ou de toute autre chose. Des noix seraient bonnes aussi !

6. Répartir le reste de pâte dans la mijoteuse. Ajoutez toute autre garniture que vous souhaitez.

7. Cuire à feu vif pendant 2h à 2h30. Laisser refroidir légèrement

8. Le cookie ressemblera plus à un cookie au fudge mou. Servir chaud avec de la glace dessus !

Recette de côtelettes de porc étouffées à la mijoteuse

PORTIONS : 6 portions PRÉPARATION : 10 min CUISSON : 6 h TEMPS TOTAL : 6 h 10 min

Ingrédients :

6 côtelettes de porc épaisses désossées

8 oz de champignons tranchés

1/2 oignon tranché

1 boîte de crème de soupe aux champignons 10,5 oz

1 boîte de crème de soupe au poulet 10,5 oz

2 cuillères à café d'ail haché

1 cuillère à café de paprika

1 cuillère à café de poivre

1/2 tasse de bouillon de boeuf

Instructions :

1. Placer les côtelettes de porc au fond d'une mijoteuse de 6 pintes. Placer les champignons et les oignons sur le dessus du porc dans la mijoteuse.

2. Dans un bol à mélanger de taille moyenne, fouetter ensemble les soupes à la crème, le bouillon de bœuf. ail, paprika et poivre.

3. Verser ce mélange dans la mijoteuse.

4. Couvrir et cuire à feu doux pendant 6 à 8 heures ou à feu vif pendant 3 à 4 heures jusqu'à ce que le porc ait une température interne de 165 degrés F.

5. Servir sur du riz, de la purée de pommes de terre ou des nouilles.

Recette de poulet à la mijoteuse Catalina

PORTIONS : 6 portions PRÉPARATION : 10 min CUISSON : 5 h TEMPS TOTAL : 5 h 10 min

Ingrédients :

3 lb de poitrines de poulet désossées Environ 6 poitrines de poulet

1 tasse de vinaigrette Catalina

1/2 tasse de conserves de pêches

1 sachet de mélange pour soupe à l'oignon sec

1 cuillère à café de poivre

2 cuillères à soupe de fécule de maïs

2 cuillères à soupe d'eau froide

Instructions :

1. Dans un petit bol, fouetter ensemble la vinaigrette Catalina, la confiture de pêches, le mélange pour soupe à l'oignon et le poivre.

2. Placer le poulet dans une mijoteuse de 6 pintes. Verser le mélange de vinaigrette Catalina sur le dessus du poulet.

3. Couvrir et cuire à feu doux pendant 4 à 5 heures ou à feu vif pendant 2 à 2,5 heures jusqu'à ce que le poulet atteigne une température interne de 165 degrés F.

4. Mélanger la fécule de maïs et l'eau froide dans un petit bol. Incorporer ce mélange dans la mijoteuse pendant les 30 dernières minutes de cuisson pour épaissir la sauce.

Recette de mijoteuse de filet de porc au miel et à la lime

PORTIONS : 6 portions PRÉPARATION : 10 min CUISSON : 6 h TEMPS TOTAL : 6 h 10 min

Ingrédients :

2 livres de filet de porc

1 cuillère à café de sel

1 cuillère à café de poivre

1/2 tasse de miel

1/4 tasse de sauce soja

1 cuillère à soupe de sauce Worcestershire

2 citrons verts pressés

2 cuillères à café d'ail haché

1 cuillère à café de gingembre moulu

2 cuillères à soupe de fécule de maïs

Instructions :

1. Placer le filet de porc dans une mijoteuse. Assaisonnez avec du sel et du poivre.

2. Dans un petit bol, fouetter ensemble le miel, la sauce soya, la sauce Worcestershire, le jus de lime, l'ail et le gingembre.

3. Verser sur le filet mignon.

4. Cuire à feu doux de 4 à 6 heures ou jusqu'à ce que le filet soit tendre.

5. Lorsque vous avez terminé, placez le filet sur une plaque à biscuits recouverte de papier d'aluminium. Faire griller pendant 5 à 10 minutes ou jusqu'à ce qu'il soit doré.

6. Tranche.

7. Pendant ce temps, versez le jus de la mijoteuse dans une casserole. Incorporer la fécule de maïs et chauffer (en remuant de temps en temps) jusqu'à épaississement.

8. Verser la sauce sur le filet mignon.

9. Servir avec de la coriandre et des limes fraîches.

Soupe aux fagioli de pâtes à la mijoteuse

PORTIONS : 6 portions PRÉPARATION : 20 min CUISSON : 6 h 30 min TEMPS TOTAL : 6 h 50 min

Ingrédients :

1 lb de boeuf haché - 1/2 oignon coupé en dés

2 carottes moyennes coupées en dés - 3 Branches de Céleri en Dés

1 cuillère à soupe d'ail haché - 3 boîtes de sauce tomate 8 oz.

1 boîte de tomates en dés 15 oz. - 3 cuillères à café d'assaisonnements italiens

1/2 cuillère à café de thym séché - 1/2 cuillère à café de sel

1/2 cc Poivre - 1 boîte de haricots rouges foncés 15 oz, égouttés et rincés

1 boîte de haricots Great Northern 15 oz, égouttés et rincés - 1 tasse de pâtes sèches ditallini

6 tasses de bouillon de poulet - 1/2 tasse de parmesan râpé

3 cuillères à soupe de persil frais haché

Instructions :

1. Faire dorer la viande hachée et égoutter l'excédent de graisse. Nous avons fait dorer le boeuf dans une mijoteuse multicuiseur en mode sauté, mais vous pouvez également le faire dorer sur la cuisinière dans une grande poêle.

2. Placer le boeuf, les oignons, les carottes, le céleri, l'ail, la sauce tomate, les tomates en dés, les haricots, l'assaisonnement italien, le thym, le sel, le poivre et le bouillon de poulet dans la mijoteuse.

3. Couvrir et cuire à feu doux pendant 6 à 8 heures.

4. Incorporer les pâtes non cuites pendant les 30 dernières minutes du temps de cuisson à feu doux.

5. Incorporer le persil frais et servir chaud garni de parmesan. Prendre plaisir!

Poulet crémeux aux tomates et au basilic à la mijoteuse

PORTIONS : 6 portions PRÉPARATION : 5 min CUISSON : 6 h TEMPS TOTAL : 6 h 5 min

Ingrédients :

5 Poitrines de poulet désossées et sans peau

1 Boîte de tomates en dés 14 oz

1 Boîte de Sauce Tomate 8 oz

2 cuillères à café d'ail haché

2 cuillères à café d'assaisonnement italien

1 cuillère à café de sel

1/2 cc Poivre Noir

1 tasse de crème épaisse

1 cuillère à soupe de fécule de maïs

2 cuillères à soupe de basilic frais finement haché

Instructions :

1. Ajouter les poitrines de poulet, les tomates en dés, la sauce tomate, l'ail, l'assaisonnement italien, le sel et le poivre dans la mijoteuse.

2. Couvrir et cuire à feu doux pendant 4 à 6 heures à feu doux ou 3 heures à feu vif.

3. Mélanger la fécule de maïs et la crème épaisse dans un petit bol à mélanger. Incorporer ce mélange dans la mijoteuse pendant les 30 dernières minutes du temps de cuisson.

4. Incorporer le basilic frais et servir !

5. Nous le servons sur des pâtes ou du riz.

Recette de chocolat chaud blanc à la mijoteuse

PORTIONS : 3 portions PRÉPARATION : 5 min CUISSON : 1 h 30 min TEMPS TOTAL : 1 h 35 min

Ingrédients :

2 tasses de lait entier

1 1/2 tasse de crème fouettée épaisse

1 1/2 tasse de pépites de chocolat blanc J'ai utilisé Ghirardelli

1 cuillère à soupe d'extrait de vanille

Instructions :

1. Ajouter d'abord les pépites de chocolat dans la mijoteuse, puis ajouter le reste des ingrédients.

2. Remuez puis faites cuire à feu vif pendant 1 heure et 30 minutes (* remuez après les 30 premières minutes, puis remuez tout le monde de temps en temps.).

3. Servir avec des mini guimauves et de la crème fouettée. L'ajout d'une canne en bonbon à la menthe poivrée est également délicieux!

Recette de bifteck suisse à la mijoteuse

PORTIONS : 6 portions PRÉPARATION : 10 min CUISSON : 6 h 10 min TEMPS TOTAL : 6 h 20 min

Ingrédients :

2,5 lb de steaks ronds

1/2 tasse de farine

1 cuillère à café de sel

1 cuillère à café de poivre noir

1 cuillère à soupe d'ail haché

3 cuillères à soupe d'huile d'olive

1/2 tasse de bouillon de bœuf

28 oz de petites tomates en dés

2 cuillères à soupe de sauce Worcestershire

1 oignon coupé en gros morceaux

1 poivron vert coupé en gros morceaux

Instructions :

1. Secouez les steaks dans la farine dans un sac à fermeture à glissière de la taille d'un gallon pour bien enrober les steaks de farine.

2. Chauffer l'huile d'olive dans une grande casserole à feu moyen-vif. Cuire les steaks de chaque côté jusqu'à ce qu'ils soient légèrement dorés (environ 3-5 minutes de chaque côté). Transférer les steaks dans la mijoteuse.

3. Mettez les ingrédients restants dans la mijoteuse. Couvrir et cuire à feu doux pendant 6 à 8 heures ou à feu vif pendant 3 à 4 heures jusqu'à ce que le steak soit tendre.

4. Servir sur une purée de pommes de terre et déguster !

Recette de chimichangas au poulet à la mijoteuse

PORTIONS : 6 portions PRÉPARATION : 5 min CUISSON : 8 h 20 min TEMPS TOTAL : 8 h 25 min

Ingrédients :

3 poitrines de poulet désossées et sans peau

1 tasse de salsa que nous avons utilisée picante

1 cuillère à soupe d'assaisonnement pour tacos

6-8 Tortillas de farine taille Burrito

2 tasses de fromage Colby jack râpé

1/4 tasse de beurre fondu

Garnitures facultatives : crème sure, pico et coriandre

Instructions :

1. Mettre tous les ingrédients dans la mijoteuse. Couvrir et cuire à feu doux pendant 6 à 8 heures. Déchiqueter le poulet en bouchées et remuer.

2. Placer la tortilla de farine sur un plan de travail. Placer le poulet au milieu.

3. Garnir de ⅓ tasse de fromage cheddar.

4. Replier les côtés et rouler.

5. Placer sur une plaque à pâtisserie.

6. Continuez avec chacun d'eux.

7. Badigeonner l'extérieur de beurre fondu à l'aide d'un pinceau à dorer.

8. Faites-les cuire au four 425 pendant 20 minutes, en les retournant à mi-cuisson.

9. Au moment de servir, garnir de crème sure, de pico et de coriandre.

Cochon Kalua dans une mijoteuse

PORTIONS : 12 portions PRÉPARATION : 10 min CUISSON : 20 h TEMPS TOTAL : 20 h 10 min

Ingrédients :

1 (6 livres) rôti de soc de porc

1 ½ cuillères à soupe de sel marin hawaïen

1 cuillère à soupe d'arôme de fumée liquide

Instructions :

1. Piquer le porc partout avec une fourchette à découper; frotter dans le sel puis la fumée liquide. Transférer le porc dans une mijoteuse.

2. Couvrir et cuire à Low pendant 16 à 20 heures, en retournant une fois pendant le temps de cuisson.

3. Retirer le porc de la mijoteuse; déchiqueter avec deux fourchettes, en ajoutant le jus de cuisson au besoin pour humecter.

Bifteck Salisbury à la mijoteuse

PORTIONS : 8 portions PRÉPARATION : 15 min CUISSON : 4 h TEMPS TOTAL : 4 h 15 min

Ingrédients :

2 livres de bœuf haché maigre

½ tasse de chapelure italienne assaisonnée

¼ tasse de lait

1 enveloppe (1 once) de mélange de soupe à l'oignon sec

¼ tasse de farine tout usage

2 cuillères à soupe d'huile végétale

2 boîtes (10,5 onces) de crème de poulet condensée

¾ tasse d'eau

1 sachet (1 once) de mélange sec au jus

Instructions :

1. Mélanger le bœuf haché, la chapelure, le lait et le mélange de soupe à l'oignon dans un grand bol jusqu'à ce qu'ils soient bien mélangés ; façonner en 8 galettes.

2. Chauffer l'huile dans une grande poêle à feu moyen-vif. Trempez les galettes dans la farine juste pour les enrober et faites-les dorer rapidement des deux côtés dans la poêle chaude. Placer les galettes dorées dans la mijoteuse en les empilant alternativement comme une pyramide.

3. Mélanger la soupe condensée, l'eau et le mélange au jus dans un bol moyen; verser sur les galettes de bœuf. Cuire à feu doux jusqu'à ce que le boeuf haché soit bien cuit, environ 4 à 5 heures.

Porc et choucroute à la mijoteuse

PORTIONS : 4 portions PRÉPARATION : 10 min CUISSON : 8 h TEMPS TOTAL : 8 h 10 min

Ingrédients :

1 (1 livre) filet de porc entier

1 sac (24 onces) de pommes de terre grelots, non pelées (facultatif)

1 boîte (20 onces) de choucroute, non égouttée

1 tasse d'eau, ou plus au besoin

¼ tasse de beurre, coupé en cubes

sel et poivre noir moulu au goût

Instructions :

1. Placer le filet de porc entier dans une mijoteuse. Disposer les pommes de terre autour du porc; verser la choucroute et le jus sur le porc et les pommes de terre. Ajouter 1 tasse d'eau, les cubes de beurre, le sel et le poivre noir.

2. Cuire à feu doux jusqu'à ce que le porc soit tendre, de 8 à 10 heures. Ajouter plus d'eau après 8 heures si le mélange semble sec.

Haricots pinto à la mijoteuse

PORTIONS : 8 portions PRÉPARATION : 15 min CUISSON : 5 h TEMPS TOTAL : 5 h 15 min

Ingrédients :

1 livre de haricots pinto séchés, trempés pendant la nuit

1 livre de jambon de la Forêt-Noire, coupé en cubes

1 oignon moyen, haché

¾ poivron vert moyen, coupé en dés

2 côtes de céleri moyennes, hachées

3 gousses d'ail, hachées

1 cuillère à soupe d'origan séché, ou au goût

1 cuillère à soupe de saindoux

1 cuillère à café de cumin moulu, ou au goût

2 grandes feuilles de laurier

5 tasses de bouillon de poulet, ou au besoin pour couvrir

Instructions :

1. Placer les haricots pinto trempés dans une mijoteuse. Ajouter le jambon, l'oignon, le poivron, le céleri, l'ail, l'origan, le saindoux, le cumin et les feuilles de laurier. Verser suffisamment de bouillon de poulet pour couvrir tous les ingrédients.

2. Cuire à puissance élevée jusqu'à ce que les haricots soient très tendres, 5 à 6 heures.

Ragoût de queue de bœuf à la mijoteuse

PORTIONS : 12 portions PRÉPARATION : 20 min CUISSON : 8 h 10 min TEMPS TOTAL : 8 h 30 min

Ingrédients :

1 cuillère à soupe d'huile végétale - 3 livres de queue de bœuf de bœuf, coupée en morceaux

1 ½ livre de pommes de terre Russet, pelées et coupées en morceaux

4 carottes, pelées et coupées en gros morceaux - 3 branches de céleri, coupées en gros morceaux

1 oignon, haché - 1 (15 onces) de sauce tomate

1 tasse de bouillon de boeuf

½ tasse de vin rouge sec - 2 cuillères à soupe de persil frais haché

1 cuillère à soupe de sauce Worcestershire - 1 cuillère à café de thym séché

½ cuillère à café de paprika fumé - 1 paquet (8 onces) de champignons tranchés

1 tasse de petits pois surgelés

1 pincée de sel et de poivre noir fraîchement moulu au goût

Instructions :

1. Chauffer l'huile dans une grande poêle à feu moyen-vif. Saisir la queue de bœuf pendant 4 minutes. Retourner et poursuivre la cuisson jusqu'à ce qu'ils soient dorés de tous les côtés, environ 4 minutes. Transférer la queue de bœuf dans une mijoteuse.

2. Ajouter les pommes de terre, les carottes, le céleri, l'oignon, la sauce tomate, le bouillon de bœuf, le vin rouge, le persil, la sauce Worcestershire, le thym et le paprika.

3. Cuire à Low pendant 7 heures. Ajouter les champignons et les petits pois. Cuire 1 heure supplémentaire.

4. Verser dans des bols et assaisonner de sel et de poivre.

Carnitas à la mijoteuse

PORTIONS : 10 portions PRÉPARATION : 10 min CUISSON : 10 h TEMPS TOTAL : 10 h 10 min

Ingrédients :

1 cuillère à café de sel - 1 cuillère à café d'ail en poudre

1 cuillère à café de cumin moulu - ½ cuillère à café d'origan séché émietté

½ cuillère à café de coriandre moulue - ¼ cuillère à café de cannelle moulue

1 (4 livres) rôti d'épaule de porc désossé

2 feuilles de laurier

2 tasses de bouillon de poulet

Instructions :

1. Mélanger le sel, la poudre d'ail, le cumin, l'origan, la coriandre et la cannelle dans un bol; enrober le porc du mélange d'épices. Placer les feuilles de laurier au fond d'une mijoteuse et disposer le porc dessus. Verser le bouillon de poulet sur les côtés du porc, en prenant soin de ne pas rincer le mélange d'épices.

2. Couvrir et cuire à basse température, en retournant après 5 heures, jusqu'à ce que le porc se déchiquette facilement à la fourchette, environ 10 heures au total.

3. Lorsque le porc est tendre, retirer de la mijoteuse; déchiqueter avec deux fourchettes. Utilisez du liquide de cuisson au besoin pour humidifier la viande.

Soupe aux pois cassés à la mijoteuse

PORTIONS : 6-8 portions PRÉPARATION : 10 min CUISSON : 8 h TEMPS TOTAL : 8 h 10 min

Ingrédients :

1 lb de pois verts cassés séchés

1/2 oignon, haché

3 carottes, pelées et tranchées

2 morceaux de céleri, tranchés

2 gousses d'ail, hachées

8 onces. jambon en cubes

1 pinte. stock de poulet

4 branches de thym frais

2 brins de persil, et plus hachés pour servir

1 feuille de laurier, facultatif

Sel et poivre au goût

Instructions :

1. Mettez les pois cassés dans une passoire. Rincez-les bien et ramassez les petits cailloux ou débris.

2. Dans le fond d'une mijoteuse, mélanger les pois, l'oignon, les carottes, le céleri, l'ail, le jambon, le bouillon de poulet et 1 1/2 tasse d'eau. Attachez les brins de thym, de persil et de la feuille de laurier avec un morceau de ficelle de cuisine, enroulé autour du paquet plusieurs fois, puis ajoutez-le à la mijoteuse.

3. Couvrir et cuire à feu vif pendant 4 à 5 heures ou à feu doux pendant 8 à 10 heures, jusqu'à ce que les pois soient tendres et fendus pour épaissir la soupe. Assaisonnez avec du sel et du poivre selon votre goût. Servir garni de persil haché.

Macaroni au fromage à la courge musquée à la mijoteuse

PORTIONS : 8 portions PRÉPARATION : 15 min CUISSON : 4 h TEMPS TOTAL : 4 h 15 min

Ingrédients :

1 lb de courge musquée en dés, pelée et épépinée

5 feuilles de sauge fraîche, hachées

2 c. Feuilles de thym frais

1 petit oignon, haché

3 gousses d'ail, hachées

1/2 c. Bouillon de légumes

1 lb de macaronis secs au coude, cuits selon les instructions sur l'emballage

1 cuillère à soupe. sel

8 onces. poids Cheddar râpé

125 grammes. poids Fromage à la crème

Instructions :

1. Mettre la courge musquée, la sauge, le thym, l'oignon, l'ail et le bouillon de légumes dans la mijoteuse. Couvrir et cuire à feu vif pendant 4 heures ou à feu doux pendant 8 heures. Utilisez un mélangeur à immersion ou un mélangeur ordinaire et réduisez les légumes en purée.

2. Assurez-vous que la mijoteuse est réglée sur chaud. Ajouter la purée, les pâtes, le sel et les fromages dans la mijoteuse. Remuer jusqu'à ce que le tout soit bien mélangé et que les fromages soient fondus. Assaisonner de sel au goût et servir.

Coupes de laitue au poulet asiatique à la mijoteuse

PORTIONS : 8 portions PRÉPARATION : 20 min CUISSON : 4 h TEMPS TOTAL : 4 h 20 min

Ingrédients :

POUR LA SAUCE: 2 cuillères à soupe. Gingembre frais - 3 gousses d'ail- 1/4 c. Tamari à faible teneur en sodium (sauce soja sans gluten) - 1/4 c. Sauce Hoisin Naturelle Sans Gluten

1/4 c. Vinaigre de riz - 3 c. Huile de sésame - 1 piment Fresno

2 cuillères à soupe. Mon chéri

POUR LES TASSES DE POULET ET LAITUE : 2 1/2 lb de poitrines de poulet sans peau, avec os - 1 oignon rouge, coupé en julienne - 1 orange, en quartiers -1 ch. Châtaignes d'eau, coupées en petits morceaux - 1 ch. Oignons verts tranchés, divisés - 1 cuillère à soupe. Graines de sésame grillées - Sel casher au goût - 1 poivron rouge ou jaune, coupé en dés

1 piment Fresno rouge, tranché finement - 1 tête de laitue beurre, feuilles détachées

1 ch. Tranches de concombre - 1/3 c. Feuilles de menthe fraîche emballées en vrac

1/3 c. Feuilles de basilic thaï frais emballées en vrac - 1/3 c. Feuilles de coriandre fraîches emballées en vrac

Instructions :

1. Dans le bol d'un mélangeur, mélanger le gingembre, l'ail, le tamari, le hoisin, le vinaigre, l'huile de sésame, le piment et le miel. Réduire en purée lisse.

2. Dans une mijoteuse, mélanger les poitrines de poulet, l'oignon rouge et les quartiers d'orange. Versez la sauce dessus et mettez la mijoteuse à feu vif pendant 4 heures.

3. Lorsqu'il reste 1 heure, ajouter les châtaignes d'eau et remuer le contenu.

4. Lorsque le temps de cuisson est écoulé, retirez délicatement la peau et les os du poulet. Il va absolument s'effondrer, donc ce sera facile. Déchiquetez le tout et mélangez. Assaisonner au goût avec du sel kasher. Transférer dans un bol de service et mélanger 1/2 tasse d'oignons verts et les graines de sésame.

5. Mélanger la ½ tasse d'oignon vert restante, le poivron et le piment fresno. Commencez avec les feuilles de laitue, les tranches de concombre et la menthe fraîche, le basilic thaï et la coriandre.

6. Pour assembler, empiler les feuilles de laitue avec une cuillerée de poulet et le concombre, les herbes fraîches et le mélange poivron/oignon vert. (J'utilise aussi parfois une petite pincée de Sriracha.) Mangez immédiatement !

Salade tex-mex au bœuf effiloché à la mijoteuse

PORTIONS : 12 portions PRÉPARATION : 10 min CUISSON : 2 h TEMPS TOTAL : 2 h 10 min

Ingrédients :

1 rosbif de boeuf entier (taille de 4 à 5 lb)

2 c. Sel de mer

1 c. Poivre noir

1/4 c. Sauce Worcestershire Ou Aminos À La Noix De Coco

1 cuillère à soupe. Ail frais haché

1 c. Poudre d'oignon

8 onces. Champignons Bruns Ou Blancs Tranchés

1/2 c. Bouillon de boeuf

Instructions :

1. Couper le rôti de boeuf en 4 ou 5 morceaux. Saupoudrez la viande de sel et de poivre, puis placez-la dans la marmite de votre autocuiseur.

2. Dans un petit bol, fouetter la sauce Worcestershire, l'ail et la poudre d'oignon. Verser sur le boeuf. Ajoutez les champignons sur le dessus, puis versez le bouillon sur le côté de la casserole pour éviter de rincer tout l'assaisonnement que vous venez de mettre.

3. Fermez l'autocuiseur et faites cuire à haute pression pendant 2 heures. Lorsque vous avez terminé, déchiquetez la viande et remettez-la dans la casserole pour la mélanger avec les jus et les champignons.

4. À ce stade, vous pouvez le servir ou diviser la viande, les champignons et les jus dans des récipients à conserver pour les repas futurs.

Remarque : Vous pouvez le faire dans une mijoteuse. Suivez simplement les instructions ci-dessus en plaçant le rôti entier dans la mijoteuse (vous n'avez pas besoin de le couper). Couvrir et cuire à feu doux pendant 8 à 10 heures.

Bol de poulet et de carottes au curry rouge à la mijoteuse

PORTIONS : 18 portions PRÉPARATION : 5 min CUISSON : 40 min TEMPS TOTAL : 45 min

Ingrédients :

4 lb à 5 livres de poitrines ou de cuisses de poulet désossées et sans peau

1 c. Assaisonnement tout usage sans sel

1 c. Sel de mer

1/2 c. Poivre noir

1 cuillère à soupe. Huile d'avocat ou de noix de coco

1/2 c. Oignon jaune haché

2 c. Ail frais haché

1/2 c. Bouillon de poulet

Instructions :

1. Placez tout le poulet dans la casserole de votre autocuiseur ou de votre mijoteuse. Saupoudrer le poulet avec l'assaisonnement sans sel, le sel de mer, le poivre, l'huile, l'oignon et l'ail. À l'aide d'une paire de pinces, soulever et retourner le poulet pour bien répartir les assaisonnements. Verser le bouillon sur le côté de la casserole.

2. Si vous utilisez un autocuiseur, faites cuire à haute pression pendant 40 minutes et relâchez la pression en utilisant la méthode naturelle ou de libération rapide.

3. Si vous utilisez une mijoteuse, couvrez et faites cuire à feu doux pendant 5 à 6 heures ou à feu vif pendant 3 à 4 heures.

4. Effilochez le poulet et remettez-le dans la casserole avec le jus. Servir immédiatement ou diviser le poulet en portions égales et réfrigérer ou congeler.

Boulettes de Coq au Vin à la mijoteuse

PORTIONS : 6 portions PRÉPARATION : 20 min CUISSON : 4 h TEMPS TOTAL : 4 h 20 min

Ingrédients :

1 1/2 livre de dinde ou de poulet haché - 1 tasse de parmesan râpé - 1 cuillère à soupe de sauge fraîche hachée

2 cuillères à café de thym frais haché - 1 cuillère à café de poudre d'oignon

1 cuillère à café d'ail en poudre - flocons de piment - sel casher et poivre

3/4 tasse de vin rouge sec, comme le Cabernet Sauvignon

3/4 tasse de bouillon de poulet à faible teneur en sodium

2 cuillères à soupe de pâte de tomate - 4 carottes, hachées - 1 tasse de champignons cremini tranchés - 2 tranches de bacon épaisses, coupées en deux - 1 oignon, coupé en quatre

1 tête d'ail, le dessus coupé pour révéler les gousses - 2 feuilles de laurier - 4 brins de thym

6 cuillères à soupe de beurre salé - 1/2 tasse de persil frais, haché

Coutumier américain - Métrique

Instructions :

1. Ajouter le poulet, 3/4 tasse de parmesan, la sauge, le thym, la poudre d'oignon, la poudre d'ail, les flocons de piment, le sel et le poivre dans un bol. Mélanger pour combiner. Rouler la viande en boulettes de la taille d'une cuillère à soupe (pour faire 16 à 18 boulettes de viande).

2. Verser le vin et le bouillon. Ajouter la pâte de tomate, les carottes, les champignons et le bacon. Assaisonnez avec du sel et du poivre. Disposer l'oignon, l'ail, les feuilles de laurier et le thym autour des boulettes de viande. Couvrir et cuire à feu doux pendant 3-4 heures ou à feu vif pendant 1-2 heures.

3. Préchauffez le gril à feu vif. Retirer les boulettes de viande et l'ail de la mijoteuse et les déposer sur une plaque à pâtisserie. Retirer et jeter le bacon et les feuilles de laurier. Augmentez le feu de la mijoteuse à feu vif. Laisser cuire, à découvert, 10-30 minutes.

4. Saupoudrer les boulettes de viande avec 1/4 tasse de parmesan. Disposez le beurre autour des boulettes de viande et de l'ail, puis faites griller 1 à 3 minutes, jusqu'à ce qu'ils soient croustillants. Peler la peau de l'ail, puis hacher l'ail et mélanger avec le beurre sur la plaque. Passer les boulettes de viande dans le beurre.

5. Servir les boulettes de viande dans la sauce avec du persil et du parmesan.

Recette de curry de poulet du sud de l'Inde à la mijoteuse

PORTIONS : 4 portions PRÉPARATION : 10 min CUISSON : 4 h TEMPS TOTAL : 4 h 10 min

Ingrédients :

1 cuillère à soupe d'huile d'olive

1 gros oignon, finement haché

3 gousses d'ail, hachées finement

2½ cm de gingembre pelé et râpé

300 g de tomates mûres, hachées finement

1 cuillère à soupe de garam masala

1 cuillère à café de curcuma

1 cuillère à café de paprika

½ cuillère à café de piment en poudre

1 bâton de cannelle

4 clous de girofle

4 gousses de cardamome

1 cuillère à soupe de feuilles de curry séchées

8 cuisses de poulet, désossées, sans peau

100 ml de lait de coco

une petite poignée de feuilles de coriandre

chapattis, servir

Instructions :

1. Mettez l'huile, les oignons, l'ail, le gingembre, les tomates, les épices, le bâton de cannelle, les clous de girofle, les gousses de cardamome, les feuilles de curry et le poulet dans la mijoteuse. Assaisonnez et remuez bien. Mettre le couvercle et cuire à feu vif pendant 3h30.

2. Retirer le couvercle et incorporer le lait de coco. Cuire à feu vif encore 30 min. Répartir dans des bols et saupoudrer de coriandre. Servir avec des chapattis chauds.

Recette de pouding au pain au caramel à la mijoteuse

PORTIONS : 8 portions PRÉPARATION : 30 min CUISSON : 1 h 30 min TEMPS TOTAL : 2 h

Ingrédients :

30g de beurre non salé

200 ml de crème fraîche

125 g de sauce au caramel salé

2 gros œufs, plus 2 gros jaunes d'œufs

2 cuillères à soupe de rhum brun (facultatif)

1 cuillère à café d'extrait de vanille

8 paquets de brioches au beurre, cassées en morceaux de 3 cm

100 g de noix de pécan hachées grossièrement

100 g de chocolat noir grossièrement haché

Instructions :

1. Graisser le plat de la mijoteuse avec le beurre. Dans une casserole, chauffer la crème double et la moitié de la sauce au caramel salé à feu moyen, jusqu'à ébullition. Puis bien mélanger et retirer du feu. Dans un autre bol, fouetter ensemble les œufs, les jaunes d'œufs supplémentaires, une pincée de sel, le rhum brun (le cas échéant) et l'extrait de vanille. Versez lentement le mélange de crème chaude dans les œufs en fouettant continuellement jusqu'à ce qu'ils soient combinés.

2. Ajouter la brioche, les noix de pécan et le chocolat au mélange œuf-crème en remuant jusqu'à ce que le tout soit bien mélangé. Laisser tremper 5 min, puis remuer à nouveau pour que la brioche soit bien enrobée. Réglez votre mijoteuse sur un réglage bas.

3. Verser le mélange de pouding au pain dans le plat graissé de la mijoteuse. Niveler à l'aide d'une cuillère, couvrir d'un couvercle et laisser cuire 1h30, jusqu'à ce qu'un couteau inséré au centre du boudin en ressorte propre. Faire chauffer le reste de la sauce au caramel salé dans une casserole jusqu'à ce qu'elle soit chaude, répartir le pouding au pain dans des bols et verser sur la sauce piquante.

4. Si vous vous sentez plus indulgent, arrosez d'un peu plus de sauce au caramel salé du pot et ajoutez une cuillerée de crème fouettée pour servir.

Recette de rouleaux de dinde effiloché à la mijoteuse

PORTIONS : 8 portions PRÉPARATION : 15 min CUISSON : 5 h TEMPS TOTAL : 5 h 15 min

Ingrédients :

1,25 kg de cuisse de dinde

2 oignons moyens, tranchés finement

2 cubes de bouillon de poulet à faible teneur en sel, jusqu'à 900 ml

2 cuillères à soupe de moutarde de Dijon

1 cuillère à soupe de moutarde anglaise, plus un supplément pour servir (facultatif)

300 ml de jus de pomme

2 cuillères à café de paprika

2 cuillères à café de piment de la Jamaïque moulu

2 cuillères à café de faux piments arbol ou de piments broyés

2 cuillères à café de graines de cumin

3 étoiles d'anis

8 petits pains complets

300g de salade de chou

Sachet de 60g de feuilles de roquette

Instructions :

1. Mettez le rôti de dinde dans une mijoteuse de 4 litres et ajoutez les oignons. Dans une grande carafe, mélanger le bouillon avec les moutardes, puis verser le jus de pomme et les épices ; bien mélanger. Verser sur l'articulation de la cuisse pour couvrir et faire tourbillonner doucement la viande dans le liquide. Couvrez et laissez cuire 5 heures à puissance maximale.

2. Une fois la dinde bien cuite, utilisez une écumoire pour la transférer dans un plat de service, avec les oignons et les épices. Jeter l'os, la peau et la badiane, puis effilocher la viande.

3. Diviser les rouleaux et répartir la salade de chou entre eux, puis garnir de dinde râpée, d'oignons et de feuilles de roquette. Servir avec de la moutarde supplémentaire, si vous le souhaitez.

Recette de porc chinois braisé à la mijoteuse

PORTIONS : 4-6 portions PRÉPARATION : 15 min CUISSON : 4-8 h TEMPS TOTAL : 4-8 h 15 min

Ingrédients :

1 kg d'épaule de porc coupée en morceaux de 5 cm

4 cuillères à soupe de sauce soja

1 cuillère à soupe d'huile végétale

2 pouces de gingembre râpé en allumettes

2 gousses d'ail, tranchées

2 piments rouges, tranchés

4 cuillères à soupe de vinaigre de vin rouge

200 ml de Xérès

50 g de sucre roux doux

150 ml d'eau

Instructions :

1. Faire mariner la viande avec 1 cuillère à soupe de soja et réserver. Dans une poêle, faire chauffer l'huile. Faire sauter l'ail, le gingembre et la moitié du piment pendant 5 minutes.

2. Ajouter le xérès, le vinaigre, la sauce soja restante, le sucre et l'eau et chauffer jusqu'à ce que le sucre soit dissous. Placez la viande dans la mijoteuse, versez la sauce, placez le couvercle et faites cuire pendant 4 heures à feu vif ou 8 heures à feu doux.

3. Écumez tout excès d'huile. Retirer la viande et passer la sauce au tamis à mailles fines.

4. Servir la viande et le jus avec des nouilles de riz, des oignons nouveaux hachés, des piments rouges, de la coriandre fraîche et des graines de sésame grillées.

Recette de morceaux de poulet aux tomates à la mijoteuse

PORTIONS : 4-6 portions PRÉPARATION : 15 min CUISSON : 4-8 h TEMPS TOTAL : 4-8 h 15 min

Ingrédients :

800 g de cuisses de poulet sans peau

farine pour saupoudrer

3 cuillères à soupe d'huile d'olive

2 oignons moyens hachés

2 gousses d'ail hachées

1 cuillère à soupe de romarin haché

1 x 400 g de tomates concassées

jus et zeste d'un citron

150 ml de vin blanc

1 cuillère à soupe de câpres

15 g de persil plat haché

15 Peppadews sucrés coupés en deux

Si vous n'avez pas de tomates hachées, hachez à la place une boîte de tomates blanches

Instructions :

1. Allumez la mijoteuse. Faire chauffer 1 cuillère à soupe d'huile dans une poêle.

2. Retirer les os des cuisses de poulet. Assaisonner et saupoudrer le poulet de farine et le faire dorer des deux côtés. Retirer et placer dans la mijoteuse.

3. Verser le reste d'huile, les oignons, l'ail et le romarin. Assaisonner et faire revenir 5 minutes. Ajouter les tomates, le bouillon, le jus de citron et la moitié du zeste, les câpres et les Peppadews.

4. Verser la sauce sur le poulet et cuire pendant 4 heures à intensité élevée ou 8 heures à intensité faible jusqu'à ce que la viande soit bien cuite sans apparition de rose. Servir avec des papparedelles ou d'autres pâtes légères aux œufs. Parsemer du reste de zeste de citron et de persil haché.

Recette de rôti de porc asiatique à la mijoteuse

PORTIONS : 6 portions PRÉPARATION : 10 min CUISSON : 4-8 h TEMPS TOTAL : 4-8 h 10 min

Ingrédients :

900 g de steaks de cuisse de porc

1 cuillère à soupe d'huile végétale

1 pouce/3 cm de gingembre pelé et finement haché

3 gousses d'ail tranchées

2 longs piments rouges, épépinés et tranchés

3 anis étoilés entiers

1 cuillère à soupe de miel

150 ml de sauce hoisin

250 ml/1 tasse de xérès

Instructions :

1. Allumez la mijoteuse. Faire chauffer une grande poêle avec l'huile. Bien assaisonner la viande puis la faire dorer de tous les côtés. Retirer de la poêle et faire sauter le gingembre, l'ail et l'un des piments pendant 5 minutes. Verser le hoisin, le vin de riz ou le xérès et l'anis étoilé. Remuer pour bien mélanger.

2. Placer le rôti dans la mijoteuse. Verser la sauce dessus et mettre le couvercle. Cuire à feu doux pendant 8 heures ou à feu vif pendant 4 heures. Ne soulevez pas le couvercle pendant la cuisson car cela prendra plus de temps.

3. Servir sur du riz avec le piment rouge restant et quelques oignons nouveaux hachés.

Recette d'osso bucco d'agneau à la mijoteuse

PORTIONS : 4-6 portions PRÉPARATION : 15 min CUISSON : 4-8 h TEMPS TOTAL : 4-8 h 15 min

Ingrédients :

800 g de viande d'épaule ou de cuisse d'agneau coupée en morceaux de 2 pouces

Farine pour saupoudrer

4 cuillères à soupe d'huile d'olive

2 carottes coupées en dés

2 branches de céleri coupées en dés

2 oignons moyens hachés

2 gousses d'ail hachées

1cc de thym frais, haché

1 boîte de tomates concassées

250 ml de vin blanc

200 ml de bouillon de boeuf

Pour la gremolata

15 g de persil plat haché

zeste de 1 citron, plus extra pour décorer

1 gousse d'ail, hachée finement

Si vous n'avez pas de tomates hachées, hachez à la place une boîte de tomates blanches

Instructions :

1. Allumez la mijoteuse. Assaisonner et saupoudrer les morceaux d'agneau de farine. Faites chauffer 1 cuillère à soupe d'huile dans une grande poêle. Saisissez la viande de tous les côtés, puis retirez-la et placez-la dans la mijoteuse.

2. Faire chauffer le reste d'huile d'olive et ajouter les carottes, les oignons, le céleri, l'ail, le thym et un peu de sel et de poivre. Faire revenir 10 minutes puis ajouter le vin, le bouillon et les tomates. Porter à ébullition puis verser sur la viande. Mettez le couvercle et faites cuire pendant 4 heures à feu vif ou 8 heures à feu doux.

3. Pendant ce temps, mélangez le persil, le citron et l'ail dans un bol et saupoudrez-le sur l'osso bucco avant de servir.

Recette de poivrons farcis à la mijoteuse

PORTIONS : 4 portions PRÉPARATION : 12 min CUISSON : 3 h 30 min TEMPS TOTAL : 3 h 42 min

Ingrédients :

1 cuillère à soupe d'huile d'olive - 1 oignon rouge, pelé et haché

250 g de champignons de Paris coupés en dés - 75 g de chou râpé

180 g de châtaignes - 75 g de feta émiettée - grosse pincée d'origan séché

4 gros poivrons rouges- Pour le pesto

50g de cresson - 30 g de morceaux de noix

25g de noisettes - 100 ml d'huile d'olive extra vierge

½ citron, jus

Si vous n'avez pas d'oignons rouges, essayez d'utiliser des oignons blancs, bruns ou de printemps

Instructions :

1. Dans une grande poêle, chauffer l'huile à feu moyen et faire revenir l'oignon pendant 3-4 minutes, jusqu'à ce qu'il soit tendre. Ajouter les champignons et cuire encore 4-5 minutes, jusqu'à ce qu'ils soient ramollis. Incorporer le chou frisé et faire sauter pendant 1 min, ou jusqu'à ce qu'il commence à ramollir.

2. Retirer la casserole du feu et ajouter les marrons en les écrasant dans la casserole à l'aide d'une fourchette.

3. Saupoudrer de feta émiettée, d'origan et bien mélanger. Assaisonner selon l'envie.

4. Trancher le dessus des poivrons, réserver. Épépinez les poivrons, puis répartissez le mélange de champignons et de châtaignes à parts égales entre eux, en appuyant dans la cavité.

5. Placez les poivrons dans le plat d'une mijoteuse et replacez les dessus. Réglez la mijoteuse à feu doux et faites cuire pendant 5 à 5 h 30, jusqu'à ce que les poivrons soient tendres.

6. Pendant ce temps, préparez le pesto : dans le petit bol d'un robot culinaire, mélangez le cresson avec les noix, jusqu'à ce que les noix soient décomposées. Ajouter l'huile d'olive et le jus de citron, assaisonner, puis mélanger à nouveau jusqu'à ce que le mélange soit presque lisse. Ajouter un peu d'eau si vous préférez une consistance plus lâche. Servir les poivrons avec un filet de pesto.

Recette de Morceaux de poulet aux échalotes à la mijoteuse

PORTIONS : 4-6 portions PRÉPARATION : 15 min CUISSON : 4-8 h TEMPS TOTAL : 4-8 h 15 min

Ingrédients :

900 g de morceaux de poulet, cuisses et pilons

Farine pour saupoudrer

3 cuillères à soupe d'huile d'olive

6 grosses échalotes finement tranchées

2 cuillères à soupe (30 ml) de vinaigre de vin blanc

125 ml de vin blanc

125 ml de bouillon de poulet

20 g de feuilles d'estragon frais hachées

125 ml de crème fraîche

Instructions :

1. Allumez la mijoteuse. Dans une grande poêle, faites chauffer 1 cuillère à soupe d'huile d'olive. Assaisonner et saupoudrer le poulet de farine. Saisissez le poulet de tous les côtés, puis placez-le dans la mijoteuse.

2. Faire chauffer le reste d'huile puis ajouter les échalotes. Assaisonner et faire sauter pendant 10 minutes jusqu'à ce qu'ils soient tendres, puis ajouter le vinaigre. Laisser déglacer quelques minutes puis ajouter le vin, le bouillon et la moitié de l'estragon.

3. Porter à ébullition puis verser sur le poulet dans la mijoteuse. Placez le couvercle et faites cuire pendant 4 heures à intensité élevée ou 8 heures à intensité faible jusqu'à ce que le poulet soit bien cuit sans apparition de rose.

4. Pendant les 30 dernières minutes de cuisson ajouter la crème fraîche. Saupoudrez le reste d'estragon et servez avec du riz ou de la purée de pommes de terre.

Recette de curry massaman de canard et pommes de terre à la mijoteuse

PORTIONS : 4 portions TEMPS TOTAL : 6 h 30 min

Ingrédients :

Pour la pâte : 2 cc de graines de coriandre - 1 cuillère à café de graines de cumin - 3 grains de poivre - 1 anis étoilé - 3 gousses d'ail - 1 piment rouge, coupé en dés - 2,5 cm (1 po) de morceau de galanga ou racine de gingembre, finement râpé - 2 cuillères à café de sauce de poisson - 4 cuillères à café de sucre de palme - 1 tige de citronnelle, hachée finement - 25 g (1 oz) de cacahuètes grillées - 2 g (1 cuillère à café) de sel - ¼ cuillère à café de clous de girofle moulus - ¼ cuillère à café de muscade moulue - pincée de cannelle

petite poignée de coriandre

Pour le cari : 4 cuisses de canard - 12 pommes de terre Charlotte, épluchées - 4 feuilles de lime kaffir - 1 bâton de cannelle - 2 gousses de cardamome - 400 ml (14 fl oz) de lait de coco

riz au jasmin, pour servir

Si vous n'avez pas de citron vert, essayez un citron à la place

Instructions :

1. Pour faire la pâte Massaman, faites frire à sec les graines de coriandre, les graines de cumin et les grains de poivre dans une poêle jusqu'à ce qu'elles soient parfumées. Retirer et écraser à l'aide d'un pilon et d'un mortier.

2. Ajouter l'échalote, l'anis étoilé, l'ail, le piment, le gingembre ou le galanga et travailler en pâte. Ajouter 1 cuillère à café de sauce de poisson, 2 cuillères à café de sucre de palme et le reste des ingrédients de la pâte et continuer jusqu'à l'obtention d'une pâte épaisse. Mettre de côté.

3. Dans une grande poêle, faire revenir le canard à feu doux pour faire fondre tout le gras sous la peau (environ 10 minutes). Égoutter le gras, augmenter le feu et faire dorer le canard de toutes parts. Placer le canard, les pommes de terre, les feuilles de lime kaffir, la cannelle et la cardamome dans une mijoteuse.

4. Mettre un peu d'huile dans une poêle chaude et ajouter la pâte, remuer rapidement pour qu'elle ne brûle pas. Lorsque les saveurs sont parfumées, ajouter le lait de coco. Bien mélanger en veillant à ne pas faire bouillir. Versez le liquide sur le canard avec le reste de sauce de poisson et le sucre de palme et faites cuire à feu doux pendant 6 à 7 heures, jusqu'à ce que le canard se détache de l'os.

5. Servir le canard, la sauce et les pommes de terre avec du riz au jasmin.

Recette de pain de viande aux épices scandinaves à la mijoteuse

PORTIONS : 4 portions PRÉPARATION : 20 min CUISSON : 6 h TEMPS TOTAL : 6 h 20 min

Ingrédients :

1 cuillère à soupe d'huile d'olive - 1 oignon, haché

1 grosse gousse d'ail - 1 cuillère à café de piment

pincer les clous de girofle moulus - 1 cuillère à soupe de purée de tomates

250g de porc haché - 250g de boeuf haché

90 g de lardons fumés - 2 cc de moutarde de Dijon

petit bouquet de persil frais, feuilles hachées - petit bouquet d'aneth, feuilles hachées

1 gros œuf, légèrement battu

Pour le glaçage

80g de ketchup de tomates

1 cuillère à soupe de sauce Worcestershire

½ cuillère à café de cassonade

Si vous n'avez pas de haché, coupez quelques saucisses à la place

Instructions :

1. Préchauffez votre mijoteuse à puissance élevée (ou selon les instructions du fabricant). Faire chauffer l'huile dans une poêle à feu moyen. Ajouter l'oignon et faire suer pendant 5 minutes. Ajouter l'ail et les épices et continuer à faire frire pendant quelques minutes de plus.

2. Verser dans un bol et laisser refroidir. Ajouter les ingrédients restants dans le bol. Assaisonner généreusement et ajouter l'oeuf. Avec des mains propres, froisser pour mélanger.

3. Façonnez un pain et placez-le dans le fond de votre mijoteuse. Mélangez les ingrédients du glaçage ensemble et versez-les sur le dessus du pain de viande.

Cuire à feu doux pendant 6 heures (ou selon les instructions du fabricant). Servir chaud de la mijoteuse avec des pommes de terre au beurre et du chou rouge braisé.

Recette de vindaloo de porc à la mijoteuse

PORTIONS : 6 portions PRÉPARATION : 20 min CUISSON : 4-8 h TEMPS TOTAL : 4-8 h 20 min

Ingrédients :

750 g de steaks d'épaule de porc coupés en morceaux de 2 pouces - 6 petites pommes de terre nouvelles coupées en deux - 3 cuillères à soupe d'huile végétale

2 oignons moyens hachés - 1 cuillère à soupe de purée de tomates

1 boîte de 400 g de tomates concassées - 1 bâton de cannelle

100 ml de bouillon de poulet

Pour la pâte d'épices

1 cuillère à café de graines de cumin - 2 cuillères à café de piment en poudre ou 2 piments séchés - 3 gousses de cardamome

1cc de curcuma - 3 gousses d'ail - 1cc de grains de poivre noir

1 morceau de gingembre frais haché grossièrement

3 cuillères à soupe de vinaigre de cidre

Si vous n'avez pas de pommes de terre nouvelles, essayez de découper une grosse pomme de terre blanche à la place

Instructions :

1. Placer les épices pour la pâte d'épices dans un mortier et un pilon et broyer finement. Placer dans un mélangeur ou un robot culinaire et réduire en purée avec le gingembre, l'ail et le vinaigre.

2. Versez-le sur la viande et bien enrober. Couvrir et réfrigérer pendant 2 heures pour mariner.

3. Allumez la mijoteuse et ajoutez la viande marinée et les pommes de terre. Dans une grande poêle, faire chauffer l'huile végétale. Ajouter les oignons avec un peu d'assaisonnement et faire revenir 10 min.

4. Ajouter la purée de tomates, les tomates concassées, le bâton de cannelle et le bouillon. Porter à ébullition. Verser sur la viande et mettre le couvercle. Cuire pendant 4 heures à puissance élevée ou 8 heures à puissance faible.

5. Servir avec du riz frais cuit à la vapeur, du yogourt, de la coriandre fraîche, de l'oignon rouge haché et vos chutneys préférés.

Recette de jarrets d'agneau aux haricots blancs à la mijoteuse

PORTIONS : 6 portions PRÉPARATION : 15 min CUISSON : 4-8 h TEMPS TOTAL : 4-8 h 15 min

Ingrédients :

3 cuillères à soupe d'huile d'olive - 4 jarrets d'agneau

2 oignons rouges moyens, hachés - 2 gousses d'ail hachées

2 cuillères à soupe de farine - 1 cuillère à soupe de concentré de tomates

125 ml de vinaigre balsamique - 300 ml de vin rouge

150 ml/bouillon de boeuf

1cc de thym frais, haché

400 g de haricots cannellini en conserve, égouttés et rincés

2 carottes moyennes épluchées et coupées en dés de 2 cm

15 g (1/2 oz) de persil haché

Si vous n'avez pas d'oignons rouges, essayez d'utiliser des oignons blancs, bruns ou de printemps

Instructions :

1. Allumez la mijoteuse afin qu'elle soit chaude pour les ingrédients. Dans une grande poêle, faites chauffer 1 cuillère à soupe d'huile. Assaisonner les jarrets d'agneau. Faire dorer de tous les côtés et retirer.

2. Ajouter l'huile restante et faire revenir l'oignon, l'ail et un peu de sel et de poivre pendant 5 minutes. Ajouter la farine et faire revenir 2 minutes de plus. Ajouter le concentré de tomates, le vinaigre, le vin, le bouillon et le thym et porter à ébullition. Verser dans la mijoteuse avec l'agneau, les haricots et les carottes. Assaisonnez une fois de plus, puis placez le couvercle dessus.

3. Cuire à feu doux pendant 8 heures ou à feu vif pendant 4 heures. Ne soulevez pas le couvercle pendant la cuisson sinon cela prendra plus de temps. Écumez tout excès d'huile avec une grande cuillère. Servir avec du persil haché.

Recette de chili con carne à la dinde à la mijoteuse

PORTIONS : 6 portions PRÉPARATION : 15 min CUISSON : 4-8 h TEMPS TOTAL : 4-8 h 15 min

Ingrédients :

750 g de morceaux de dinde hachés (peut être blanc ou noir)

3 cuillères à soupe d'huile d'olive

6 gousses d'ail hachées

2 gros oignons jaunes hachés

3 cuillères à soupe de paprika fumé (pimenton)

3 cuillères à soupe de cumin moulu

2 boîtes de 400 g de tomates concassées

1cc de tabasco ou autre sauce piquante

60 ml de vinaigre de vin blanc

45 g de sucre roux doux

2 X boîtes de borlotti ou de haricots noirs, égouttés et rincés

Si vous n'avez pas de tomates hachées, hachez à la place une boîte de tomates blanches

Instructions :

1. Allumez la mijoteuse. Assaisonner la viande de dinde. Dans une grande poêle, faire chauffer une cuillère à soupe d'huile d'olive. Ajouter les morceaux de dinde et faire dorer des deux côtés. Retirer de la poêle et ajouter à la mijoteuse.

2. Dans la même poêle, ajoutez les 2 cuillères à soupe d'huile restantes et faites revenir les oignons et l'ail avec un peu de sel et de poivre. Faire revenir pendant 7 minutes puis ajouter les épices, les tomates, la sauce piquante, le vinaigre de cidre, le sucre et un peu plus de sel. Bien mélanger et ajouter à la mijoteuse avec la viande de dinde et les haricots.

3. Cuire 4 heures à feu vif ou 8 heures à feu doux. Ne soulevez pas le couvercle pendant la cuisson ou il faudra plus de temps pour terminer.

4. Servez le piment avec votre choix de riz basmati, de fromage Leicester rouge râpé, d'oignons rouges en dés et de crème sure.

Recette de bœuf aux pruneaux à la mijoteuse

PORTIONS : 6 portions PRÉPARATION : 15 min CUISSON : 4-8 h TEMPS TOTAL : 4-8 h 15 min

Ingrédients :

900 g de rôti de bœuf mijoté

3 cuillères à soupe d'huile d'olive

2 cuillères à soupe de farine

2 oignons jaunes moyens hachés

2 gousses d'ail hachées

2 pouces de gingembre pelé, finement haché

2cc de cumin en poudre

250 ml de vin rouge

250 ml de bouillon de boeuf

2 cuillères à soupe de miel

150 g de pruneaux dénoyautés

15 g de persil plat pour servir

1 oignon rouge

Si vous n'avez pas d'oignons rouges, essayez d'utiliser des oignons blancs, bruns ou de printemps

Instructions :

1. Allumez la mijoteuse. Couper le bœuf en morceaux de 2 pouces. Bien assaisonner. Faire chauffer 1 cuillère à soupe d'huile d'olive et saisir la viande de tous les côtés. Retirer de la poêle et réserver.

2. Ajouter le reste d'huile dans la poêle avec l'oignon, l'ail et le gingembre.

3. Faire revenir 8 minutes puis ajouter la farine.

4. Cuire 2 minutes puis ajouter le cumin, le vin rouge, le bouillon, le miel et les pruneaux. Bien mélanger puis verser dans la mijoteuse avec le bœuf. Placez le couvercle.

5. Cuire pendant 4 heures à puissance élevée ou 8 heures à puissance lente. Ne soulevez pas le couvercle pendant la cuisson ou cela peut prendre plus de temps. Servir avec de la purée de n'importe quel type et le persil et l'oignon rouge saupoudrés.

Poulet crémeux à la mijoteuse et casserole de riz brun

PORTIONS : 6 portions PRÉPARATION : 10 min CUISSON : 4 h TEMPS TOTAL : 4 h 10 min

Ingrédients :

1,5 livre de poitrines ou de filets de poulet désossés et sans peau - 1 tasse de riz brun - 4 tasses de bouillon de poulet non salé séparés en 3 tasses et 1 tasse - 1 petit oignon coupé en dés - 1 carotte ou 5 carottes miniatures tranchées - 1 tasse de champignons hachés grossièrement - 2 branches de céleri en option - ½ cuillère à soupe d'ail haché - 1 ½ cuillère à café d'assaisonnement pour volaille - 2 cuillères à café de persil séché - poivrer au goût - 2 feuilles de laurier - 4 cuillères à soupe d'huile de noix de coco ou de beurre non salé - ⅓ tasse de farine - 1 tasse de lait entier (ou lait de votre choix) - ½ tasse de fromage cheddar fraîchement râpé

Instructions :

1. Graisser une grande mijoteuse.

2. Couper les poitrines de poulet en 2-3 morceaux égaux (pour une cuisson uniforme).

3. Rincez le riz pour éliminer l'excès d'amidon et ajoutez-le à la mijoteuse.

4. Ajouter l'oignon coupé en dés et couper les carottes et les champignons (et le céleri si désiré)

5. Ajouter l'ail haché, l'assaisonnement pour volaille, le persil séché, les feuilles de laurier et le poivre au goût

6. Verser 3 tasses de bouillon de poulet sur le tout et remuer.

7. Couvrir et cuire à feu vif pendant 2 ½ à 4 ½ heures ou jusqu'à ce que le poulet soit bien cuit, que le riz soit tendre et que la majeure partie du liquide ait été absorbée.

8. Vers la fin du temps de cuisson de la mijoteuse, faire fondre le beurre dans une petite casserole à feu moyen.

9. Ajouter lentement la farine, en fouettant constamment, et fouetter le mélange pendant 1 minute supplémentaire.

10. Ensuite, fouettez très lentement le reste du bouillon de poulet (1 tasse).

11. Laissez le mélange épaissir.

12. Incorporer ensuite très lentement le lait entier et laisser épaissir.

13. Effilocher le poulet dans la mijoteuse puis ajouter le mélange de crème et le fromage cheddar. Remuer et bien mélanger.

Casserole Mexicaine Crockpot

PORTIONS : 8 portions PRÉPARATION : 15 min CUISSON : 2 h TEMPS TOTAL : 2 h 15 min

Ingrédients :

1 cuillère à soupe d'huile d'olive - 1 livre de boeuf haché - 1 oignon jaune moyen coupé en dés - 2 boîtes de 10 oz sauce enchilada rouge douce - 1 boîte de 15 oz de petites tomates en dés non égouttées

1 boîte de 15 oz de haricots noirs égouttés - 1 tasse de maïs congelé ou frais

2 poivrons rouges coupés en dés - 1 tasse de quinoa non cuit - 3 cuillères à soupe de piment en poudre

1 cuillère à soupe de cumin moulu - 1 cuillère à café d'ail en poudre - ½ tasse d'eau

1 tasse de fromage mexicain râpé

Garnitures facultatives :

crème sure ou yogourt grec nature - avocat en dés - coriandre fraîche

oignons verts hachés

Instructions :

1. Chauffez l'huile d'olive, le boeuf haché et l'oignon coupé en dés dans une grande poêle.

2. Cuire à feu moyen-vif, en remuant souvent pour dorer la viande pendant environ 5 minutes ou jusqu'à ce que la viande ne soit plus rosée.

3. Ajouter le mélange de viande cuite et d'oignon dans la mijoteuse.

4. Ajouter la sauce enchilada, les tomates, les haricots noirs, le maïs, les poivrons, le quinoa non cuit, la poudre de chili, le cumin, la poudre d'ail et ½ tasse d'eau.

5. Remuer pour bien mélanger puis placer le couvercle sur la mijoteuse.

6. Cuire à feu vif pendant 1 ½ à 2 heures ou à feu doux pendant 4 à 5 heures ou jusqu'à ce que le quinoa soit tendre.

7. Retirez le couvercle, ajoutez ½ tasse de fromage râpé et remuez pour bien mélanger.

8. Saupoudrer ensuite le fromage restant sur le dessus.

9. Remettre le couvercle et laisser fondre le fromage, environ 5 minutes.

10. Servir avec des garnitures facultatives au choix.

Printed in France by Amazon
Brétigny-sur-Orge, FR

17056919R00176